国家社会科学基金重点项目
"减税降费背景下地方财政可持续发展研究（20AJY024）"
最终成果

Research on the
SUSTAINABLE
DEVELOPMENT
of Local Government Finance under the Background
of Tax and Fee Reduction

减税降费背景下地方
财政可持续发展研究

刘建民　吴金光　等　◎著

中国财经出版传媒集团
经济科学出版社
Economic Science Press
·北京·

　　近年国内外不利冲击因素的累积叠加，对地方财政抗风险能力提出了更高要求，地方财政可持续发展面临前所未有的考验。树立全局观念、系统思维和底线思维，在巩固和拓展减税降费成效与地方财政可持续发展等多重目标中寻求动态平衡，是当下我国省以下财政体制改革在困难中前行的最优选择。因此，在减税降费大背景下探讨地方财政可持续性问题，综合考量减税降费政策对地方财政可持续性的影响冲击，探索地方财政可持续能力建设举措，不仅是促进积极财政政策提质增效的客观需要，也是提升地方财政抗风险能力的内在要求，更是实现地方政府治理体系与能力现代化的必然选择。

　　首先，本书在理论层面从财政风险视角对新时代我国地方财政可持续性的内涵与发展要求进行阐释，并深入分析减税降费影响地方财政可持续性的理论机制，包括减税降费对地方经济发展的动态影响机制、减税降费对地方财政压力的影响机制、减税降费对地方财政收入结构的影响机制、减税降费对区域间财力均衡的影响机制、地方财政激励对地方财政可持续性的影响机制以及减税降费对地方财政体制的影响机制。

　　其次，从多维视角评估了减税降费对地方财政可持续性的地方经济发展的影响效应。一是探讨了减税降费政策对地方经济发展的动态效应，分析发现，减税降费政策在不同市场化程度和科技水平的城市中表现出差异化影响，主要通过增加人均消费支出对地方经济发展产生显著的促进作用。二是深入分析了减税降费政策对地方财政压力与财力结构的影响。通过构建包含地方财政收支缺口和债务水平的压力衡量指标，实证检验"营改增"政策对地方财政压力的具体效应，发现其对地方财政收支缺口变化影响不大，但对债务压力有显著增加作用，特别是在大城市中较为明显。三是研究了减税降费政策对区域间财力均衡度的影响。以增值税税率下调为例，实证检验其对县级财政自有财力和财政支出均等化水平的影响，发现增值税税率下调显著降低了县级财政的自有财力均等化水平，但对财政支出均等化水平影响不大。这一政策在经济欠发达城市中影响更为显著，而在经济发达城市中不明显，显示出区域间存在"马太效应"。四是以税收分成为例，分析了减税降费、财政体制与地方可持续间的影响效应，研究发现，五五分成显著降低了地方财政纵向失衡，但加剧了地方财政横向失衡；增值税分成改革主要通过激励地方政府扶持工业企业发展和开展税收竞争，对地方财政可持续性产生显著的促进效应。五是研究了减税对地方财政可持续性的动态效应，研究发现，持久性减税短期内不利于地方财政可持续性，从长期来看，将对地方财政可持续性产生显著的促进作用。

　　最后，从优化地方财力结构、增强区域间财力均衡性和完善央地财政体制等方面，提出了提升地方财政可持续发展能力的政策建议。本书构建了一个完整的"三轴六维"分析框架，不仅丰富了减税降费政策效应分析的研究成果，也为准确识别减税降费政策的经济效应提供了科学方法。

CONTENTS

目 录

001 第1章
导 论

1.1 研究背景 _ 001

1.2 研究意义与价值 _ 006

1.3 文献综述 _ 008

1.4 研究内容 _ 023

1.5 研究方法 _ 027

1.6 创新点 _ 028

030 第2章
减税降费政策与地方财政可持续性的理论分析

2.1 我国减税降费政策实施的基本情况 _ 030

2.2 新时代地方财政可持续性的理论内涵 _ 037

2.3 减税降费改革影响地方财政可持续性的机制研究 _ 045

2.4 本章小结 _ 056

058 第3章
我国地方财政可持续发展的指标测度研究

3.1 财政可持续发展评价的发展历程 _ 059

3.2 财政可持续发展评价指标体系与评价方法 _ 064

3.3 地方财政可持续发展评价结果 _ 069

3.4 本章小结 _ 076

077 第 4 章
持续性减税降费对地方经济发展的动态效应研究

4.1 数据来源与变量处理 _ 077

4.2 计量模型设定 _ 080

4.3 实证结果 _ 081

4.4 机制分析 _ 090

4.5 拓展分析 _ 092

4.6 本章小结 _ 094

095 第 5 章
减税降费对地方财政压力的影响研究：以"营改增"为例

5.1 基本假设 _ 097

5.2 计量模型设定、变量选取和数据来源 _ 098

5.3 实证结果分析 _ 101

5.4 本章小结 _ 110

112 第 6 章
减税降费对地方财力结构的影响研究

6.1 地方财力结构 _ 113

6.2 地方财力结构的现状及变化趋势 _ 116

6.3 理论分析与研究假设 _ 128

6.4 减税降费影响地方财力结构的实证分析 _ 130

6.5 本章小结 _ 151

153 第 7 章
减税降费对区域间财力均衡度的影响研究：以增值税税率下调为例

7.1 制度背景分析 _ 155

7.2 计量模型构建、变量选取和数据来源 _ 156

7.3 实证回归结果 _ 159

7.4 本章小结 _ 167

169 **第 8 章**
减税降费、财政体制与地方财政可持续性：以增值税分成体制为例

8.1 税收分成、财政激励与地方财政可持续性 _ 170

8.2 税收分成、财政失衡与地方财政可持续性 _ 188

8.3 本章小结 _ 201

203 **第 9 章**
持久性减税影响地方财政可持续性的动态效应研究

9.1 引言 _ 203

9.2 持久性减税对地方财政可持续性的影响分析 _ 205

9.3 研究设计 _ 208

9.4 实证结果分析 _ 212

9.5 主要结论 _ 224

9.6 本章小结 _ 224

226 **第 10 章**
减税降费背景下提升地方财政可持续发展能力的对策研究

10.1 "五个着力"加快推进地方财政可持续发展
能力建设 _ 227

10.2 锚定激发地方经济活力目标精准高效实施结构性
减税降费 _ 233

10.3 基于提升财政稳定性目标有效增强区域间的财力
均衡性 _ 238

10.4 从强化地方财政治理能力出发持续推进央地财政
体制改革 _ 241

参考文献 _ 246

后记 _ 272

第1章

导　论

1.1 研究背景

为了应对结构性、体制性、周期性问题相互交织的复杂形势，自2012年"营改增"试点以来，我国相继推出了"一揽子"减税降费政策，并且力度持续加大。基于此，近几年来我国将减税降费作为供给侧结构性改革的重大举措，陆续推出了以推动经济高质量发展为目标的"一揽子"政策措施，减税与降费"双管齐下"。"减税"指的是一般公共预算收入中的税收收入，而"降费"则指的是其他三本政府预算收入，特别是政府性基金预算收入和社会保险基金预算收入。可见，我国减税降费是"全口径"的，多措并举地实现企业、个人等市场主体整体税负水平的降低。2018年以来，随着所得税优惠、增值税改革、社保降费等一系列减税降费政策的落地，市场主体税费负担明显减轻。国家税务总局数据显示，2018年全年减税降费约1.3万亿元；2019年全年累计新增减税降费超过2万亿元，占GDP的比重超过2%，全国财政收入比上年增长3.8%，财政支出同比增长8.1%；2020年这一数值更是高达2.5万亿元；2021年减税规模有所回落，约1.1万亿元，但数值仍然很大，减税降费政策成效明显。减税降费背景下，一方面，在收入增幅明显回落的同时支出却保持了较高的增幅；另一方面，政府债务规模也在逐步扩大。2019年11月末，全国显性债务余额达 37.61 万亿元，其中地方政府债务余额为 21.33 万亿元；2020 年增加到 22.82 万亿元；2021 年全国发行 7.49 万亿元地方债券，其中新增债券 4.37 万亿元。面对新冠疫情的冲击，减税降费政策力度进一步加大，减收与增支矛盾更为突出，财政压力尤其是地方财政压力明显加剧，持续性大规模减税降费与地方财政支出刚性、地方政府债务风险、地方财政收入的不确定性等因素之间的叠加积累效应，对地方财政抗风险能力提出了更高要求，地方财政的可持续性面临前所未有的考验。

2019 年 12 月 27 日召开的全国财政工作会议，将巩固和拓展减税降费成效与确保地方财政可持续作为财政工作的重要任务。在新冠疫情持续不断的冲击下，全球经济形势愈加不景气，加重了来自国际环境外生冲击的不确定性。虽然我国 2020 年 GDP 实现逆势增长突破百万亿元，2021 年国内 GDP 又以 8.1% 的增长率强势恢复，但仍旧对地方经济发展产生了不小的冲击。在 2020 年地方一般公共预算支出增长 3.3% 的情况下，一般公共预算收入同比降低 0.9%，地方财政收支缺口达到 11 万亿元，2021 年地方财政收支缺口仍旧保持在 10 万亿元以上，同时地方政府性基金收支缺口也达到 1.6 万亿元，较 2020 年地方政府性基金收支缺口 2.5 万亿元的规模有所减少，地方国有资本经营预算收支盈余也仅有 1 400 亿元，远不能弥补巨额地方财政收支缺口。总体来看，地方财政缺口和财政压力依旧严峻，如何保障地方财政尤其是市县级财政可持续发展，十分紧迫。

首先，从地方财政可持续性建设的必要性来看，财政是国家治理现代化的基础和重要支柱，地方政府治理是国家治理现代化不可分割的重要组成部分，而地方财政在基层政府治理中的支柱作用则更为基础和重要。在我国，地方财政是相对中央财政而言的，地方政府财政实际包含了省级、地级市、县级和乡镇财政四个层级。自 2003 年安徽省开始施行"乡财县管"模式试点后，2006 年财政部下发了《关于进一步推进乡财县管工作的通知》，截至 2008 年，全国绝大部分地区实现了乡财县管乡用的改革。地方四级财政实际上变成了省、市、县三级为主，而省级政府作为统筹地方各级政府的一级政府，相较于市县级政府，省级政府治理更侧重于全省经济社会发展的统筹和规划，而市县级政府则侧重于在所辖的区域行政区划内直接参与到地方经济社会发展的治理中，从这个角度来看，在地方经济发展中，市县级政府发挥了更为基础的作用，因此市县级政府在地方经济社会治理中具有举足轻重的地位。

2012 年审计署公布的对全国 18 省 54 个县财政性资金省级调查结果显示，县级财政支出压力仍较大，超过 77.23% 的财政支出用于满足国家和中央部门要求的政策性达标支出项目，且中西部县的这一比例高达 81%，高出东部地区县 11 个百分点。与此同时，县级财政对转移支付依赖过大，2011 年上级转移支付支撑了县公共财政支出的 49.39%，中西部县的比例远高于东部县。2017 年我国地方财政一般预算收支缺口达到 8.18 万亿元，占当年地方财政收入的 89.43%，而 2000~2017 年地方财政一般预算收支缺口按照 19.64% 的年均速度增加。其中，我国县级财政收支缺口占 GDP 比重由 2000 年的 7.02% 增加到 2017 年的 25.07%，县域 GDP 增速均值在 2008~2011 年达到 20% 左右的峰值，2014 年后进入个位数增速均值，2017 年县域 GDP 增速均值为 6.61%。[①] 可见，地方政府财政在分税制改革后面临着极大的财政收支压力，尤其是市县级政府财政可持续性问题较为突出。

其次，在国家治理体系中，管控财政风险是保障我国经济社会持续发展的"底牌"和约束条件（刘尚希，2021）。国家治理的重要性，目前体现在为经济社会发展注入确定性，而我国财政风险的重点和薄弱环节在于地方政府财政，因此我国财政可持续性建设的重点也在地方财政，尤其是市县级财政存在极大的不确定性。2019 年以来，习近平总书记在多个场合强调了"六稳"的重要意义。2020 年全国财政工作会议对财政部门在"六稳"中的工作进行了总结和部署，侧重强调了对市县基层财政财力的支持和保障，把缓解基层财政困难作为重大政治任务。《中共中央关于制定国民经济和社会发展第十四个五年规划和二〇三五年远景目标的建议》中强调了要健全省以下财政体制，增强基层公共服务保障能力，而地方财政可持续性是保障基层公共服务能力的财力基础。2021

---

① 数据来源于国家统计局官网，使用了 1974 个县级的财政数据整理获得。

年《政府工作报告》重点强调了财政政策要提质增效、更可持续。财政政策的可持续本质上也就是财政的可持续，财政风险越大，财政就越不可持续（刘尚希，2021）。2022年4月，中央全面深化改革委员会第二十五次会议上审议通过了《关于进一步推进省以下财政体制改革工作的指导意见》，强调"理顺省以下政府间收入关系，完善省以下转移支付制度，建立健全省以下财政体制调整机制，规范省以下财政管理"，"推动建立县级财力长效保障机制"，同时"要压实地方各级政府风险防控责任，完善防范化解隐性债务风险长效机制，坚决遏制隐性债务增量"，可见，在完善省以下财政体制改革中，加强地方财政可持续性是重要内容和目标。"十四五"期间我国经济社会工作的总基调是坚持稳中求进。稳字当头就是要求在复杂的发展环境中具有风险意识，注重化解重大风险挑战，健全风险防治机制；进取有方则是在风险中保持机遇意识，坚定不移地贯彻新发展理念，坚持人民至上的发展观，持续推进经济社会的持久健康发展。相应地，在地方财政领域坚持稳中求进的基本要求，就是要在防范财政风险中不断推进地方财政可持续性能力的建设，让地方财政成为地区经济社会稳步健康发展的坚实保障。财政是完善国家治理结构的中枢，财政内嵌于国家治理结构之中，在国家分级治理模式下，地方财政和中央财政是相对独立的关系，地方政府治理和地方公共风险的管理仍然依靠地方财政为支撑主体（刘尚希等，2022）。因此，探索地方财政可持续性的建设举措，不仅是促进积极财政政策提质增效的客观需要，也是提升地方财政抗风险能力的内在要求，更是推进地方政府治理体系与治理能力现代化建设的必然选择。

《中共中央关于全面深化改革若干重大问题的决定》提出，"财政是国家治理的基础和重要支柱，科学的财税体制是优化资源配置、维护市场统一、促进社会公平、实现国家长治久安的制度保障"，党的十九大报告进一步提出了"加快建立现代财政制度，建立权责清晰、财力协调、区域均衡的中央和地方财政关系"，强调财政与其他经济政策协调机制和地方税体系建设，加强地方财政可持续发展保障。《中华人民共和国国民经济和社会发展第十四个五年规划和2035年远景目标纲要》（以下简称"十四

五"规划）重点强调了建立现代财税金融体制，提出协调中央和地方财政
关系的具体规范，并提出健全省以下财政体制，增强基层公共服务保障能
力；此外，"十四五"规划各部分均对财政支持提出了新要求，财政作为
国家宏观经济治理的重要手段，地方财政可持续性直接关系到地方政府经
济治理的手段和能力，关系到国家"双循环"战略发展规划的具体实施和
成效。2022 年《政府工作报告》指出：扎实做好"六稳""六保"工作以
应对各种风险挑战，提升积极的财政政策效能，增强财政可持续性。2022
年中央全面深化改革委员会第二十五次会议上，习近平总书记在谈到省以
下财政体制改革时强调"遵循健全政府间财政关系的基本原则，清晰界定
省以下财政事权和支出责任，理顺省以下政府间收入关系，完善省以下转
移支付制度，建立健全省以下财政体制调整机制，规范省以下财政管理"，
"完善区域支持政策，推动建立县级财力长效保障机制"，并要求压实地方
各级政府风险防控责任，遏制隐性债务增量。地方财政可持续性是牵涉我
国经济发展稳定性的"大动脉"，因此，在新发展格局中强化地方财政可
持续性尤为重要。

近年来国内外不利冲击因素的累积叠加，对地方财政抗风险能力提出
了更高要求，地方财政可持续发展面临前所未有的考验。树立全局观念、
系统思维和底线思维，在巩固和拓展减税降费成效与地方财政可持续发展
等多重目标中寻求动态平衡，是当下我国省以下财政体制改革在困难中前
行的最优选择。我们必须注重全局观念与系统思维，在多重目标中寻求动
态平衡。在减税降费大背景下探讨地方财政可持续性问题，综合考量减税
降费政策对地方财政可持续性的影响冲击，探索地方财政可持续能力建设
举措，不仅是促进积极财政政策提质增效的客观需要，也是提升地方财政
抗风险能力的内在要求，更是实现地方政府治理体系与能力现代化的必然
选择。

最后，我国现行税制体系中增值税占据着至关重要的位置。自 2016 年
全面"营改增"改革后，增值税在全国税收总额中的比重虽然持续降低，
到 2022 年这一比例为 29.24%，仍高于企业所得税的 26.22%；从地方政
府税收收入结构看，2017 年以来增值税在地方税收收入中的比重由 41.08%

逐步减少到 2021 年的 37.91%，增值税在地方稳定财政税收收入中至关重要。[①] 可见，增值税在全国税收规模中的地位决定了其成为我国减税政策的重要调控工具，尤其是增值税对地方政府行为和地方经济发展的影响程度，使得增值税的减税成为我国大规模减税政策的核心位置。此外，增值税流转税种的属性以及税负易转嫁的特性，能够通过多种生产经营链条减轻更多纳税人的税负，更容易降低各市场主体税负感。

1.2 研究意义与价值

1. 通过提供经验证据丰富了减税降费政策效应分析的研究成果

关于减税降费政策的既有研究，主要集中于企业创新、劳动雇佣、投资等行为的影响，但往往仅局限于某一个方面，鲜有文献涉及减税降费政策对企业全要素生产率的效应分析，缺乏全面涵盖资本、劳动和技术三者的综合分析结论。减税降费作为全面深化改革的基础性与制度性创新，应以把握高质量发展的内在要求为根本遵循，发挥政策调控对于微观经济的牵引作用（马海涛和朱梦珂，2022），最终目的在于通过为微观企业减负、激发企业活力、提升企业生产率，从而推动经济转型升级、促进经济高质量发展。因此，从全要素生产率视角聚焦减税降费政策分析的经验证据，能够大大提升政策评估结论的可信度。与此同时，全要素生产率作为经济高质量发展的重要衡量指标，从微观角度理解和认识减税降费政策与全要素生产率之间的关系，不仅关系到微观层面企业生产效率的问题，更关系到国家层面经济转型的宏观战略问题，具有现实重要性。

2. 为准确识别减税降费政策的经济效应提供了科学方法

本书通过搜集整理省级、地市级的减税降费政策数据，与上市公司微观数据进行匹配，基于减税降费政策的"准自然实验"，构建双重差分模

---

① 根据国家统计局官网数据整理。

型。考虑到有些政策是一次完成的，有些减税降费政策是渐进式调整的，而有些政策每次调整的幅度存在差异，本书根据政策的特点，构建较为恰当的传统双重差分模型、渐进双重差分模型、强度双重差分模型进行实证检验，讨论减税降费政策对企业全要素生产率的影响及作用机制，可以较好地降低内生性问题，准确有效地识别减税降费政策与企业全要素生产率之间的因果效应。

3. 为进一步优化减税降费政策设计、提升政策实施效果提供参考借鉴

政策出台后对政策效果进行评估是政策生命周期的重要一环，具有问诊、把向、优化、纠偏的作用。一方面，本书从政策供给的角度深入评估了减税降费政策对企业微观层面全要素生产率的影响，并通过多种方法和多维度视角的实证检验得到了相对可靠的结论，有助于政府判断政策目标的实现程度，为中国企业全要素生产率的提升提供了政府层面的决策依据；另一方面，本书分析了企业规模、成本差异、市场化程度等对减税降费政策促进企业全要素生产率的影响。通过观察这些因素对政策效应的影响，我们进一步为企业异质性背景下减税降费政策更好地发挥政策效应提出了重要的政策建议，为后续有针对性地完善政策设计、适时进行政策调整、促进政策资源有效配置、提高决策科学化水平提供参考借鉴。

4. 为地方政府治理和地方财政可持续能力建设提供政策建议

在我国高质量发展战略中，国家治理现代化发挥着极为重要的作用。作为国家治理现代化的重要组成部分的地方政府治理，其治理效果更是直接关系到我国经济高质量发展的水平，因此，在新发展阶段与新发展格局下，研究地方政府治理，尤其是地方治理改革行为，对于释放地方经济社会发展动能、激发地方市场活力具有重要意义。财政可持续性因其对经济社会发展具有基础性作用，对我国高质量发展战略的支撑作用不言而喻，其中，地方财政发挥着奠基性作用，尤其是在当前，我国经济发展面临的国际环境日益复杂，地方财政可持续发展能力对我国整体发展战略具有关键性影响。综上可见，在今天这个风险社会里，围绕地方财政可持续发展

目标提出系统性的政策建议，对于我国进一步优化地方政府治理、提升治理能力、推动地方财政可持续发展，为地方经济社会发展注入更多的确定性，让我国整体经济能够稳中求进，具有重大的现实意义。

1.3 文献综述

1.3.1 我国减税降费政策效应的研究综述

1. 前期减税政策的经济效应研究

我国减税政策的大规模举措是从"营改增"政策开始的。潘明星（2013）分析了上海等省份"营改增"试点的税制优化效应、结构减税效应和经济增长效应；胡春等（2014）利用投入产出表和损益表分别测算了"营改增"对银行业税负的影响情况；童锦治等（2015）从税负转嫁出发，首次基于企业议价能力的视角，利用2010~2012年上市公司的数据，研究"营改增"对企业实际流转税税负的影响；刘怡和耿纯（2015）使用工业企业数据库，测算了如果金融业实行"营改增"可能给制造业企业带来的减税效应；郭均英和刘慕岚（2015）以2012年1月首批在上海试点的上市公司为例，研究了"营改增"的实行对企业经济的影响，发现"营改增"后这些上市公司的税负降低；李成和张玉霞（2015）利用2011~2013年企业微观数据，运用双重差分模型检验了营改增的政策效应；申广军和陈斌开（2016）基于微观数据考察增值税税率变化对企业的影响，为理解减税对宏观经济的作用提供了微观基础；董根泰（2016）以浙江省大中型上市公司为样本，利用不同行业"营改增"前后年度财务报告数据，采用配对样本均值检验和双重差分模型等研究方法，研究发现"营改增"对"营改增"行业、制造业和建筑业企业税负并没有显著影响；刘金科和谢鋆（2017）利用投入产出表和企业微观数据，综合评估了生活服务业"营改增"的减税效应；范子英和彭飞（2017）基于中国135个行业的投入产出表测算了服务业和上游行业之间的产业互联程度，将其与上市公司微观数据相比较，发现"营改增"的减税效应严重依赖产业互联程度和上游行业的增值税税率；曹越和陈文瑞（2017）以 2010～2014 年中国上市公司的数据为样本，运用 PSM 和 DID 方法分别考察了北京、上海等 8 省市及全国性"营改增"对公司所得税税负的影响，发现"营改增"对试点公司所得税税负无显著影响；乔俊峰和张春雷（2019）从税收征管行为差异出发，基于 2009～2016 年中国上市公司数据，运用双重差分法估计了"营改增"对企业流转税税负的影响，发现"营改增"对试点企业流转税税负下降作用并不明显。这些文献对于"营改增"较为直接的减税效应进行了较为全面的分析，为本书进一步深入分析减税降费的政策效应奠定了基础。

对于"营改增"政策的其他经济效应，众多学者进行了大量的分析。袁从帅和罗杰（2019）基于 2009～2015 年 288 个城市数据，运用成对样本数据结构和双重差分模型，研究发现"营改增"带来的流转税制优化有利于服务业发展，是近期结构调整的重要影响因素；孙正（2017）基于鲍莫尔（Baumol，1967）提出的非均衡增长模型，考察"营改增"与产业结构演进升级之间的内在经济逻辑，继而以 1995～2014 年我国省级面板数据为样本，并利用面板向量自回归（PVAR）模型，实证分析了"营改增"改革对我国产业结构升级演进的影响；孙正和张志超（2015）根据 1995～2013 年省际数据，运用面板向量自回归模型，考察"营改增"对我国国民收入分配格局的影响；倪红福等（2016）利用 2012 年中国投入产出表和中国家庭追踪调查数据，模拟分析了"营改增"的短期价格效应和收入分配效应；胡怡建和田志伟（2016）将投入产出法与 CGE 模型相结合，测算"营改增"对我国居民收入分配状况的影响；汪昊（2016）以间接税归宿的一般均衡理论为基础，通过构建可计算一般均衡（CGE）模型，对基尼系数、MT 指数、累进性指数等重要指标进行测算与分解，研究显示"营改增"后平均税率下降是收入分配得到改善的最重要因素；杨默如（2010）独创性地应用投入产出表对金融业重复课税规模进行了测算，提出了对我国金融业增值税制的改革建议；王玉兰和李雅坤（2014）以在沪市上市的交通运输企业 2011 年公开披露的财务报表数据为测算依据，发现

"营改增"后交通运输业增值税一般纳税人税负增加、盈利水平下降；孙正和陈旭东（2018）采用我国 2009～2016 年省级面板数据，运用中介效应模型，计量检验"营改增"对我国服务业资本配置效率的影响；李永友和严岑（2018）基于制造业上市公司数据研究发现，服务业"营改增"的减税效应的确带动了制造业以生产率提升为标识的转型升级；陈钊和王旸（2016）利用 2008～2014 年中国上市公司的数据，使用双重差分法检验了"营改增"改革促进专业化分工的两种可能；陈晓光（2013）以增值税为例，利用谢和克列诺夫（Hsieh & Klenow，2009）模型及企业层面数据，对由增值税有效税率差别导致的全要素生产率损失进行了测算；袁从帅等（2015）选取 239 家上市公司 2007～2013 年的面板数据，用双重差分模型研究了该政策对企业投资、劳动雇佣及研发行为的影响；赵连伟（2015）利用 2011～2014 年微观企业层面的调查数据，实证研究发现"营改增"提高了企业创新能力。以上文献分别从"营改增"政策的产业结构调整效应、收入分配效应、行业配置效应、社会分工效应和创新创业效应等方面进行了大量分析，为本书后续研究奠定了一定的研究基础。

2. 大规模减税降费政策的经济效应研究

我国 2018 年实行的大规模减税降费政策涉及增值税、社保费、研发费用加计扣除、个人所得税及固定资产加速折旧等多个方面。美国、英国等大多数发达经济体在过去 20 年里，也出台了大量相关税收优惠政策，刺激国内企业发展。国内外学者围绕减税降费的政策效应进行了大量实证研究。关于减税降费的影响研究，绝大部分学者集中于经济主体减负或微观经济绩效影响评估方面（Hayashi，1982；Pombo & Galindo，2011）。高培勇（2018）分别对以降成本和扩需求为目的的减税降费政策进行分析，探讨了当前经济形势下减税降费行动路线；刘蓉（2019）指出未来我国减税降费释放市场活力、减轻企业税费负担的重点与关键在于精简机构、减少行政成本支出等；张斌（2019）指出减税降费将从根本上重塑政府与市场的资源配置格局与配置方式，从而对中国中长期的政府职能、收入体系和税制结构产生重大影响；倪红日（2019）认为需把握好减税降费相关政策组合和力度，方能达到减税降费与税收经济增长的良性循环目标；傅娟等（2019）通过对云南省200多家企业的非税负担进行统计分析，指出"降费"的着力点应放在垄断行业的改革上；何代欣和张枫炎（2019）从稳定宏观经济运行的战略高度，提出应努力打通宏观减负战略与中微观减负成效间的联系，妥善处理体制变革、支出压力与财政稳定下的减税降费是保证减税降费措施全面起效、持续发挥政策引领作用的关键；杨志勇（2019）认为减税降费应通过立法将合理之处确定下来；闫坤（2019）认为应实施"战略性减税降费"措施，以税制改革优化作为支撑，重点提升税制中性、减少重复征税，有效破除税收制度"瓶颈"；庞凤喜和牛力（2019）认为，新一轮减税降费的直接目标是对企业纳税人实施更具实质性与普惠性的减负，并通过"简税"、优化主要涉企收费项目及其征收办法、深化简政放权和相关配套改革加以实现；何代欣（2019）认为实施更大规模的减税降费，不能忽视一些前置条件变化所带来的挑战；杨灿明（2017）系统总结了我国减税降费政策实施成效；王智烜等（2018）结合我国2004~2015年的省级面板数据，通过建立PVAR模型分别研究了增值税、企业所得税、个人所得税、行政事业性收费、罚没收入对我国非正式就业的影响；陈小亮（2018）对过去10年间中国减税降费政策的效果进行了整体评估；陈志勇（2019）认为减税降费除推动经济发展外，还会对构建现代财政制度产生重要影响；李慜劼（2019）认为减税降费将直接影响我国微观企业，尤其是实体经济和制造业企业，为它们带来难得的改善经营质量和转型升级的空间；中国财政科学研究院课题组（2017）通过调研微观数据考察了减税降费对企业及行业税负的影响。

从降负效应来说，部分学者对减税降费的积极作用给予了肯定，认为其降低了宏观税负（陈小亮，2018）。但是，也有学者认为，企业对于减税降费的获得感不强，企业税负并无实质性下降（潘孝珍和张心怡，2019）。从投资效应来说，长期以来，经济学界一直试图厘清税收如何影响投资（Hall & Jorgenson，1967），并通过大量实证研究测算减税降费政策对企业投资的效应（Goolsbee，1998；Djankov et al.，2010）。奥恩（Ohrn，2018）基于美国生产活动扣除的准自然实验，实证研究发现企业所得税率降低 1 个百分点，会促使投资增加 4.7% 的安装资本。从企业创新效应来说，孔军和原靖换（2021）发现减税降费政策下企业税负下降对企业创新具有显著激励效应；而杨国超等（2017）则认为减税激励政策可能会激励企业进行研发操纵，从而满足减税降费的条件，难以真正提升企业的创新绩效。从就业效应来说，王智烜等（2020）基于异质性模型发现，减税降费通过扩大正规就业、促进非正规就业向正规就业转变促进了我国正规就业的发展；薛菁（2022）认为减税降费政策对制造业高质量发展具有显著促进作用，并且减税的激励作用比降费更显著。以上对新时代我国减税政策的分析，为我们后续对大规模减税降费政策效应的研究奠定了基础。

3. 基于具体减税政策工具的经济效应研究

（1）固定资产加速折旧政策的经济效应。加速折旧是资本税改革的方向之一，美国、英国等发达经济体都出台了相关的加速折旧政策以推动本国经济发展，如美国的红利折旧政策、英国的津贴折旧政策等。考虑到固定资产是企业转型升级、高质量发展不可或缺的硬件保障，对推动企业创新、提高企业经济效益有重要意义，我国的加速折旧政策侧重于企业固定资产，目的在于提升企业投资水平，帮助企业适应市场变化，促进企业高质量发展。关于加速折旧政策对微观企业的影响，国外学者主要着眼于投资和就业层面。豪斯和夏皮罗（House & Shapiro，2008）利用美国红利折旧政策这一准自然实验，通过实证分析发现该政策与企业投资之间存在显著正向关系；兹维克和马洪（Zwick & Mahon，2017）基于相同的改革，通过分析超过 12 万家企业的数据，发现红利折旧政策使得企业投资明显增加；马菲尼等（Maffini et al.，2019）使用英国公司纳税申报表，考察了折旧津贴激励对企业投资的影响，发现获得折旧津贴资格的企业投资率增加了 2.1～2.6 个百分点；威尔豪韦尔和维尔斯曼（Wielhouwer & Wiersma，2017）将荷兰的自由纳税折旧政策引入模型中，结果显示自由纳税折旧政策导致面临最高边际税率的公司进行更高的投资。从就业层面来说，加勒特等（Garrett et al.，2020）基于美国红利折旧政策，研究发现该政策发挥了温和的增加就业作用，员工工资水平得到小幅度提升（Ohrn，2019）。

国内学者则侧重于研究加速折旧政策对固定资产投资、创新、就业等方面的促进效应。对投资而言，刘啟仁等（2019）基于我国数据，使用双重差分模型检验了2014年加速折旧政策对企业固定资产投资的影响，发现试点企业的固定资产投资相对于非试点企业显著增加。然而，曹越和陈文瑞（2017）以A股制造业与信息产业上市公司为研究对象，发现加速折旧政策对固定资产投资规模并无显著影响。该政策对企业是否具有创新效应也是学者们关心的重点。李昊洋等（2017）、石绍宾和姚淼（2020）发现加速折旧政策对企业创新具有显著的促进作用，提高了企业研发投入。林志帆和刘诗源（2022）还发现，固定资产加速折旧政策不仅增加了企业研发投入和专利申请数量，还提升了高创新含量的发明专利申请数量。也有学者认为，固定资产加速折旧政策仅促进了制造业企业的创新财力投入，对创新人力投入并无明显激励效应（伍红等，2019）。从就业来说，谢申祥和王晖（2021）研究发现，加速折旧政策显著增加了企业雇用劳动者的数量，并且就业的增加主要表现为中高等技能劳动者需求的增加，促进了企业人力资本升级（刘啟仁和赵灿，2020）。李建强和赵西亮（2021）的研究也表明，加速折旧政策降低了低技能工人雇用数量，从而提高了企业资本劳动比，提升了企业人力资本水平。张克中等（2021）进一步考察了加速折旧政策对企业内部收入分配的影响，认为该政策主要增加了公司管理层平均工资，而对普通员工工资没有明显影响，这加大了企业内部的收入不平等。在融资约束的研究中，固定资产加速折旧政策天然具有缓解企业融资约束的作用，这一点在国内得到了学者证实（童锦治等，2020）。少数文献对加速折旧政策的效应进行了补充，认为该政策可以降低资本价格，加速企业固定资产更新，提高企业的资本配置效率（刘行等，2019），并且具有显著的"出口促进效应"和"对外直接投资促进效应"等国际化行为（赵灿和刘啟仁，2021）。

（2）关于社保降费政策的经济效应研究。国内外与社保相关的研究较为丰富，主要集中在社保制度对企业行为或政府行为的影响上，包括企业社保逃费行为、税负转嫁、就业效应、税收征管等。在国外，大部分社会保险计划，如养老金和健康保险、残疾保险和失业保险，都由工资税（或社会保障缴款）提供资金（Kim et al.，2022）。社保费的实质其实是工资税的一种形式，因此我们在进行文献综述时不对其做区分。

就社保逃费而言，尼兰德等（Nyland et al.，2006）基于上海企业数据研究发现，企业主要通过两种方式逃避社保缴费：一是瞒报企业雇用员工人数；二是与员工合谋低报工资，隐瞒缴费基数。贝利和特纳（Bailey & Turner，2001）通过实证研究发现，企业逃费现象在发展中国家（地区）十分普遍，企业会通过降低员工注册数量、雇用临时工和拖欠社保费用等手段逃避社保缴费，而通过降低费率和政府给予补贴等方式可以减少企业逃费。宋弘等（2021）从企业参保率的角度出发，认为企业面临较高法定缴费率会对企业参保率有负向激励。社保费率上升会降低企业自由现金流，迫使企业冒险选择避税来"中和"社保缴费带来的财务压力（魏志华和夏太彪，2020），严重损害企业价值（沈永建等，2020）。企业逃避社保缴费不仅与企业和员工有关，还与地方政府征管力度有关。国家（地区）存在追求低劳动力成本来招商引资发展本国（地区）经济的"逐底竞争"倾向（Davies & Vadlamannati，2013；Olney，2013；彭浩然等，2018），从而放松对企业社保费的征管，导致国家和地区社保征缴机构征缴动力不足（Nyland et al.，2011；鲁於等，2019），企业逃费现象普遍存在。赵仁杰和范子英（2020）检验了养老保险省级统筹对地方政府税收征管的影响，发现统筹层次提高显著弱化了地方政府征管激励，降低了企业逃避社保缴费的成本，诱导企业逃税。许红梅和李春涛（2020）以2011年7月1日起施行的《中华人民共和国社会保险法》为切入点，认为该法案的实施加强了地方政府关于社保费的征管力度。

税费转嫁是社保研究的重要内容。若企业可以完全转嫁社保负担，那么社保缴费率的变动不会对企业的行为产生影响。企业无法完全转嫁社保负担是研究社保制度影响微观企业用工计划的前提。社保负担加重会降低企业自由现金流，影响企业利润。逐利本质下，企业有动机将这一成本转嫁给员工（Ooghe et al.，2003；Hamaaki & Iwamoto，2010），以少缴或不缴社保费。但是，由于工资刚性、最低工资标准以及社会保险法等法案的存在，企业无法将社保负担全部转嫁给员工（Nielsen & Smyth，2008），只能部分转嫁。但在具体的转嫁方式上，目前尚无一致结论。

当前对企业社保负担引致的经济后果的研究主要集中在就业效应和工资效应上，这也与我们的研究密切相关。格鲁伯和克鲁格（Gruber & Krueger，1991）发现美国社保负担加重会挤出员工工资，但对企业雇用人数没有显著影响。库格勒等（Kugler et al.，2009）利用哥伦比亚企业数据进一步研究发现，社保负担加重会降低员工工资和低技能工人的就业规模，但对高技能工人就业无影响。本萨尔蒂和哈留（Benzarti & Harju，2021）基于芬兰的研究结论与上述不同，他们认为社保负担加重对收入无影响，但会激励企业增加高技能工人来替代低技能工人。小玉等（Kodama et al.，2015）使用日本微观企业数据，发现当需要缴纳的社会保险费用提高后，企业会通过减少雇员数量和提高员工平均工作时间作为应对劳动力成本上升的措施。阿尔梅达和卡内罗（Almeida & Carneiro，2012）研究了巴西的情况，发现频繁的企业社保缴费审查制度会提高社保遵从度，并促进劳动力在正规部门就业。钱雪亚等（2018）使用中国微观企业数据研究发现，社保缴费率的上升会显著降低企业雇用劳动力人数（刘苓玲和慕欣芸，2015）。马双等（2014）基于中国的数据进行实证检验，认为提高养老保险缴费比例会同时挤出员工工资和企业雇用人数。也有学者就社保负担降低的效应进行了考察，发现社保负担下降显著提高了薪酬水平，但对就业没有明显影响（Anderson & Meyer，2000；Murphy，2007）。赛斯等（Saez et al.，2019）使用瑞典的数据，发现社保负担的降低提高了年轻人的就业率，但对市场工资水平没有明显影响。尹恒等（2021）从中国的实际情况出发，认为社保降费对企业的劳动力需求量具有显著促进效应，实现了在当前经济形势下行情况下稳就业、增信心的预期（宋弘等，2021），并且对企业的新增投资具有正向影响（任超然，2021）。可以看到，因为不同学者研究的对象和数据来源不同，关于社保负担引致的经济后果结论并不一致。结果好坏参半（Melguizo & González-Páramo，2013）。

（3）关于研发费用加计扣除政策的经济效应研究。现有关于研发费用加计扣除政策的经济效应研究，主要集中于企业的研发创新。一支文献聚焦于企业研发创新活动的投入阶段，考察了研发费用加计扣除政策对企业研发投入的影响（Czarnitzki et al.，2011；陈远燕，2015；甘小武和曹国庆，2020）。一部分学者认为该政策与企业研发投入存在正相关关系。例如，李宜航等（2022）以制造业上市公司为样本，实证检验了研发费用加计扣除税收优惠对制造业企业研发投入的正向促进作用；崔也光和王京（2020）以长三角、珠三角、京津冀三个地区为研究对象，通过 DID 模型评估了 2016 年实施的研发费用加计扣除政策对企业研发投入的影响，发现该政策对企业的研发投入具有显著激励效应；韩仁月和马海涛（2019）还发现，在多种税收优惠方式并行时，研发费用加计扣除政策对企业研发投入的激励效应强于税率优惠和固定资产加速折旧（程瑶和闫慧慧，2018；梁俊娇和贾昱晞，2019），以及高新技术企业优惠政策（张兆国和张旭，2019）。但也有学者持相反态度，认为该政策并没有达到预期激励创新投入的效果（Chirinko et al.，1999）。例如，曼斯菲尔德（Mansfield，1995）使用美国企业数据并结合访问调查进行研究，发现税收激励政策对企业研发投入的效果并不明显；王春元（2017）立足于中国国情，通过对 2013 年实施的研发费用加计扣除政策的效应评估，发现该政策对国家重点扶持企业及小微高新技术企业的研发投入并没有达到预期的激励效果。

另一支文献主要集中于企业研发成果的产出阶段，检验了研发费用加计扣除政策对企业创新产出的影响。冯泽等（2019）基于中关村科技型企业数据，运用 PSM-DID 法实证研究发现研发费用加计扣除政策促进了企业创新产出的规模；陈强远等（2020）研究发现，高新技术企业税收优惠等选择支持型政策对企业创新产出的数量和质量都有显著激励作用，而研发费用加计扣除等普适性政策仅对企业创新产出的数量有显著的激励作用。此外，一些学者还考察了研发费用加计扣除政策对企业创新绩效的影响。石绍宾和李敏（2021）通过构建 DID 模型探索了提高加计扣除比例的政策效果，发现加计扣除比例的提高对企业的创新效率起到了显著的促进作用（Hall，2013）。但也有学者提出了相反观点，如塔拉奥里等（Teraoui et al.，2011）以突尼斯出口企业为研究对象，发现税收政策对企业创新绩效产生了负面影响。

1.3.2 我国地方财政可持续性的研究综述

对财政可持续性的研究首先是伴随着对财政可持续性的认识和界定开始的。从比特和明福德（Buiter & Minford，1985）对财政可持续性进行概念界定以来，政府债务的可持续性成为理解与探讨财政可持续性问题的基本主线，形成了三类：从收支平衡看，能够保持经济发展且财政收支平衡的债务即为债务可持续（Blanchard & Diamond，1990；马拴友，2001；Makin，2005）；从筹资角度看，如果政府能够持续筹借到新的债务即为债务可持续（Buiter，2002；洪源和李礼，2006；Bajo-Rubio et al.，2010）；从偿付角度看，政府能够在未来特定时期偿还的债务即为可持续债务（Condon，1990；Greiner & Kaemann，2007）。伯德（Bird，2003）认为政府的收入能够满足政府公共支出时即为财政可持续状态，希克（Schick，2005）在政府债务可持续的基础上将"经济增长能力"和"税收稳定性"考虑在财政可持续性的定义范围内。在国内，郭代模和杨涛（1999）较早阐述了可持续发展财政的概念，此后财政可持续性的内涵不断拓展，基于我国的国情，将应对与防范公共风险能力（刘尚希，2019）、公共产品的可持续提供能力（邓力平，2008）、财政动态平衡能力（白彦锋和姜哲，2019）等不断纳入其内涵框架，李建军和王鑫（2018）、张学诞和刘昶（2019）等认为一定时期内政府收入能够满足政府支出，包含债务支出，即为财政可持续。这些文献为更深入地认知符合我国国情的财政可持续性理论界定奠定了坚实基础，体现出了学者们创新性的思考。

学术界对于财政可持续性检验评估的研究起步相对较晚，主要从以下几个方面展开。第一，从政府债务角度，通过线性预警指数方法检验评估政府债务风险，进而判定财政可持续性（Hamilton & Flavin，1986；Trehan & Walsh，1991；郭玉清，2011）。第二，从政府财政收支角度，通过检验跨期预算情况下的财政收支是否存在协整关系来检验财政可持续性，收支关系平稳即为财政可持续（Quintos，1995；周茂荣和骆传朋，2007；姚东旻等，2013；唐祥来和孔娇娇，2014；金春雨和王薇，2020）。第三，博恩

（Bohn，1998）提出可以使用财政反应函数来检验财政可持续性。后来，部分学者以政府债务率对未来时期的财政收支差额表示的财政盈余率进行了非线性回归分析，根据回归系数得到政府债务率最高限额，据此判断是否存在"财政疲劳"，或是将其与实际债务率进行对比即可得到可持续性的政府债务空间（王宁，2005；李辉文，2013；李丹等，2017；邓晓兰等，2021），杜彤伟等（2019）在此基础上将债务空间和政府财政支出效率组成新的政府财政空间，用于衡量政府财政可持续性水平。第四，有学者在贾马瑞利等（Giammarioli et al.，2007）提出的融资缺口指标测算方法基础上，使用长期累积的财政盈余率与政府债务率之差代表财政可持续性水平（龚锋和余锦亮，2015；刘建国和苏文杰，2022）。第五，部分学者使用财政收支缺口或财政自给率等指标代表财政可持续性进行研究（陈宝东和邓晓兰，2018；魏瑾瑞等，2018；李建军和王鑫，2018；孙正等，2019；陈丽等，2022）。此外，有部分学者通过多个方面构建指标体系代表财政可持续性水平（刘建民等，2021；王雍君，2021）。

在对政府财政可持续性的影响因素的研究方面，有学者研究了人口老龄化（龚锋和余锦亮，2015；魏瑾瑞等，2018；孙正，2020；邱国庆和杨志安，2022）、金融周期（金成晓和李梦嘉，2019）、地方政府竞争（杜彤伟等，2020）、地方政府债务（陈宝东和邓晓兰，2018；李成威和杜崇珊，2021）、地方税收机制（李建军和王鑫，2018；谷成和谢佳，2021）和财政体制（杜彤伟等，2019）等对财政可持续性的影响。此外，有学者讨论了减税降费政策对财政可持续性的影响（冯俏彬，2019；郭庆旺，2019；张学诞和刘昶，2019；邓晓兰等，2021；张斌，2022）。

对于财政可持续性研究文献的不断增加，也说明了这个问题对我国政府财政的影响之大。如图1.1所示，2008年国际金融危机发生后对于财政可持续性的研究文献逐步增加；2014年以后平均增长幅度增加，但波动性也在增加；2021年达到了一个峰值。

关于我国地方财政可持续性的研究方面，陈宝东和邓晓兰（2018）通过建立地方财政反应函数，引入"财政疲劳"的概念，基于中国23个省份2008～2016年的面板数据，实证分析了地方债务扩张对地方财政可持续性的影响效果；李建军和王鑫（2018）研究发现，我国地方财政呈现出弱可持续性；刘建国和苏文杰（2019）通过构建一个世代交叠模型并采取等比例随机抽样方法选取了我国2000~2016年40个地级市的面板数据，从理论层面和实证角度推导和分析了人口老龄化对地方财政可持续性的影响；杜彤伟等（2019）在中国式财政分权框架下，从理论上分析了财政纵向失衡、转移支付和财政可持续性之间的联系机制，并建立"有效财政空间"指标量化财政可持续性，实证检验转移支付对财政可持续性的影响机制；叶青和陈铭（2019）认为，通过加强地方财政收支预算与执行工作、完善投融资机制、创新投融资方式等策略可缓解减税降费与地方财力缩减之间的矛盾；许生（2019）则认为必须加快建立健全地方税制体系方可保持财税体系健康可持续发展，尤其是地方财政可持续性问题。

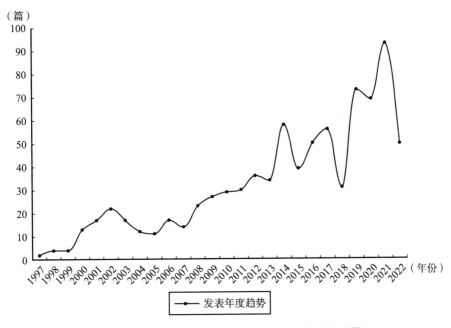

图1.1　中国知网"财政可持续"主题的期刊文献量

1.3.3　减税降费对地方财政的影响研究综述

胡春等（2013）利用投入产出表和损益表分别测算了增值税"扩围"

改革后银行业税负变化情况；田志伟和胡怡建（2014）使用 CGE 模型，并基于动态视角研究了"1+7"扩围在不同阶段对税收收入的不同影响；周彬和杜两省（2016）利用 ARIMA 模型及 OLS 模型评估了"营改增"对2014 年财政收入的影响；卢洪友和王云霄（2016）利用 2007~2014 年分省和典型地区的市县数据，评估了"营改增"对地方财政的影响效应，分析了"营改增"前后省市县三级财政收入分成和支出责任划分的变化趋势。

虽然大部分学者均认同减税降费政策会通过财政收入的减少增大地方财政压力（郭庆旺，2019；叶青和陈铭，2019），但针对"营改增"对地方财政压力的影响尚存争议（卢洪友等，2019；李晶和王春，2017；盛明泉等，2020），并未达成一致结论。"营改增"不仅是我国的一项结构性减税政策，也是一次重大税制调整，它通过打通第二、第三产业间的增值税抵扣链条，减少了重复征税，优化了资源在产业间的配置，对经济的带动作用较一般减税政策更大，这为"营改增"后税收收入回升并最终超过原有水平提供了可能（田志伟等，2014）。因此，"营改增"改革对地方财政压力的影响存在不确定性。现有文献经常直接将"营改增"视为一项会增大地方财政压力的改革，且仅从地方财政收支缺口的视角考虑地方财政日常运转的压力，对地方政府债务有所忽视（卢洪友等，2019），未对"营改增"对地方财政压力的影响进行系统探究。

学者们虽未直接探讨减税政策对财力均等化的影响，但针对减税对地方财政的影响进行了分析，发现减税会增大当地财政压力（梁季等，2022），而增值税税率下调在提高经济运行效率的同时会导致政府总体税收收入较大幅度的减少（胡海生等，2021；尹恒和迟炜栋，2022）。此外，张牧扬等（2022）发现增值税税率下调并没有促进地方政府债务膨胀，但崔惠玉等（2023）则指出减税与城投债规模之间存在非线性影响关系，当减税降费力度高于平衡点时，继续减税可能导致地方政府城投债规模的扩张。可见，现有研究充分肯定了减税政策尤其是增值税减税对经济产生的正向影响，也指出了减税改革会对地方财政收入产生一定的压力和影响且存在区域异质性，但仍然鲜有文献直接聚焦减税政策对区域间财力格局的影响。胡晓东和艾梦雅（2019）发现在全面"营改增"后，增值税分享制度造成地区间财力差距进一步扩大，杨晓妹等（2020）则发现消费税改革有利于促进地方财力均衡。但总体而言，直接聚焦减税降费影响县级财力均衡的文献仍相对缺乏。

关于税制改革所引致的财政压力加大是否会引起地方政府非税收入的变化，已有一些文献展开了探讨。王佳杰等（2014）指出，当地方间的税收竞争强度和支出压力增加时，地方政府的非税收入规模将扩大；而当财政收入分权程度或地方财政收入自给率提高时，其将得到有效抑制。王江璐和伍红（2016）在考察宏观税负水平、税制结构和地方税收体系及非税收入现状时，发现"营改增"的不断铺开，导致地方政府税收收入减少、非税收入逐渐增加，并认为这种现象将使地方政府财政收入的稳定性面临一定的挑战。当地方政府面临财政困境时，地方债券数量和临时非税收入资金都将增加。李一花和韩芳（2018）研究发现税收竞争、财政压力都会促进地方非税收入规模的膨胀，财政压力增加既有来自减税（谷成和潘小雨，2020）的影响，也有税收分权（吴金光和毛军，2016）等的影响。还有文献指出，税收竞争（李一花和韩芳，2018）、财政竞争与模仿（李永友和沈坤荣，2008；童锦治等，2013；孟天广和苏政，2015）、预算透明度和预算软约束（郭月梅和欧阳捷，2017；黄寿峰等，2020）等也是影响地方非税收入扩张的重要因素。当地方政府出现财政困境时，往往会诉诸收费等非税收入以应对其面临的财政困境，降低其降费意愿，与此同时带来的是企业非税成本支出的增加。

税收分权或税收改革、地方政府财政压力与非税收入之间是否存在必然的因果效应呢？王志刚和龚六堂（2009）发现分权确实会提高地方政府的非税比重；王佳杰等（2014）指出税收竞争和财政压力都会导致地方政府非税收入的增加；彭飞等（2020）通过对"营改增"的研究，发现"营改增"改革显著增加了企业的非税负担，而背后的影响机制是财政压力的上升与非税征管力度的增加。赵仁杰和范子英（2021）通过对2009年增值税转型改革的研究，发现在增值税转型形成减税效果的同时，地方政府的非税收入规模却扩大了，同时企业的非税收入负担也加重了，并且减税效果越明显，非税收入变化也越明显。张克中等（2021）根据投入产出表，利用2016年的增值税分享改革，研究了税收分成改革对地方财政失衡的影响，发现增值税收入划分调整虽然一定程度上缓解了政府间财政的纵向失衡，但却加剧了政府间财政的横向失衡，但并未涉及非税收入的探讨。可见，减税降费对地方财政的影响尚存在很多异质性效应，有待进一步研究。

1.3.4　文献述评

首先，自减税降费政策实施以来，学术界对于其产生的经济效应进行了多方面评估，形成了系列研究成果，认为其对宏观经济和微观企业产生了深远影响。这些研究为本书提供了文献基础和研究思路，但仍然有待进一步推进。（1）通过对现有文献的梳理，发现学者们对减税降费的研究更多是从"减税"政策出发，评估其实施效果，却鲜有文献考察"降费"政策的经济效应。（2）在对研发费用加计扣除、社保费的研究中，大部分是在分析研发费用加计扣除强度和社保缴费率的影响，缺乏对加计扣除政策和社保降费政策的政策效应评估。（3）在研究样本的选择上：一是在固定资产加速折旧政策效应评估方面，现有文献大多只基于2014年固定资产加速折旧第一批试点的六大行业构建双重差分模型，忽略了2015年新增的4个行业，可能会造成混杂偏差；二是在社保降费政策效应评估方面，自2012年起，企业养老保险缴费率经历了2016年、2018年和2019年三次下调。现有文献多只是以2016年出台的养老保险暂时性下调政策为基础构建双重差分模型，样本的时间长度较短，缺乏在相对长期的时间跨度下对社保降费政策的综合性评估。（4）在研究方法的选择上，由于各省份社保降费的幅度不同，现有文献大多将所有改革省份都统一视为一个处理组，使用传统DID模型识别政策效应，忽略了即使同为处理组，每个省份的降费幅度也存在不同，统一处理可能会因忽略这种差异而无法全面评估政策效应。

其次，财政可持续性是分税制改革后国内学术界普遍关注的问题，尤其是地方财政可持续性问题，直接关系到地方经济社会发展的稳定大局，应该是政府治理的重要目标之一。目前，国内文献首先引入西方经济学家对政府债务可持续的概念，在套用在我国政府债务的基础上，再从我国特殊国情出发，将符合我国国情的因素考虑在债务可持续概念中，逐步完成了政府债务可持续概念的本土化理论发展路径。财政可持续性概念的提出，阐明了学术界对我国财政现状和原理的理解和认知，结合时代的理论特色创新了一批有价值的财政可持续理论，为后续我国财政理论的创新奠定了一定基础。此外，针对财政可持续性衡量指标的研究，国内学者也在西方学者方法的基础上进行了创新，为更好地研究我国的财政可持续性奠定了实证分析的条件基础。目前国内对于财政可持续性的研究主要集中于国家层面和省级层面，而分税制改革后我国地方财政面临着相对更大的收支压力，其中最主要的是地级市和县级政府财政的问题更为严重，因此现有文献缺乏对市、县级政府财政可持续性的衡量和深入研究。

综上可见，从减税降费的视角思考其对我国地方财政可持续性的影响，在当前同类研究文献中相对较少。减税降费对财政可持续发展的影响日益受到关注，已有成果为本书研究奠定了基础，但尚待进一步推进。(1) 现有文献主要关注减税降费的减收效果，即集中于财政收入影响分析，但对可能形成的地方财政风险考量不够，尤其是定量考察相对缺乏，有必要从地方财政可持续发展的高度深入展开量化研究。(2) 现有文献往往忽视了减税降费对地区间财政能力产生的差异性影响，在地方财政可持续发展研究中纳入区域间财力不平衡问题，有助于丰富已有研究成果。(3) 减税降费以来，收入效应、区域财力分配效应与体制效应相互交织，亟须探索并构建一个系统性的评估分析框架，全面客观地揭示减税降费影响地方财政可持续发展的内在机理。本书从减税降费各具体政策出发，从地方财政压力、区域财力差异和财政体制制度等方面分析各类减税降费政策对地方财政可持续性的具体政策效应。

1.4 研究内容

本书共分为 10 章。

第 1 章，导论。本章主要以减税降费改革和新时代国家治理现代化为切入点，介绍开展地方财政可持续性研究的社会经济背景，以及研究的价值与意义、研究方法及创新点。

第 2 章，减税降费政策与地方财政可持续性的理论分析。本章首先从财政风险视角对地方财政可持续性的理论内涵进行阐释；其次阐述新时代实现地方财政可持续性的内在要求；最后基于多个角度，从理论上深入分析减税降费对地方财政可持续性的影响机制及地方财政可持续性的实现路径。

第 3 章，我国地方财政可持续发展的指标测度研究。本章设计了地方财政可持续发展能力的衡量指标，从财政收入稳定性、财政支出合理性和财政风险可控性 3 个维度入手，将上述指标进一步细化为大税种占比、民生性支出及上级补助依赖度等 12 个分项指标，为认识地方财政运行的环境和变化趋势提供科学依据。以此为基础，量化研究了湖南省 122 个县级单元的财政可持续发展水平，并由此分析了我国县级财政可持续发展中存在的问题。

第 4 章，持续性减税降费对地方经济发展的动态效应研究。减税降费是中国深化供给侧结构性改革的重要举措，是税制改革中惠企利民的重要措施。本章考察了持续性减税降费对地方经济发展的动态效应。研究发现，减税降费促进了地方经济发展。异质性研究表明，减税降费对地方经济发展的影响在低市场化和非高科技城市更为突出。减税降费主要通过增加人均消费支出，对地方经济发展产生显著的促进作用。研究结果通过了一系列稳健性检验，如排除 2008 年国际金融危机影响、排除 2018 年大规模减税降费影响和使用基于 2016 年全面"营改增"的双重差分模型。进一步研究显示，减税降费不利于优化产业结构，但对地方金融发展水平有积极影响。本章对于进一步科学优化财政政策设计以促进地方经济发展，以及构建有效的财税政策体系和协同有效的现代宏观治理机制具有积极意义。

第 5 章，减税降费对地方财政压力的影响研究：以"营改增"为例。本章立足我国"十四五"期间继续实施减税政策和防范化解重大风险的现实需要，构建包含地方财政收支缺口和债务水平的地方财政压力衡量指标，实证检验"营改增"对地方财政压力的影响。通过实证分析发现：

"营改增"后地方财政压力有所增大，且主要来自债务压力的增大而非地方财政收支缺口的变化；该效应在经济发达的大城市较显著，在中小城市并不明显；"营改增"后大城市财政努力程度的提升尤其是非税收入的增加弥补了减税引发的财政收支缺口，但地方政府投资需求的增大可能会推动地方政府债务扩张，从而增大地方财政偿债压力。

第6章，减税降费对地方财力结构的影响研究。本章首先从预算角度、收入形式、财力性质及政府层级等方面分析地方财力结构的构成。其次，从省级层面压力、增值税"五五分成"等分配制度、土地收入变化、区域征管与协调水平四个方面分析地方财力结构变化的影响因素。实证分析重点分析了减税降费对地方财力结构的影响。以 2008~2019 年我国 289 个地级市的数据为样本，运用广义双重差分模型实证检验了减税降费背景下"营改增"改革全面实施后的增值税"五五分成"过渡方案对地方财政收入结构的影响。研究结果发现：其一，减税降费背景下的增值税"五五分成"改革对地级市政府造成的财力冲击确实会导致地级市政府非税收入规模的扩张；其二，改革的影响也存在着异质性，即非税收入在东部地区和东北地区的扩张作用并不显著，在中部、西部地区的扩张作用非常显著，而且中部地区的非税收入扩张幅度大于西部地区。最后，因为"五五分成"是中央和地方两级政府之间的划分方式，对地方以下并没有作出具体规定，因此"五五分成"最先影响的是省级层面的财政压力，进而影响省级政府对其辖区的财政安排变化，进而传导至地级市政府并导致其非税收入的扩张。

第7章，减税降费对区域间财力均衡度的影响研究：以增值税税率下调为例。继续实施减税政策和均衡区域间财力是我国未来一段时间的重要工作内容。本章聚焦减税对县级财力均等化的影响，基于地级市预算报告数据构建增值税依赖度（预算数）指标，实证检验增值税税率下调对县级财力均等化的影响。实证结果表明：首先，增值税税率下调显著降低了县级财政的自有财力均等化水平，但并未对县级财政支出均等化水平产生显著影响；其次，机制检验表明增值税税率下调，会通过扩大县级产业结构差异和地方财政的转移支付依赖度差异加剧县级自有财力差距；最后，增值税税率下调对县级财力均等化的影响具有"马太效应",存在基于财力均等化水平的门槛效应,即增值税税率下调后财力均等化水平较高区域受影响不大,而财力均等化水平较低区域受到的影响较为显著,区域内部财力差异进一步加大。此外,增值税税率下调对县级财力均等化的负面影响在经济欠发达城市显著,而在经济发达城市不显著,在我国西部、东北地区显著,而在东部、中部地区不显著。

第8章,减税降费、财政体制与地方财政可持续性:以增值税分成体制为例。本章以增值税分成改革作为财政激励的外生冲击,构建强度双重差分模型,分别考察了增值税分成改革对地方财政体制、地方财政可持续性的影响。研究发现,增值税"五五分成"改革虽然显著降低了地方财政纵向失衡,但加剧了地方财政横向失衡。进一步从财政激励的角度分析发现,增值税分成改革对地方财政可持续性产生了正向财政激励。机制分析表明,增值税分成激励主要通过推动地方政府扶持工业企业发展增加财政收入,开展税收竞争吸引资本发展经济促进地方财政可持续性。增值税分成激励对地方财政可持续性的促进效应,在工业化水平更高、资源禀赋更好、财政自给率更高或市场壁垒更低的地区更大。同时,由于我国增值税横向分配采用"生产地"原则,使得增值税分成改革在财政收入上存在一定的"马太效应",加剧了地区间财力不均衡,未能很好地发挥共享税横向财力平衡的作用。

第9章,持久性减税影响地方财政可持续性的动态效应研究。本章选取我国2010~2019年251个地级市数据,使用熵值法,从财源结构、支出效益、治理目标和区域协调四个方面构建地方财政可持续性指标,系统考察持久性减税对地方财政可持续性的短期与长期动态效应。研究发现:持久性减税短期内不利于地方财政可持续性,从长期来看将对地方财政可持续性产生显著的促进作用。异质性分析表明,短期内减税对地方财政可持续性的负向影响在经济发展水平更高、财政自给率更高和产业结构高级化更强的地级市更明显。

第10章,减税降费背景下提升地方财政可持续发展能力的对策研究。本章在前文分析结论的基础上,从"五个着力"提出地方财政可持续能力建设的着力点选择，并分别从地方财力可持续性、区域间财力均衡性和财政体制适应性三个视角，提出锚定激发地方经济活力目标精准高效实施结构性减税降费、基于提升财政稳定性目标有效增强区域间的财力均衡性、从强化地方财政治理能力出发持续推进央地财政体制改革的政策建议。

1.5 研究方法

本书综合使用了多种研究方法，以定性的理论机制分析和定量的实证检验相结合的方式展开研究。

（1）文献分析法。首先收集了大量国内外关于我国减税降费政策和财政可持续性的文献，通过对现有文献的整理和梳理，进而形成本书的研究脉络。通过文献分析发现，现有文献对主体内容的研究存在不足，存在有待继续发展之处。根据现有研究的不足，设计本书的整体思路，通过拓展性的理论机制阐释及实证分析等，凸显本书的创新点和贡献。文献分析法作为研究的基础性学术研究方法，为本书的深入推进奠定了坚实基础。

（2）定性分析法。构建地方财政可持续发展的"三轴六维"分析框架。在传统的"收—支—债"分析范式基础上，构建一个拓展的分析框架：一是以地方财力可持续性为主轴，以地方财政自我平衡与抗风险能力为维度，分析财政收入政策的调整给地方政府财力带来的直接效应与间接效应、规模效应与结构效应；二是以区域间财力均衡性为横轴，以基本财政保障度与基本财力均衡度为维度，分析减税降费对区域间财政能力的异质性影响；三是以央地财政关系可持续性为纵轴，以减税降费改革后地方财政体制的匹配度与激励度为维度，分析减税降费对现有央地财政关系的制度冲击效应。

（3）计量分析法。在对财政可持续性指标的测度上，地级市财政可持续性指标采用了财政反应函数进行检验，据此求解三次方程根得到地方政府债务率上限，进而设计出代表地级市财政可持续性水平的财政空间指标和有效财政空间指标。此外，构建了衡量地方财政可持续性的指标体系，综合使用了熵值法、主成分分析法等计算方法将指标体系汇总得到最终的一个综合指标。在各章主体回归分析中均使用了双重差分模型（DID）方法，除了多期 DID 和单期 DID，还使用了普通 DID 和强度 DID，由于本书研究主要涉及各类减税降费改革政策，所以使用双重差分法能够很好地契合研究目标中的政策效应分析。在实证分析中，为了保证回归结果的稳固性，也使用了多种其他计量方法，如倾向得分匹配法（PSM）、概率模型（Probit、Logit）、工具变量法（IV）和反事实分析法等诸多方法，进一步确保本书研究结果的可靠性。

（4）实地调研法。本书在研究过程中与地方政府财政、税务等实务部门合作，深入调研代表性地区和企业主体，深入财税部门和企业单位进行走访、座谈，调查减税降费后地方经济与地方财政的发展变化情况，了解减税降费后地方财政可持续发展问题面临的挑战及其根源，收集研究所需的案例与统计数据，并由此生成了一些有参考价值的研究报告和衍生成果，取得了良好的社会价值。

1.6 创新点

（1）拓展了对地方财政可持续性研究的分析框架。相较于大部分现有文献对于国家层面和省级财政可持续性的关注，本书研究集中关注我国地方政府财政可持续性问题，聚焦市县级财政可持续性，推进了对我国地方财政可持续性问题的研究深度，对传统的"收—支—债"分析范式进行拓展，围绕地方财力可持续性、区域间财力均衡性、体制制度等构建了一个"三轴六维"的分析框架。此外，本书研究在对市县级财政可持续性的测度上，既承继了已有文献的经典做法，又基于对我国地方政府财政的现实考察而采用新的衡量手段，在一定程度上创新了我国地方财政可持续性的衡量指标，丰富了财政可持续性的研究方法。

（2）系统开展政策效应的量化检验。定量刻画减税降费影响地方财政可持续发展的收入效应、区域分配效应和体制效应，细化到规模效应与结构效应、直接效应与间接效应、短期效应与中长期动态效应，并对异质性加以检验，从量化分析上丰富已有成果。在充分考虑企业异质性背景下，展开了深入的机制分析，为后续政策优化提供参考借鉴。本书研究基于减税降费政策的"成本效应"，从企业投资、劳动力供给、技术创新、资源配置效率等多重机制出发，剖析减税降费政策对企业全要素生产率的作用途径，并且从企业所有权、规模、资源密集型、生命周期、行业、市场化程度等视角分组检验了减税降费政策效应是否存在异质性。这些发现有助于丰富本领域的研究文献，为明确减税降费政策优化方向提供经验证据。

（3）创新了对地方财政可持续性实证研究方法的运用。现有文献对地方财政可持续性的研究大多停留在定性分析和指标分析上，本书研究利用财政反应函数方法和量化指标体系法对我国省以下地方财政可持续性指标进行了系统测度和分析，并合理综合运用 DID、PSM-DID、DDD、系统 GMM 等实证方法分析减税降费影响机制，实现了基于宏观经济变量的模型模拟与基于中微观数据的实证分析，确保研究结论的解释力与可靠性。

第 2 章

减税降费政策与地方财政
可持续性的理论分析

2.1 我国减税降费政策实施的基本情况

2.1.1 我国减税降费政策的主要内容

我国在 2008 年实施了结构性减税政策，此次政策在很大程度上是着眼于需求侧，目的是刺激投资、消费及出口从而推动经济增长，是为了应对金融危机的一种短期政策操作。而我国自 2012 年"营改增"以来，陆续出台的"一揽子"减税降费政策，主要是以供给侧结构性改革为主的普惠式减税降费政策，旨在为企业减负，激发市场主体活力，促进经济高质量发展。本章主要针对的是 2012 年后开始的以促进经济高质量发展为目标的普惠式减税降费政策。

作为供给侧结构性改革的主要手段，为解决不同经济发展阶段所面临的不同问题，减税降费政策经历了不断调整、稳步推进的过程。通过回顾减税降费的进程和特点，参考段龙龙和叶子荣（2021）、李经路等（2021）的做法，将其划分为三个阶段：第一阶段为 2012 ~ 2015 年的渐进式扩围阶段，这一阶段的减税降费主要以"营改增"试点的渐进式扩围为核心；第二阶段为 2016~2018 年的深化阶段，这一阶段的减税政策从特定领域推广到了全部领域；第三阶段为 2018 年起的大规模减税降费阶段，这一阶段从"减税"单兵突进到"减税"与"降费"并举，政策取得显著降负效果。表 2.1 列出了基于分税种的减税降费政策梳理。

表 2.1   分税种的减税降费政策梳理

税种	内容
增值税	"营改增"、全面实施"营改增"、降低税率
企业所得税	固定资产加速折旧政策、研发费用加计扣除政策
个人所得税	综合征收、专项扣除、税率降低、税负降低
降费	企业社保降费、清理行政事业性收费

过去相当长的时期里，消费、投资和进出口"三驾马车"被认为是经济发展的根本动力，但这"三驾马车"只是宏观经济短期动力的来源，供给端的制度、结构和要素这"三大发动机"才是经济转型、高质量发展的根本动力（李佐军，2015）。减税降费政策作为推动经济转型升级的重要举措，不仅可以通过调控要素市场资源配置直接影响企业全要素生产率（TFP），还可以通过要素投入质量、研发创新等渠道间接作用于企业 TFP（殷红等，2020）。可见减税降费政策对经济的影响归根到底是通过调控资本、劳动和技术这三大经济要素分配完成的。基于此，我们将减税降费政策分为劳动要素、资本要素和技术要素三个维度，从每一类减税降费政策中选取一项典型政策作为代表性政策冲击，对每一项政策的历史沿革进行详细梳理，为后文深入分析影响机理奠定基础。其中，针对资本要素减税降费政策部分主要从固定资产加速折旧政策进行分析，针对劳动要素减税降费政策的分析主要从社保降费展开，针对技术要素减税降费政策则主要从研发费用加计扣除展开。资本、劳动和技术基本上囊括了我国推动经济高质量发展减税降费政策的核心内容，是对减税降费政策的高度概括，从这三个维度进行分析，可以较为全面系统地反映减税降费政策对企业全要素生产率的影响。

2.1.2 固定资产加速折旧政策

固定资产加速折旧政策最初起源于西方国家。1993 年我国首次将加速折旧法计入企业对固定资产的折旧方法中，而后又规定在技术进步快的行业可以采取加速折旧法计提折旧（双倍余额递减法或年数总和法等）。2007 年将常年处于强震动高腐蚀状态的固定资产划入适用加速折旧法范围，2009 年对 2007 年划定的固定资产范围进行了详细规定。2012 年为鼓励集成电路企业发展，规定集成电路生产企业的生产设备，其折旧年限可以适当缩短，最短可为 3 年（含）。2014 年国务院审议通过完善固定资产加速折旧政策方案，随后财政部、国家税务总局规定了六大行业新购进固定资产加速折旧政策，以及六大行业中小型微利企业和小额固定资产享受折旧政策的特殊优惠；2015 年新增了轻工、纺织、机械、汽车等四个领域重点行业。2018 年财政部、国家税务总局放宽了一次性计入当期成本费用在计算应纳税所得额时扣除的新购进资产限额，由 100 万元以内扩大到 500 万元以内；2019 年将原本享受减税政策的行业扩围至全部制造业，全面加大推行加速折旧的政策力度。具体如表 2.2 所示。

表 2.2　　　　　　固定资产加速折旧政策梳理

改革年份	改革内容	政策文件
1993 年	首次将加速折旧法计入企业对固定资产的折旧方法中，规定在技术进步快的行业可以采取加速折旧法计提折旧（双倍余额递减法或年数总和法等）	《企业会计准则》 《企业财务通则》
2007 年	将常年处于强震动高腐蚀状态的固定资产划入适用加速折旧法范围	《中华人民共和国企业所得税法》
2009 年	对 2007 年划定的固定资产范围进行详细规定，规定可加速折旧的固定资产为：技术更新换代较快的设备、常年处于强震动高腐蚀状态的固定资产	《国家税务总局关于企业固定资产加速折旧所得税处理有关问题的通知》
2012 年	为鼓励集成电路企业发展，规定集成电路生产企业的生产设备，其折旧年限可以适当缩短，最短可为 3 年（含）	《财政部 国家税务总局关于进一步鼓励软件产业和集成电路产业发展企业所得税政策的通知》

续表

改革年份	改革内容	政策文件
2014 年	出台了针对生物药品制造业，专用设备制造业，铁路、船舶、航空航天和其他运输设备制造业，计算机、通信和其他电子设备制造业，仪器仪表制造业，信息传输、软件和信息技术服务业这六大行业新购进固定资产的折旧政策。对这六大行业企业 2014 年 1 月 1 日后新购进的专门用于研发的仪器、设备，单位价值不超过 100 万元的，允许一次性计入当期成本费用在计算应纳税所得额时扣除，不再分年度计算折旧；单位价值超过 100 万元的，可缩短折旧年限或采取加速折旧的方法	《财政部 国家税务总局关于完善固定资产加速折旧企业所得税政策的通知》
2015 年	适用于固定资产加速折旧政策的行业新增了轻工、纺织、机械、汽车等四个领域重点行业	《财政部 国家税务总局关于进一步完善固定资产加速折旧企业所得税政策的通知》
2018 年	放宽了一次性计入当期成本费用再计算应纳税所得额予以扣除的新购进资产限额，由 100 万元以内扩大到 500 万元以内	《财政部 税务总局关于设备、器具扣除有关企业所得税政策的公告》
2019 年	将原本享受加速折旧政策的行业扩围至全部制造行业，全面加大推行加速折旧的政策力度	《财政部 国家税务总局关于扩大固定资产加速折旧优惠政策适用范围的公告》

我国现行的固定资产折旧方法主要有四种，包括年限平均法、双倍余额递减法、年数总和法和缩短年限法。除了年限平均法是直线法之外，其余三种都属于加速折旧法。我国税法规定，固定资产折旧除另有规定外，应当按照"直线法"计提折旧。

2.1.3 社保降费政策

我国现行社会保险制度中，养老保险占社保费总额的 60%～70%，[①]是企业社保支出的主要项目。此前我国法定养老保险单位缴费比例为 20%，但是考虑到地方实际情况，中央允许各地在中央指导下自行制定企业养老保险政策缴费比例。各地根据本地养老保险账户实际情况，制定企

---

① 根据国家统计局数据整理计算而得。

业养老保险缴费比例，这就形成了各省份养老保险单位缴费比例存在差异的现象。

调查显示，我国大部分企业的劳动力成本占总成本的30%以上。[①] 社保成本是劳动力成本的重要构成部分，企业社保成本过高成为中国企业社保制度改革面临的第一难题。较高的社保缴费比例给企业带来了巨大的压力，加重了企业负担。社保缴费负担过重必然挫伤企业生产的积极性，抑制其产出水平（杜鹏程等，2021），制约企业发展。为给中小企业减负，自2012年"营改增"试点以来，"一揽子"减税降费政策持续加力。养老保险作为企业社保缴费的主要支出项目，降低养老保险单位缴费比例成为中央推动企业减负的重要抓手。

为增强企业活力，自2016年5月起我国开始阶段性降低社会保险费率。养老保险单位缴费比例可降低至20%，部分符合条件的省份可降至19%。[②] 政策实施年限为2年。政策出台后，河南省、湖南省等20个省份下调了养老保险单位缴费比例，除上海市由21%降至20%、黑龙江省由22%降至20%外，其余18个省份均由20%下调至19%。

2018年养老保险降费政策是2016年的延续。此前已经下调缴费比例的省份继续保持至2019年。此前未下调且有条件的省份，可下调至19%。养老保险缴费比例下调的省份扩充至22个。

2019年国务院办公厅印发《降低社会保险费率综合方案》，正式将养老保险单位缴费比例降至16%，并长期执行。至此，改革范围扩至全国29个省份。事实上，浙江省早在2012年就开始降低社保费率，将全省养老保险单位缴费比例统一为14%，并长期保持这一较低费率。2015年，广东省将全省养老保险单位缴费比例降至14%，并一直保持。各省份养老保险降费政策进程如表2.3所示。

---

① 《中国企业社保白皮书2020》。
② 经国务院批准，人力资源社会保障部、财政部印发《关于阶段性降低社会保险费率的通知》，规定自2016年5月1日起，企业职工基本养老保险单位缴费比例超过20%的省（区、市），将单位缴费比例降至20%；单位缴费比例为20%且2015年底企业职工基本养老保险基金累计结余可支付月数高于9个月的省（区、市），可以阶段性将单位缴费比例降低至19%。

表 2.3   各省份养老保险降费政策梳理

改革进程			养老保险费率（%）			
			2016 年前	2016 年	2018 年	2019 年及以后
第一次改革	改革省份	重庆、海南、广西、贵州、四川、云南、河南、江西、江苏、湖南、湖北、甘肃、新疆、山西、天津、北京、宁夏、安徽	20	19	19	16
		上海	21	20	20	16
		黑龙江	22	20	20	16
	未改革省份	辽宁、福建、西藏、浙江、内蒙古、河北、青海、山东、吉林、陕西				
第二次改革	改革省份	内蒙古、陕西	20	20	19	16
	未改革省份	辽宁、福建、西藏、浙江、吉林、河北、青海、山东				
第三次改革	改革省份	河北、辽宁、吉林、青海	20	20	20	16
		福建、山东	18	18	18	16
		西藏	19	19	19	16
	未改革省份	浙江省				
2015 年下调	广东省		14	14	14	14

注：广东省于 2015 年将养老保险单位缴费比例下调至 14%，并一直保持。

2.1.4 研发费用加计扣除政策

我国研发费用优惠政策自实施以来一直采用税前加计扣除的优惠方式，该政策于 1996 年开始实施，迄今已有 20 多年的推行史。其间，政策适用范围和加计扣除比例随着经济形势变化不断作出调整（见表 2.4）。纵观我国研发费用加计扣除政策发展历程，一方面，受惠企业、研发费用归集范围和加计扣除的比例不断扩大，逐渐成为普惠性的研发激励政策；另一方面，加计扣除政策流程也在不断完善和简化，由起初的税务局审批，到企业自主申报，不仅降低了加计扣除的申报难度，同时也使得享受政策的程序更加标准化。这表明了政府扶持企业创新的态度和决心。

表2.4 研发费用加计扣除政策梳理

年份	政策调整内容	政策调整特征
1996	首次实施，仅适用于国有、集体工业企业，研发费用比上年实际发生额增长达到10%以上（含）的，可加计扣除50%	以暂行条例形式予以规定，适用范围窄
2003	政策范围扩大到所有财务核算健全、实行查账征收企业所得税且研发费用增幅超过10%的各种所有制工业企业，加计扣除比例为50%	适用范围适当扩大
2006	范围进一步涵盖了财务核算制度健全、实行查账征税的内外资企业、科研机构、大专院校等，同时取消了研发费用增长比例的要求，按实际发生额加计扣除50%	适用范围实行普惠
2008	对政策适用的范围、研发费用的归集口径、政策的执行管理等作了明确规定。主要针对从事《国家重点支持的高新技术领域》和《当前优先发展的高技术产业化重点领域指南（2007年度）》规定项目的高新技术企业，加计扣除比例为50%	首次以法律形式明确，立法层级提升，政策实施要点更加清晰
2013	拓宽了研发费用的归集范围，将研发人员的"五险一金"等纳入其中，加计扣除比例为50%	费用归集范围扩大，将人力资本成本纳入其中
2015	进一步放宽享受优惠的企业研发活动及研发费用的范围；缩小了加计扣除口径与高新技术企业认定口径的差异；首次明确了负面清单制度，除烟草制造业等六个行业外，其他企业均可享受优惠政策；简化研发费用归集、核算与备案管理，加计扣除比例为50%	费用归集口径进一步拓宽，政策适用的范围拓宽为除负面清单内的所有企业
2017	将科技型中小企业的加计扣除比例提高至75%	特定类型企业扣除比例提高
2018	75%的加计扣除比例扩大至除负面清单外的所有企业	除负面清单外，所有企业扣除比例提高
2021	对研发费用加计扣除政策进行明确规定和优化，并将制造业的加计扣除比例由75%提升至100%	制造业企业的加计扣除比例提升至100%
2022	将科技型中小企业纳入的研发费用扣除比例提升至100%	将科技型中小企业纳入的研发费用100%扣除比例的适用范围中

2.2 新时代地方财政可持续性的理论内涵

2.2.1 财政风险视角下对地方财政可持续性的理解

1. 地方财政是财政风险与公共风险对冲的关键节点

在百年未有之大变局背景下，如何在风险社会中推进国家治理现代化进程显得尤为重要。国家治理的本质是公共风险治理，财政则是治理公共风险的内在机制（刘尚希等，2022），风险权衡是财政政策调整的重要依据，也可以认为国家治理现代化的推进就是要更好地协调、处理公共风险与财政风险的对冲过程。国家治理现代化推进的落脚点在各级地方政府，地方政府是公共风险和财政风险对冲政策的施政方，因此地方财政是整个过程中最为基础也最为脆弱的环节。

首先，地方政府扮演了最为广泛的公共风险责任主体角色。公共风险的产生是由于当私人风险的影响主体逐渐变为全体公共成员时，这种公共成员需要共同承担的风险责任主体就自然地落到了政府头上。在我国地方政府层级中，地级市和县级政府作为具有自主财权和经济发展权限的一级公共风险责任主体，会第一时间承受来自公共风险爆发的压力，此时地方政府财政是否有能力承接第一波风险冲击决定了后续财政风险和公共风险对冲的激烈程度。其次，当前财政体制下地方财政缺乏确定性。分税制改革奠定了当前央地财政关系，全面"营改增"后增值税央地分成比例调整为50∶50，但地方政府失去了作为地方主体税种的营业税，而学术界热议中的营业税和房产税短期内无法肩负起地方主体税种的重担，因此地方主体税种的缺失确实增加了地方财政收入的不确定性。全面"营改增"后中央针对地方的转移支付有所增加，地方财力分成上也更倾向于市县政府，但这种"授之以鱼"的救急之法并不能增加地方财政的稳定性，反而增加了地方政府对这些收入来源的依赖。再者，地方政府债务是财政风险中的不确定性源头。从 2014 年底全国地方政府债务摸底情况看，市县级政府债务余额占全国地方政府债务余额的 86%，达到 13.2 万亿元；2015 年推行了地方政府债务置换，此后陆续开始了隐性债务显性化改革，地方政府债券逐步代替非债券形式的地方政府债务，但地方仍旧存在大量政府融资平台和隐性债务。截至 2021 年底，全国地方政府债务余额 30.5 万亿元，其中政府债券 30.3 万亿元。虽然地方政府债券有明确的偿债资金来源，并已纳入国家预算监督体系，但地方政府显性债务每年超过 10% 的增速也不得不引起重视。[1]

2. 地方经济韧性是防范财政风险的压舱石

党的十九大报告指出我国社会主要矛盾是人民日益增长的美好生活需要和不平衡不充分的发展之间的矛盾。我国仍处于社会主义初级阶段的客观现实要求我们仍须紧抓经济发展的主线，坚持经济高质量发展，而在这个过程中地方经济发展亦是至关重要的。经济发展与财政的关系不用过多论述，在我国社会主义市场经济发展和改革的实践中可以看到两者之间唇齿相依的关系，在地方经济发展中这种关系尤为重要。在市县经济发展中，地方政府财政在税费优惠政策、营商环境、基础设施建设等经济发展的"后勤保障"领域发挥了带头作用，扮演了市场投资带动者的角色，因此地方经济发展水平和成果既是检验政府经济治理的效果，也是保障地方政府财政收入的重要来源。地方经济抗风险能力体现着一个地区经济面临风险冲击时的韧性程度，以及能够在风险冲击后及时恢复的能力，也就是这个地区的经济韧性。地方经济韧性是地方经济抗风险能力的体现，尤其是面对公共风险带来的不确定性冲击时，地方经济韧性水平决定了地方经济基础受冲击的程度，也直接决定了地方政府需要付出多大的财政风险去对冲这种公共风险带来的损失。因此，过硬的地方经济韧性是均衡公共风险与财政风险的重要筹码，是减少公共风险冲击造成损失的减震器，是防范地方财政风险的压舱石。

---

[1] 财政部政府债务研究和评估中心研究报告。

3. 地方政府治理能力是阻断财政风险扩散的重要抓手

地方政府治理是国家治理现代化框架中的重要组成部分，地方政府治理能力直接关系到我国治理现代化进程的推进效果。首先，在风险社会环境下，私人风险向公共风险的转变过程是公共风险的雏形阶段和脆弱期，如果地方政府能够敏锐地察觉到公共风险的动向，及时进行化解和防范，那么就可以用最小的财政风险代价去对冲公共风险，能够最大限度地减少财政风险的扩散以及可能造成的损失，在此过程中需要地方政府具有高度警觉的风险意识和高效应对风险的处理手段，这是地方政府综合治理能力的核心组成部分。其次，地方政府治理能力的另外一个体现就是对自身的制度约束。作为市场经济活动重要的参与者，地方政府也是重要的市场主体，同样需要遵循市场规律，尤其是市县级政府，从数量和分布上看与其他市场主体的互动更为频繁，其自身政府行为更是直接影响了地方市场主体对当地营商环境的好感度，因此，市县级政府加强自身制度约束和对服务者的影响塑造也反映出地方政府治理能力的重要内容。良好的制度约束带来的市场预期加分能够为地方政府治理效果增色不少，有利于地方政府高效化解公共风险和阻断财政风险扩散的路径。最后，在地方财政风险的应对上，除由于地方政府制度约束不力和风险意识不够造成的风险扩散外，地方政府治理效率的高低更直接影响了公共风险和财政风险的扩散程度。地方政府善治水平越高，其包含的财政治理水平也越高，财政资金使用效率和公共资金项目绩效要求也越高，能够在具体项目流程环节中降低产生财政风险的概率。此外，妥善处理地方政府财政与金融体系的关系更需要地方政府具有更高的政府治理能力，这也是地方政府能够及时阻断财政风险与金融风险交汇形成系统性风险的最后屏障。

4. 以防风险意识加强地方财政可持续能力建设

党的十九大以来，在国际日益复杂的发展环境下，叠加新冠疫情的持久冲击和国际不稳定的局势，我国经济社会发展的总体要求是稳中求进，其中对于财政政策的重点要求就是更加可持续，财政政策的可持续是针对财政风险而言的。地方财政可持续与否与财政风险息息相关，在财政风险和公共风险对冲的过程中，财政可持续是作为一个约束条件存在的（刘尚希，2021）。因此，从现实的风险社会视角看，加强地方财政可持续能力建设绕不开对财政风险和公共风险的认知与应对。

第一，加强地方政府风险意识，提高对地区风险动向的警觉性。在市场经济下，各种风险成为经济活动的重要伴生品，认知风险的客观性和不确定性是各类市场主体的基本素养。以市县为代表的地方政府除了履行政府职责外，还具有市场主体的重要属性，这两种角色既有矛盾之处也有协调之时，如何处理好这两类角色定位是地方政府需要面临的风险之一，甚至有可能成为公共风险。而地方政府的所有经济行为都以地方财政为支撑，牵涉财政风险，所以强化地方政府风险意识尤为重要。首先，要明晰市场和地方政府的界限，明确"看得见的手"和"看不见的手"的相对位置，确定政府行为原则，达到地方政府治理有据可依。其次，建立基于地方经济社会情况的常态化公共风险和财政风险的预警机制，在风险意识的警觉下，及时有效地掌握地区内风险动态，以把握防范风险的主动性。

第二，增强地方经济韧性，奠定地方财政可持续的经济基础。地方经济持久健康发展是满足当地人民对美好生活需求的重要经济基础，而一个地区经济发展是否充分、均衡，则体现了地区经济的韧性强度，反过来又直接影响到区域内共同富裕的实现与否。在世界百年未有之大变局中，要坚定不移地以人民观发展经济，坚持充分均衡的经济发展道路，不断增强地方经济韧性，奠定地方财政可持续的坚实经济基础，不断提升人民享受经济发展成果的水平。一方面，地方经济发展应当立足区域经济资源优势，探索地方经济发展特色道路。全国经济一盘棋，中央政府布局全国经济发展战略，地方政府立足地区经济资源优势、区位条件和潜在特色产业等进行经济建设开发，才能够避免各地区间经济发展形式和内容单一，分散经济发展过程中面临的风险，增加地方经济发展的确定性。另一方面，城乡间经济发展的分工与协作也同样重要。在我国地方经济发展中，城市和乡村的经济二元性特征明显，这既是工业经济发展的客观结果，也可以成为新发展格局下的新思路。城市经济、县城经济和乡村经济之间形成了天然的阶梯状发展格局，城市经济在经济创新、工业发展等方面更容易发挥优势，县城经济可以立足解决就业、农产品产业等问题，乡村经济则可以配合前两者开发休闲农业经济，利用乡村振兴契机，立足农业生产服务城镇经济，进而提高农民收入。这样就可以为地方经济发展构筑立体的风险缓冲带，增加地方经济的抗风险能力。此外，区域间经济布局也需要进行更多的协同发展。充分利用我国东部、中部、西部地区阶梯式经济发展现状，加强差异化地区间经济的协作，尤其是利用开发区建设打通产业链的建设等问题，能够增加我国地方经济整体的韧性，尤其是在当前构建国内国际双循环经济发展模式下增强地方财政可持续的重要经济基础。

第三，推进地方政府综合治理能力提升，保障地方财政可持续发展的持久性。地方政府治理是国家治理现代化体系中的重要组成部分，也是最为基础的环节，尤其是以市县为代表的地方政府治理直接关系到国家治理能力和治理效果。根据前文论述可知，地方政府在社会主义市场经济环境中扮演着极其重要的角色，其政府治理的范畴也比较广泛，因此需要地方政府具有较高的综合治理能力。市县级政府作为基层政府，既是服务人民的第一线，也是经济发展改革的第一线，更是国家治理现代化的第一线，推进地方政府综合治理能力的提升，是防范和化解公共风险、财政风险的根本方面，如此才能真正保障地方财政可持续的长久稳定。一方面，在应对风险上，地方政府综合治理需要多元主体的参与。公共风险和财政风险的对冲与化解，不单是政府和财政部门的事情，还需要智囊团体、其他市场主体等参与进来，提高地方政府治理手段和方式的科学性。另一方面，应对风险的冲击不能只靠一时的治理效果，需要建立长久的动态风险应对机制，这是巩固地方政府治理效果的最好办法。整合现有政府治理的制度、规范和应对措施，优化规章制度间的衔接与沟通，让制度约束的活力发挥更大的积极作用。地方政府财政可持续是其政府治理能力现代化的重要筹码和物质基础，而地方政府治理能力的提升也会进一步推动财政可持续的稳定持久。

2.2.2　新时代地方财政可持续的内在要求

新时代我国高质量发展战略需要财政的持续性支撑，而财政政策需要发挥释放市场活力的重要作用，完成财政体制改革任务，以完善我国现代化财政体制与经济高质量发展需求的配合，进而发挥更大更持久的经济发展活力。基于我国经济社会发展的历史和现实，对我国财政可持续性的判断可从最低标准和最高标准两个方面进行：财政支出的资金保障以支持财政收支正常运行为最低标准；长久有力地支持经济发展、持续释放市场活力以助推经济高质量发展为最高标准（杨志勇，2021）。在新发展格局下，一项根本性任务就是要实现地方经济社会稳定和地方高质量发展，确保地方财政可持续性成为地方财政改革发展的重要目标。基于当前我国经济发展形势与地方财政实际，要实现我国地方财政的可持续，要求围绕地方财力的可持续、区域间财力的均衡性和地方财政体制的适应性三个方面深入推进地方财政的改革与发展。

1. 地方财力的可持续是实现我国地方财政可持续的根本基础

财政支撑着公共权力的汲取和使用，通过公共经济资源的汲取和使用，像"血液"一样支撑起公共权力，而财政运转中形成的诸多关系和相关制度则成为公共权力运转的"骨骼"（刘尚希等，2022）。党的十八届三中全会以来肯定了财政作为国家治理的基础和重要支柱的角色，党的十九大后又赋予了财政在新时代国家和社会发展中要肩负的艰巨使命，但财政为国家发展战略提供资金支持的基础性职能仍旧没变。尤其是在多层次的国家治理现代化结构中，地方财政承担着支撑地方政府治理和人民安居乐业的重要任务，地方政府财力可持续与否直接关系到地方财政可持续性水平（何代欣，2020；刘建民等，2021）。在分税制改革后中央与地方税收分成比例既定的背景下，省—市—县三级政府财力划分成为地方财政体制改革的重点。2016年全面"营改增"后，虽然中央政府将央地税收分成比例由75∶25改为50∶50，以弥补地方因损失营业税收入而导致的地方财力短缺的情况，但也增加了纵向财政体制不平衡和横向财政失衡的状况（张克中等，2021；鲁建坤和李永友，2018）。在地方税体系尚未建立的情况下，财政纵向失衡增加了转移支付在地方财政收入中的比例，不利于地方政府治理能力的提升（储德银和费冒盛，2021）。当前地方的自有财力，在应对新时代高质量发展战略需求上仍显乏力，尤其在经济基础发展水平不高的中部、西部地区表现得更为明显。适度纵向财政失衡带来的纵向财政激励对于地方政府治理和良性竞争是必要而有益的，但其前提要求是地方政府有能力保障区域内基本公共服务。因此，要实现地方财政的可持续，必须有可持续的财力保障地方基本公共服务的供给。地方政府是基本公共服务供给的主体，政府层级越低，提供基本公共服务的任务与财政能力间的矛盾越突出，面临的财政风险越大，因此，要实现地方财政的可持续，必须首先具备可持续的财力，尤其是在新发展格局下，财力建设成为提升地方财政可持续能力的第一要务。

2. 区域间财力的均衡性是实现我国地方财政可持续的现实需要

习近平明确指出，"共同富裕是社会主义的本质要求，是中国式现代化的重要特征"①。区域间经济发展不平衡是我国实现共同富裕的重要阻碍之一，经济发展水平的不平衡加剧了地区间政府财力水平的差距，而地区间政府财力水平的过大差距又间接助推了经济发展的不平衡，由此容易造成区域间财力不均衡逐渐拉大的恶性循环。从我国全局发展观角度看，区域间经济发展不均衡会造成经济发展效率和资源配置效率的损失，不利于建立财力协调和区域均衡的现代央地财政关系，区域间财力的非均衡成为我国地方财政可持续发展的重要阻力。全面"营改增"改革后，增值税分享改革较大地改变了分税制改革以来地方财政财力格局，有研究也证明了增值税分享改革虽然一定程度上缓解了地方财政收入因"营改增"改革造成的减少，但增加了地区间政府财政能力的分化，加剧了地方横向财政失

---

① 习近平. 坚定不移走中国特色社会主义法治道路，为全面建设社会主义现代化国家提供有力法治保障［J］. 求是，2021（5）.

衡的状况（张克中等，2021）。此外，省域内地区间财力不均衡的情况也会导致地方政府财政能力差距加大，随着城市化的不断发展，大城市的经济发展优势愈加明显，也一定程度上加剧了地区间因城市经济规模和发展水平不同而产生的财力差距。区域间财力不均衡的情况虽然可以通过各种形式的转移支付予以缓解，但地区间财力差距过大会加重发展水平较低地区对转移支付的过度依赖，严重影响地方财政的可持续发展（缪小林等，2020）。因此，区域间政府财力均衡化的不断提升更有利于地方财政可持续性，是稳定地方财政可持续性的重要纽带。

3. 地方财政体制的适应性是实现我国地方财政可持续的制度保障

"十四五"规划强调"加快建立现代财政制度"，对财政预算制度改革、绩效预算管理、中央和地方财政关系，以及完善财政转移支付制度、权责发生制政府综合财务报告制度和政府举债融资制度等进行了明确的规定，并强调了"健全省以下财政体制，增强基层公共服务保障能力"，可见，科学合理的地方财政体制是地方财政可持续的重要维系。财政作为支撑国家治理的基础和重要支柱，在支撑公共权力运转的同时形成了各种财政关系和财政管理制度，经过不断地系统化和完善最终形成了财政体制，因此财政体制是保障财政在公共权力体系中畅通的根本（邓金钱和张娜，2021）。分税制改革以后，我国中央和地方财政体制格局基本确定并逐渐完善、成熟，而省以下地方财政体制改革仍旧是我国建立现代财政制度的重点和难点。各级政府间支出责任和事权的清晰界定是合理划分各级政府财力的根本前提，此外，地方财政体制自身的可持续性也关系到地方各级财政关系的稳固性，进而影响着地方财政可持续性。如果说充足的政府财力是地方财政可持续性的基础，区域间财力均衡是地方财政可持续性的前提，那么地方财政体制的适应性则反映了地方政府财政关系是否稳固、是否具有长久性、是否具有抗风险能力、是否具有足够的制度韧性以应对各种预期（殷剑峰和韩爽，2021）。如果地方财政体制无法适应当前经济发展与财政关系调整的趋势与要求，必然会引发频繁的制度改革和调整，进而导致地方政府行为预期的不稳定。非稳定预期是对激励机制的破坏，无

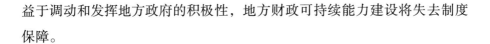

益于调动和发挥地方政府的积极性，地方财政可持续能力建设将失去制度保障。

2.3 减税降费改革影响地方财政可持续性的机制研究

2.3.1 减税降费对地方经济发展的动态影响机制

1. 从总供给途径的动态影响角度

第一，减税降费对社会总供给的驱动分析。税收对经济增长的影响是多元的，其中一个显著方面是其对社会总供给的影响。税收可以调整生产要素供给，如劳动、资本和土地，进而影响产出水平和生产效率。这种影响不仅仅限于直接税，如所得税或财产税，还包括间接税，如销售税或增值税。为了更系统地理解减税如何刺激总供给，我们可以从税收的收入效应和替代效应两个角度出发。收入效应描述了税收如何引发购买力变动从而调整纳税实体的消费决策。换句话说，当税收增加时，家庭和企业的可支配收入减少，消费和投资活动受到抑制。反之，减税可以释放更多的资金，刺激消费和投资。替代效应则涉及税收如何改变不同商品和服务的相对价格，从而导致资源重新配置。当政府对某个商品或服务征税时，其价格相对于其他未征税商品或服务上升，消费者和生产者可能转而选择其他更具成本效益的替代品。

第二，减税降费对生产要素的作用。首先，在资本方面，减税策略使得企业税后收入增加，这为它们提供了更多的自有资金去进行技术升级、扩展业务和进行更有益的投资（梁季等，2022）。此外，对企业和个人的利息收入减税可以促进储蓄，这将为更多的投资提供资金来源。其次，在劳动层面，减税可能会提高工人的实际工资，从而刺激劳动供应。当工人的实际工资增加时，工作相对于休闲变得更有吸引力，劳动供应增加。最后，在技术进步方面，持续的减税策略为企业提供了更多的资金来进行研发，这可能导致更快的技术进步（贾康，2019），提高生产效率和经济增长。

2. 从总需求途径的动态影响角度

在考虑税收如何影响总需求时，一个有益的框架是考虑四个主要的经济部门：家庭、企业、政府和国外部门。家庭为企业提供劳动和资本，并从中获得工资、利润和其他收入。他们支付税款，消费，并将未消费的部分储蓄起来。企业购买生产要素，如劳动和资本，生产商品和服务。他们支付税款，再投资盈余。政府通过税收和其他来源筹集资金，并在公共物品和服务上进行支出。国外部门通过出口和进口与本国经济互动。减税可能会影响国外部门，因为它会改变国内商品和服务的价格，从而影响出口和进口。从宏观经济学的角度看，总需求包括消费、投资、政府支出和净出口。减税可能会通过几种方式刺激总需求。首先，家庭的消费可能会增加，因为他们现在有更多的可支配收入。其次，企业投资可能会增加，因为减税提高了投资的回报率。政府可能会利用新增的税收空间增加支出，尤其是在经济低迷时。最后，净出口可能会受到影响，尤其是当减税策略改变了国内价格水平或汇率时（高培勇，2019）。

2.3.2　减税降费对地方财政压力的影响机制

1. "营改增"、税收收入减少与地方财政压力

从营业税和增值税（以下简称"两税"）收入来看，"营改增"会通过减少地方财政的两税收入增大其财政收支缺口引发的日常运转压力。郭庆旺（2019）指出持续性的减税降费政策会给各级财政带来压力。段龙龙和叶子荣（2021）也认为在当前财税制度优势尚未有效转化为国家治理效能的情况下，减税降费引发了较为严重的地方财政失衡困境。首先，"营改增"对地方财政两税收入的影响与其实际减税效果紧密关联。"营改增"不仅会显著减少来自服务业的两税收入，还会对与服务业具备产业互联的

企业产生明显的增值税减税效应，显著减少来自制造业的增值税收入。因此，从全行业的角度看，"营改增"从总体上降低了企业的两税实际税率，在地方财政刚性支出不变的情况下，会增大地方财政收不抵支的压力。其次，取消营业税后地方主体税种的缺失会对地方财政造成较大的减收冲击。虽然在"营改增"试点期间，原营业税缴税企业改征增值税部分的收入仍归属地方，且在全面推广"营改增"的同时，将增值税的归属改为中央和地方各50%，但总体税率的下降可能使得这些配套措施难以完全弥补取消主体税种给地方财政造成的巨大冲击。虽然供给学派认为减税可能会促进经济增长进而扩大税基促进所得税收入增长，但"营改增"通过推动经济增长带来的所得税增加值相较于两税收入的减少相对较小，难以完全弥补"营改增"后地方财政的两税收入减少。因此，"营改增"后地方财政面临着两税收入减少和地方财政主体税种缺失的双重冲击，虽然所得税收入增加可能部分缓解这种冲击，但总体上看，"营改增"会导致地方财政税收收入显著减少，增大地方财政收支缺口带来的维持运转压力。

2. "营改增"、财政努力程度与地方财政压力

"营改增"实施后，地方财政努力程度可能会提升，这有助于减小地方财政收不抵支引发的收支缺口压力。税务机关的征税能力和税收努力对税收收入规模影响较大，若税务机关征管税收的能力强且积极性较高，则能最大限度实现税款的应收尽收，反之则会导致税收收入的减少。在面临减税与刚性支出双重压力时，强化税收征管力度既是地方财政的合理反应，也是依法征税的必然要求。"营改增"实施后地方政府的强烈减收预期带来的压力可能会使地方税务机关普遍强化税收征管强度和征管效率，这能在一定程度上缓解改革后地方财政的减收压力。此外，相较于税收收入，地方政府在非税收入的征缴和管理方面拥有更大的控制权，在"营改增"导致税收增长乏力的背景下，加强非税收入征管成为缓解地方财政支出压力的有效途径之一，地方政府会以各种费和基金名义广泛筹集资金以缓解减收预期的压力。因此，"营改增"的施行可能会加强地方政府对非税收入的征管力度，使得减税过程中存在"按下葫芦浮起瓢"的跷跷板效

应。总体而言，"营改增"后地方财政努力程度的提升能够在一定程度上缓解宏观税率下降带来的减收压力，在一定程度上减小地方财政的收支缺口压力。

3. "营改增"、地方政府投资行为与地方财政压力

"营改增"改革会强化地方政府通过举债加强基础设施建设的动机，导致地方财政的债务扩张和偿债压力的增大。首先，"营改增"通过促进产业发展扩大了地方政府加强基础设施建设的需求。城市是第二、第三产业集聚的重要载体，"营改增"会推动制造业与服务业的集聚，对城市发展有显著的推进作用，会引发新一轮的城镇化效应刺激政府加强基础设施建设。其次，"营改增"会强化地方政府以基础设施投资拉动经济增长的行为倾向。一方面，"营改增"给地方政府带来强烈的减收预期，在明确宏观税负下降的情况下，地方政府会选择增加投资以促进经济增长，从而扩大税基缓解减收压力。另一方面，由于"营改增"的实施，地方政府难以再通过税收竞争吸引经济资源，会转而倾向于加强基建投资带动经济发展，以财政支出竞争获取优势。在减收压力和竞升压力的双重作用下，地方政府具有更强烈的投资冲动，在收入有限时很可能会增发债务以加强基础设施建设，这种债务的扩张在一定程度上增加了地方财政的偿债压力。

"营改增"对地方财政压力的影响在不同经济发展水平的区域间可能存在差异。首先，"营改增"主要影响来自服务业和与之紧密关联的制造业的税收收入，经济发达的地区更易吸引服务业和制造业企业共同组成产业集群，财政收入与这两个行业的关联更紧密，且对中央转移支付依赖程度较低，因此受到"营改增"的两税减收冲击较大。其次，"营改增"对经济发达区域的所得税收入的影响也较经济欠发达区域更大。经济发展水平较高的区域服务业企业与制造业企业的数量较多，改革实施后企业的利润和贡献的所得税收入增加相对更多。最后，得益于良好的基础设施，在同等条件下，"营改增"后制造业企业与服务业企业更倾向于在经济发达地区进一步集聚，会增大经济发达区域的政府加强产业相关基础设施建设的需求。同时，经济发达区域的税费征管效率和参加经济竞升锦标赛的积

极性相对较高，在受到"营改增"减收冲击后税费征管效率的提升空间相对较小，不易于通过加强财政努力程度来弥补收入损失。因此，经济相对景气的地区在原本雄厚的经济基础支持下更倾向于通过发行政府债务加强基础设施建设，更可能在"营改增"冲击下强化投资动机，扩大城投债规模，加剧地方财政压力。

2.3.3 减税降费对地方财力收入结构的影响机制

在减税降费过程中，由于税种改革所导致的收入归属变化，对地方收入结构产生重要影响，其中，由于"营改增"所实施的收入"五五分成"体制就是一个典型案例。"五五分成"改革是中央和地方整体之间的划分比例调整，对于省级以下的分成比例并没有作明确规定。财政分权不仅仅涉及中央与省级之间的税收分配制度，还涉及省级政府以下的相关税收分配制度（谢贞发等，2019）。这是由于我国实行中央—省（自治区、直辖市）—市—县—乡（镇）五级政府，且省级以下的财政分配状况受到层级的影响更大。

国家统计局数据显示，2017 年地方政府（省级）的财政收入占全国财政收入比重比 2016 年下降了 1.66 个百分点，而且此后这个格局几乎保持不变（见图 2.1）。

图 2.1　中央、地方财政收入占比情况

资料来源：国家统计局。

由此看来，增值税"五五分成"确实没有有效缓解省级政府的财政压力增加。为应对这一改革冲击，我们认为在地方政府层面，省级政府有动力改变省、市、县之间的财力分配比例（特别是税收收入），如提高省本级的增值税分享比例和增加对省本级以下的收入截留以缓解省级财政压力，从而间接或直接地影响地级市政府的财政收入及其行为策略（见图2.2）。

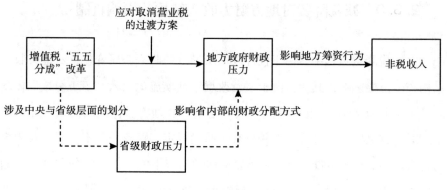

图2.2 政策传导路径

2.3.4 减税降费对区域间财力均衡的影响机制

1. 增值税税率下调、区域间产业结构差异与县级财力均等化

增值税税率下调可能通过扩大区域间产业结构差异影响财力均等化水平。税收收入差距是导致地方政府间财力不平衡的关键因素之一（童锦治等，2014；郭玲等，2019），增值税是我国地方政府税收收入的重要来源，我国增值税的征缴遵循生产地原则且第二产业税率最高，因此辖区内的第二、第三产业尤其是第二产业对增值税收入贡献较大，辖区内产业结构的变动会对地方政府财政收入产生重要影响。郭玲等（2019）也指出产业结构差异是导致地方政府财力不均等的重要因素。

首先，增值税税率下调有助于促进区域产业结构升级，这种正向效应在财力雄厚、企业基础较为良好的经济发达区域会更为显著，进而扩大地区间产业结构差异。增值税税率下调作为减税政策，有助于增加企业的研发投入（谷成和王巍，2021）并通过降低要素相对价格的扭曲来提升技术效率、优化资源配置，从而改善行业分工，促进产业结构升级（马克卫，2021）。尹恒和迟炜栋（2022）发现增值税税率下调能显著改善制造业的资源配置效率，且生产率越高的企业在税率下调后劳动增长更多、税收收入下降更少。经济发达、财力相对雄厚地区的企业市场份额占比较大且以技术密集型企业为主，这些区域较高的市场化程度、法治水平和较低的政府干预均有利于促进减税效果的发挥（冯俊诚，2022），因此辖区内企业享受到的减税红利更为明显，能够加快产业升级增加利润，进而弥补了减税引发的税收损失。而财力较弱区域本身企业基础较为薄弱，也较难拨付配套资金促进减税政策产业结构升级效应的发挥，减税引发的产业结构升级效应相对较小，与财力雄厚区域的产业结构差距会随着增值税税率下调政策的实施而扩大，相对更难通过辖区内的产业结构升级效应弥补减税引发的收入减少，导致财力差距的进一步扩大。

其次，增值税税率下调造成了短期内地方政府税收收入的减少，可能会引发地方政府间的竞争，进一步扩大区域间产业结构差异。我国增值税是地方财政的重要收入来源且其征缴遵循生产地原则，因此在增值税率下调后，地方政府有更强的动力展开竞争，通过各种优惠政策吸引生产性企业尤其是增值税率相对较高的工业企业在本区域落户注册。财源充足、财力相对雄厚的区域通常是富有经济活力、工业相关基础设施较为完备的区域，在以吸引生产性企业安家落户为主的地方政府竞争中具有相对优势，更容易吸引到增值税税源，进一步涵养税基，进而缓解减税引发的减收压力；而财力相对薄弱的区域，通常第二、第三产业占比较低，且囿于不够雄厚的经济实力和工业产业相关基础设施的不完善，在招商引资方面处于劣势，相较于财力雄厚的地区，既缺乏加大力度引进工业企业的动机，也缺乏吸引生产型企业的实力，容易在地方政府竞争中处于下风甚至出现产业的流出，导致辖区内第二、第三产业占比下降，进一步加剧了税收收入不足的窘境。因此，增值税税率的下调可能会引发区域间产业结构差异的加速扩大，进而引发县级财力差距的扩大。

2. 增值税税率下调、地方政府财政收入筹集行为与县级财力均等化

增值税税率下调可能会影响地方政府的财政收入筹集行为，扩大不同区域地方政府对转移支付的依赖程度，进而影响县级财力均等化水平。增值税税率下调后，财力雄厚区域的地方财政收入努力程度提升会明显高于财力薄弱的区域，有更强的动机和能力通过强化财政收入筹集行为弥补减税引发的地方财政收入损失而非依赖转移支付，而财力薄弱区域则由于本身在获取转移支付时更具优势且难以通过强化财政收入努力有效提升收入水平，会更加倾向于依赖转移支付弥补减税后收不抵支的压力而非强化自身财政努力，其与财力雄厚区域的财力差距会进一步扩大，进而降低县级财力均等化水平。首先，财力相对雄厚区域的地方政府财政自给率相对较高，财政支出更多依赖自有财力，因此对增值税税率下调事件反应更为敏感，在减税措施发生后有更强烈的动机通过提高辖区内的财政收入努力程度和税源的涵养建设来缓解减收压力。由于非税收入具有相对显著的"自由裁量"特性及在征管和监督方面所受的约束性有限而成为公共部门的重要筹资渠道（谷成和潘小雨，2020），这些地方政府可能会同时强化对税收和非税收入的征管强度。而财政自给率相对较低的区域本身在获取转移支付方面更具优势，对减税政策的敏感度相对较低，会更倾向于争取上级转移支付以缓解减税引发的减收压力，因此在减税政策实施后的财政收入努力程度提升会相对较小。其次，经济发展水平高、地方财政压力处于中低水平的区域，地方财政承受能力更强（崔惠玉等，2023），其税收能力也更强，有更强的财政能力在减税后通过强化税费征管获取财政收入，而财力薄弱区域本身税费征管能力有限，难以通过税费征管的加强获取收入，会进一步加深对上级转移支付的依赖。因此，增值税税率下调可能引发不同财力的地方政府在财政努力程度和转移支付依赖方面的"马太效应"——财力雄厚区域有更强的动机和实力通过提高财政收入努力程度获取收入，对转移支付的依赖程度变动不大甚至减小，而财力薄弱区域囿于相对较差的企业基础和税费征缴能力，难以提升其税费征缴强度，会形成更深的转移支付依赖，进而扩大区域间的地方财力差距。

3. 基于财力均等化水平的门槛效应

增值税税率下调政策对县级财力均等化的影响，在不同财力均等化水平的区域间可能存在差异。在财力均等化水平较高的区域，各县域间的经济发展水平、产业结构、财政能力差异相对较小，因此在增值税税率下调后，各辖区内的企业享受到的减税红利相差不大，当地方政府强化竞争吸引企业落户时，由于园区建设、产业配套设施等基础设施相差不大，各辖区对企业的吸引力相差也比较小，减税后辖区间的产业结构差异变动会相对较小。此外，在财力均等化水平较高的区域，各辖区的地方政府在减税政策实施后产生的收入筹集行为变化会相对一致，对转移支付的依赖程度变动相差不大。在财力均等化水平相对较低的区域，不同辖区之间的产业结构、财政能力差异较大，在增值税税率下调后，辖区内财力状况相对较好的区域有较强的实力和动力参与竞争吸引企业落户，也有相对的财力优势保障减税政策落实到位进而推动区域内产业结构升级，相比之下，辖区内财力薄弱的区域相对较难从减税政策的实施过程中实现产业结构升级，甚至可能在政府竞争的过程中因落后的产业基础设施而出现企业外流现象，辖区间的产业结构差异更容易扩大，进而扩大财力差距。同时，在财力均等化水平较低的区域，减税政策实施后，地方政府间的财政收入筹集行为变动差别相对较大，财力雄厚区域更倾向于强化税费征管而非依赖转移支付缓解减收压力，财力薄弱区域的地方政府则更可能强化转移支付依赖缓解困境，进而扩大辖区内不同区域地方政府的转移支付依赖程度，扩大区域间自有财力差距。

2.3.5　减税降费对地方财政激励的影响机制

在结合既有研究的基础上，参考戈什等（Ghosh et al.，2013）、吕冰洋和李钊（2020）对于财政可持续性的解读，我们认为当地方政府能够通过对财政收支的调整以应对不断攀升的负债时，此时的地方财政处于一种可持续的状态；一旦负债超过地方财政的收支调整能力，则财政不可持续。财政收入既是上级政府绩效考核的重要指标，又是地方政府充分发挥财政支持经济建设的职能作用、招商引资的财力保障。因此，无论地方政府出于什么样的目的，他们都倾向于支持可以放松地方财政约束的政策，这也是财政激励的基本思想。地方政府在积极响应可以放松地方约束的政策、追求增加财政收入的过程中，会直接或间接促进地方财政可持续性，这正是本研究理论分析的基础。不同的制度安排会形成不同的财政激励，不同激励下地方政府会做出不同行为选择进而影响辖区内的财政绩效与格局。

1. 增值税分成激励与工业企业发展

既有研究表明，税收分成变化会激励地方政府调整其经济行为，通过培植其他高税收收益的财源（吕冰洋等，2016）或者做大税基的方式增加财政收入（席鹏辉，2017）。当税收分成调整有利于中央时，地方政府将通过扩大地方主体税种营业税和预算外收入土地财政的收入规模来补充地方财力（陈志勇和陈莉莉，2011）。例如，1994 年分税制改革将增值税划分为共享税后，地方政府开始着重推动城镇化、促进房地产业等行业发展，以获取不需与中央分成的营业税收入；2002 年地方所得税分成比例降低推动地方政府将发展重心转为与土地相关的建筑业以及房地产业，以获取不需与上级政府分享的土地财政收入。但是，随着"营改增"的全面施行以及土地财政的不可持续，可供地方政府配置的自主性财源缺失。当地方政府难以依赖其他财政收入增长时，做大税基成为必然选择（席鹏辉，2017）。增值税作为我国第一大税种，地方政府增值税分成比例增加使得地方政府支持缴纳增值税相关行业发展的财政收益骤然增加，缴纳增值税的相关行业成为地方政府做大税基的首要选择。一方面，考虑到增值税主要来源于工业企业，在绝大多数地级市，工业仍然是税收的主要税基（席鹏辉，2017）；另一方面，工业对经济发展水平的要求较低，地方政府既可以通过税收优惠、土地配置等方式吸引新工业企业进入，又可以通过财政补贴等方式支持现有工业企业扩大规模，即地方政府有充足的条件扶持工业行业发展。因此，地方政府拥有足够的动机去重点扶持工业企业发展，以补充自有财力，促进地方财政可持续性。

2. 增值税分成激励与地方政府税收竞争

对于地方政府来说，以 GDP 为考评核心的地方官员晋升机制，使得地方政府格外关注辖区内经济增长，并就此展开激烈竞争（周黎安，2007）。同时，资本作为经济增长的核心生产要素，其流动不仅可以有效配置要素资源，而且可以引入先进的技术和管理理念，为推动当地经济发展注入强大的动能。在此背景下，流动性资本成为地方政府竞争的重要目标。资本税负越重，资本外流越严重，因此在我国地方政府之间，减税让利一直是吸引资本的主要手段（刘穷志，2017）。我国法定税率是由中央统一制定的，因此地方政府主要通过税收竞争对企业进行减税让利，税收竞争在我国各级政府间广泛存在（周黎安，2007）。地方政府会通过税收优惠、税收返还、降低税收努力程度等税收竞争手段降低企业实际税率，提高投资回报率，从而吸引资本流入（范子英和田彬彬，2013）。因此，当地方政府展开税收竞争时，由于资本的逐利性，会吸引资本跨地区流入（王凤荣和苗妙，2015），进而促进辖区内经济增长（刘穷志，2017）。

一方面，目前我国增值税的地区间分享体系遵循的依然是生产地原则，增值税收入归属于生产企业所在的地方政府。这种基于生产地原则的分享机制会刺激地方政府进行税收竞争以吸引资本流入，发展本辖区经济，从而通过税收分享机制获得更多收入，得到更多来自其他地区居民消费本地生产商品所承担的税收（刘怡等，2021）。另一方面，增值税分成改革增加了地方政府的增值税分成比例，招商引资的收益增加，无疑会进一步强化地方政府的税收竞争动机。综上，增值税分成改革无论是否实际上增加了地方财政收入，都会激励地方政府开展税收竞争，降低辖区内企业的实际税率，吸引资本流入，推动辖区内经济增长，在拓展税源基础上扩大税基，使得地方政府可以从税基的扩大中获得更多财政收入，进而促进地方财政可持续能力。

2.3.6 减税降费对地方财政体制的影响机制

增值税五五分成不仅是央地间财力格局的一次纵向调整，还是区域间相对财力的一次横向重新分配。一方面，在保持地方既有财力不变的情况下，增值税五五分成改革将地方政府的增值税分成比例由 25% 提升为 50%，分成比例增加近一倍，在增加地方财力的同时（刘建民等，2023），也有利于降低地方财政纵向失衡。另一方面，目前我国增值税的地区间分享体系遵循的依然是生产地原则，增值税收入归属生产企业所在地地方政府。对于制造业集聚的地区，生产的产品销往全国，但增值税收入却归属于本地，这不可避免会造成税收归属地与税源贡献地的背离，扩大地方财政横向失衡。增值税五五分成后，进一步加剧了这种背离（唐明，2018），导致非制造业集聚地区税收流失，降低该地区的人均财政收入，使得该地区的横向财政失衡程度向下偏离。而制造业集聚地区税收收入增加，使得该地区的横向财政失衡程度向上偏离。

2.4 ▶ 本章小结

本章首先全面梳理了我国大规模减税降费政策的主要措施与主要内容，明确了本书研究的基本背景；然后基于财政风险视角阐释了地方财政可持续性的内涵，认为地方财政可持续本质上是抵御风险冲击的能力。其次，基于对地方财政可持续性的理解，结合新时代下社会经济背景，明确保障地方财政可持续的内在要求，认为地方财力的可持续是实现我国地方财政可持续的根本基础，区域间财力的均衡性是实现我国地方财政可持续的现实需要，地方财政体制的适应性是实现我国地方财政可持续的制度保障。这一基本判断，是后续确定研究思路与布局研究内容的基本指导。最后，系统探讨了减税降费影响地方财政可持续性的机制机理，包括减税降费对地方经济发展的动态影响机制、减税降费对地方财政压力的影响机制、减税降费对地方财政收入结构的影响机制、减税降费对区域间财力均衡的影响机制、减税降费对地方财政激励的影响机制、减税降费对地方财政体制的影响机制等，为后文的实证分析奠定了理论基础。

第3章

我国地方财政可持续发展的
指标测度研究

党的二十大报告强调，要统筹发展和安全，全力战胜前进道路上各种困难和挑战。财政是国家治理的基础和重要支柱，从发展上看，财政是支撑经济高质量发展的基本力量；从安全上看，财政安全是经济安全的根本所在。统筹发展和安全，具体贯彻落实到财政上，就是要提升财政可持续发展能力。在新发展阶段，体制性、结构性、周期性问题相互交织，长短期、内外部、宏微观风险持续累积，地方财政不断承压，基层财政问题十分突出。直面地方财政运行的新矛盾新挑战，当务之急就是要提高地方财政的承压能力、抗风险能力与自我发展能力。自2018年以来，全国财政工作会议多次强调地方财政可持续的重要性、必要性和紧迫性。当前及今后较长一段时期内，地方财政可持续能力建设刻不容缓，理应作为地方财政工作的中心任务与目标。提升地方财政可持续能力，不仅是应对严峻复杂经济形势与化解地方财政突出问题的必然要求，而且是实现地方财政高质量发展的有效途径，更是推进地方政府治理体系与治理能力现代化建设的必然选择。

地方财政可持续发展是保持地方经济和社会稳定运行的重要保障，更是地方政府实行积极财政政策时必须面临的约束条件。自20世纪20年代开始，国外就开始关注财政（政策）可持续发展（Keynes，1923）。学者

们最早从债务偿还能力以及债务可持续的角度对财政可持续进行释义
（Domar，1944）。由于社会经济环境变化和财政定位转变，学术界对于地
方财政可持续内涵的认知从债务风险逐渐趋向多元化，学者们开始围绕财
政（跨期、动态）平衡（白彦锋和姜哲，2019）、政府融资能力（Bajo-Rubio
et al.，2010）以及财政抗风险和稳定能力（刘尚希，2019）等角度对财政
可持续发展问题展开研究。此外，学者们将金融资源配置（刘建国和苏文
杰，2022）、税收竞争（孙正等，2019；杜彤伟等，2020）、转移支付（杜
彤伟等，2019）、人口结构（龚锋和余锦亮，2015）、减税（张学诞和李
娜，2019）以及数字经济发展（刘建民等，2021）与财政可持续发展纳入
统一分析框架，研究这些因素对地方财政可持续发展构成的影响。

　　上述研究为我们研究地方财政可持续发展指标体系构建奠定了基础，
但仍有以下研究潜力待挖掘。第一，现有研究多集中在国家或省级层面探
讨财政可持续性，而较少关注基层财政的可持续发展问题。从我国财政实
际情况出发，县级财政的健康持续运行面临更大的不确定性风险。因此，
本章量化研究了湖南省122个县级单元的财政可持续发展水平，并由此推
及分析了我国县级财政可持续发展问题，拓展基层政府促进财政可持续发
展的思路，助推地方政府抗风险能力与治理能力的提升。第二，由于数据
可得性等原因，现有文献多围绕地方财政收支、地方政府债务等方面对地
方财政可持续发展进行分析。然而，广而宽的指标可能掩盖财政内部问
题，本章在此基础上，从财政收入稳定性、财政支出合理性和财政风险可
控性3个维度入手，将上述指标进一步细化为大税种占比、民生性支出及
上级补助依赖度等12个分项指标，为认识地方财政运行的环境和变化趋势
提供科学依据，有助于深入了解地方财政可持续发展水平。

3.1　财政可持续发展评价的发展历程

　　目前，对于财政可持续发展，学术界尚未形成完整、统一的定义。很
多文献将财政可持续性、赤字可持续性、债务可持续性及财政政策可持续

性概念等同。

1. 用单项指标分析财政可持续发展

一些学者使用赤字率、赤字依存度、债务负担率、债务依存度、债务偿债率等单项指标来分析财政可持续发展。

（1）债务负担率。财政可持续性很大程度上等同于政府清偿债务能力的可持续性，因此一国的债务负担率被认为是衡量一国财政是否具有可持续性的重要指标。《马斯特里赫特条约》规定债务负担率不得高于60%、赤字率不得高于3%的指标作为财政可持续性的趋同性检验标准。欧盟和经济合作与发展组织等一直沿用此警戒线用于判断财政可持续性。《全国政府性债务审计结果》（2013年12月30日公告）规定，我国政府的赤字率与债务负担率的风险警戒线分别设定为3%和60%。这些官方给定的警戒线是从国家财政可持续性的角度设定的，而对于地方政府财政可持续性的适用度有待研究。另外，财政可持续性指标不仅需要反映当前一国的财政状况，更要展示出该国的财政政策在长期是不是可持续的，很显然，单靠债务负担率这一单项指标无法科学衡量地方财政可持续性，反而可能成为误导性指标。

（2）财政赤字水平。有学者认为，财政可持续性是指在一段时期和条件下，政府财政保持适当的债务规模和合理的财政收支结构，并确保二者存在适当的对应关系，以有效持续地促进经济合理增长（邓晓兰等，2021）。财政可持续性的重要标志是合理的债务率与适当的财政收支结构，财政可持续性结果可以用政府财政赤字水平作为替代。

（3）财政依存度。财政依存度用财政收入在GDP中所占的比例来表示。当财政依存度小于合理区间的下限时，由于财政收入过少无法满足维持政府职能需要的资金支出，财政的可持续发展会受到影响；当财政依存度大于合理区间的上限时，代表政府掌控的资源过多，挤占了私人部门的经济资源；当财政依存度指标在合理区间内，表明政府掌控的经济资源处于相对合理的水平，能够有效促进经济和财政的可持续发展。该指标主观性强，财政依存度的合理区间难以确定，且不同地方政府间该指标应有所区分。

2. 构建指数分析财政可持续发展

一些学者根据财政可持续定义构建指数来表示财政可持续发展。

（1）公共债务可持续性指数（*IFS*）。多马（Domar，1944）认为，如果名义 GDP 的增长率高于名义未偿债务的增长率，那么公共债务是可持续的。*IFS* 指数 = 未偿名义债务的年变化率（$\Delta B/B$）减去名义 GDP 年增长率（$\Delta Y/Y$），表示政府债务与国内生产总值比率的动态变化，该比值为负则表明政府债务可持续。

$$IFS = \frac{\Delta B}{B} - \frac{\Delta Y}{Y}$$

（2）Buiter 指数（公共债务可持续性指标）。比特等（Buiter et al.，1985）第一次从严格意义上提出了财政可持续的概念，他认为，财政可持续是指作为经济实体的国家财政的存续状态或能力，认为一个可持续的公共债务应当保持政府净资产在当前水平。

$$\bar{d} - d_t = (r_t - n_t)w_t - d_t$$

其中，$\bar{d} = (r_t - n_t)w_t$ 为给定的保持政府净资产不变的赤字水平，$w_t = W_t/Y_t$ 为政府净值占 GDP 比率，r_t 为公共债务实际利率，n_t 为经济增长率，$d_t = D_t/Y_t$ 表示 t 期的基本赤字率。

保持政府净资产不变的赤字水平与当期赤字水平之差即为公共债务的可持续性指标。此差值为负，即 Buiter 指数为负时，表明当期赤字水平过高，以至于不能保持政府净资产不变，此时债务不可持续（Buiter et al.，1985）。该指标有两个局限性：一是很难准确计算出"政府净资产"的规模；二是简单地要求"保持政府净资产不变"没有考虑各国的实际情况。实际上，政府净资产为（较大）负值的国家，有必要增加政府净资产来保证公共债务的可持续性，而政府净资产较高的国家即使适当地降低政府净资产仍然可以保持可持续性。

（3）缺口指标体系。布朗夏尔和戴蒙德（Blanchard & Diamond，1990）从统计角度提出了不同的定义，认为财政可持续性是指能确保债务与 GDP 的比值收敛于其最初水平的政策。两个缺口指标，其一为基本盈余缺口指标（PGI）：

$$\bar{d} - d_t = (n_t - r_t) b_t - d_t$$

其中，b_t 为债务负担率。指标为负值，说明当期的基本赤字太大以至于公共债务不可持续。其二为税收缺口指标（TGI）：

$$t_t - \bar{t} = t_t + (n_t - r_t) b_t - g_t$$

其中，t_t 为税收占 GDP 比重，即税率；g_t 为不含债务利息支付的政府支出与 GDP 的比率。指标为负值，说明当前的税收收入太低以至于公共债务不可持续。

（4）自然债务警戒线（NDL）。地方政府应该给自己设立一个自然债务警戒线，以避免财政崩溃，保证政府即使在财政危机情形下对债务的偿还能力（Mendoza & Oviedo，2006）。

$$b_{t+1} \leqslant b^* = \frac{(\tau^{min} - g^{min})}{r - \gamma}$$

其中，τ^{min} 为政府收入的最低值，即税率；g^{min} 为政府能够承诺的最低支出；b 为公共债务，以其占 GDP 的比率表示；r 为实际利率；γ 为经济增长率；b^* 为自然债务警戒线。

（5）有效财政空间。将地方财政可持续性定义为：针对债务水平的上升或财政状况的恶化，地方政府会通过主动的财政调整行为，如减少支出、增加收入及控制举债规模等，以改善财政状况和降低财政风险（杜彤伟等，2019）。但这种做法将地方财政可持续性与地方债务可持续性概念等同，对地方财政可持续性的评估不够全面。

$$SUSTAIN_{it} = \frac{d_i^* - d_{it}}{1/fe_{it}}$$

其中，d^* 代表使用非线性财政反应函数测算的可持续负债率，d 代表实际负债率，fe 代表财政支出效率。

（6）孙正等（2019）依据我国财政收支的现实情况，构建了适合测度的财政可持续性指标。

$$fis - sus_{it} = \frac{fissur_{it}}{gdppv_{it}} - b_{it} = \left[\sum_{i=0}^{T-t} \frac{rev_{t+i}}{(1+r)^i} \bigg/ \frac{gdp_{t+i}}{(1+r)} \right] - b_{it}$$

其中，$fissur_{it}$为 i 省份从第 t 年开始累积的财政盈余总额；b_{it} 为 i 省份第 t 年的债务负担率，各省级单位的政府债务率数据；gdp_{it} 为 i 省份第 t 年的国内生产总值；$gdppv_{it}$ 为 i 省份第 t 年开始累积的国内生产总值的现值总额。

（7）结构性财政平衡数值（CAB）。结构性财政平衡，即经济在潜在产出水平下的政府收入与支出缺口，也即长期经济活动影响下政府收支平衡。具体步骤如下：第一步，计算经济实际产出与潜在产出的差值；第二步，计算经过经济周期调整后的财政收入与支出；第三步，计算结构性财政平衡。

（8）可持续税率与实际税率的差异。将政府财政可持续定义为净债务占 GDP 的比重不变，从这一思路出发，提出了一个衡量地方政府财政可持续性的方法，即通过考察可持续税率与实际税率的差异来评估（匡小平，2004）。

$$t_t^* = g_t - f_t - (r-a)b_t$$

其中，t_t^* 为可持续税率，g_t、f_t 分别为政府支出、中央转移支付收入占 GDP 的比率，r 为政府债务的名义利率，a 为名义 GDP 增长率。只有当可持续税率等于实际税率时，财政才是可持续的，大于或小于均不可持续。

（9）徐炜锋（2018）给出地方财政可持续性的计算公式：地方财政可持续性 = 地方财政净利益/地方财政收入能力 =（地方财政收入能力 - 地方财政支出需求）/地方财政收入能力。其中，地方财政收入能力 = 地方政府一般公共预算收入 + 中央转移支付和税收返还收入，财政支出需求为地方一般公共预算支出。但是，仅从财政可持续的第一个层次即收支平衡出发（且探讨的是短期而非长期财政收支平衡），未纳入地方政府债务等因素的分析，指标的科学性有待商榷。

指标体系设计是目前评价地方财政可持续发展的重要方法。张新平（2000）从财政可持续发展与经济发展、税收建设、资源开发与利用、社会稳定与进步、生态环境保护等五个方面提出了构建财政可持续发展评估指标体系。王岩（2020）构建了广义财政可持续性指标体系，主要包括 4 个一级指标和 11 个二级指标，其中一级指标包括经济基本面、财政收支、经济开放程度和财政赤字、政府债务。构造合理完整的指标体系关键在于指标的筛选。第一，指标应多元化。指标应包含三部分：常规的指标，如赤字率、国债负担率等；其他的能反映政府经济行为的指标，如国债偿还率、新增债务率等；反映经济发展状况的指标，如 GDP 增长率、通货膨胀率等。第二，指标应"动""静"结合。光有存量指标，无法反映财政运行动态；光有流量指标，无法体现财政运行结果。要全面精准地评判财政可持续性，不仅应包含存量指标，如债务余额、国民应债率等，同时也应涵括流量指标，如赤字率、国债负担率、新增债务率等。

此外，对于财政可持续发展评价，学者们还总结出了一些创新方法。杜威和姚健（2007）构建了一个经济动态模型来分析不同经济因素对地方政府债务结构产生的不同影响。张旭涛（2011）采用的是一种创新型的检验方法，即检验我国的基本盈余率和债务负担率的协整关系。陈建奇和刘雪燕（2012）构建了一个随机动态分析框架，来对我国相关的经验数据进行实证分析。龚锋和余锦亮（2015）通过建立一个 OLG 模型（跨期迭代模型），来研究 1981 ~ 2012 年中国的人口老龄化与财政可持续性的关系。

综上所述，财政可持续发展评价历程包括根据特定参考值判定、在跨期预算约束框架下探讨债务可持续性、财政反应函数、非线性财政反应函数、财政空间以及指标体系建立等。综合现有文献对财政可持续性含义的理解，财政可持续性可以分为三个层次：一是长期内的财政收支平衡；二是具有提供公共物品和服务、偿还债务的财力和能力；三是代际的可持续，满足当代以及未来几代人的需求。

3.2 财政可持续发展评价指标体系与评价方法

3.2.1 指标体系构建

考虑到评价的全面性、合理性以及我国地方财政运行的实际，结合数据的可获得性和指标的可测性，本书选择通过构建综合评价指标体系来评估我国 30 个省（区、市）①、湖南省各市（州）以及各县的财政可持续性。综合国内外学者有关财政可持续性的研究，结合实地调研情况及部分省份财政可持续建设的实践经验，遵循指标体系设计的科学性、客观性、有效性及可测性等原则，本书从财政收入可持续性、财政支出可持续性、债务可持续性、预算体制科学性及社保基金平衡性五个层面出发，设计出一套系统研究地方财政可持续发展的指标体系（见表 3.1），以此刻画我国各省份及湖南省县级财政的可持续发展能力。

表 3.1　　　　　　　　地方财政可持续发展评价指标体系

一级指标	二级指标	三级指标	指标定义/解释	指标特征
财政收入可持续性	财政收入来源	GDP 总量	—	+
		GDP 增速	—	+
	财政收入数量	人均财政收入	地方财政收入/人口	+
	财政收入结构	大税种占比	（增值税＋企业所得税＋个人所得税）/税收收入	+
		地方税收收入占比	地方税收收入/地方一般公共预算收入	+
		土地财政依赖度	地方土地出让收入/地方一般公共预算收入	−
财政支出可持续性	财政支出来源	地方政府财力	—	+
		上级补助依赖度	（地方政府支出－地方政府收入）/地方政府支出	+
	财政支出数量	人均财政支出	地方财政支出/人口	−
		财政支出增速	—	−
	财政支出结构	民生性支出占比	（教育＋医疗＋就业与社会保障支出）/地方一般公共预算支出	+
		行政管理支出占比	地方一般公共服务支出/地方一般公共预算支出	−
	财政支出效率	预算绩效管理情况	—	+
		国务院真抓实干奖励	—	+
		市县财政管理考核评分	—	+

①　西藏数据缺失，未包括在内。

续表

一级指标	二级指标	三级指标	指标定义/解释	指标特征
债务 可持续性	地方政府 债务率	(一般债 + 专项债)[a]/地方 政府财力	—	—
	地方政府负债率	(一般债 + 专项债)[b]/GDP	—	—
	地方政府债务 付息压力	地方政府债务付息/GDP	—	—
预算体制 科学性	财政支出预 决算偏离度	(财政决算支出 – 财政预 算支出)/财政预算支出	—	—
社保基金 平衡性	社保基金 收支比	社保基金当年收入/社保 基金当年支出	—	+
	社保调剂金	社保调剂金/60 岁及以上 人口数	—	+
	社会保障负担	老年人口抚养比	—	—

注：a、b 市（州）和县的债务数据使用省财政厅提供的一般债、专项债数据；省级债务数据使用毛捷老师团队公开数据"有息债务余额"。

在测算方法的选择上，考虑到我们的研究对象属于可持续发展指标体系范畴，因此我们使用吴琼等（2005）提出的全排列多边形图示指标法来测算地方财政可持续性。该方法考虑到了临界值（或阈值）对综合指标的放大和紧缩效应，而且在计算综合指数时不依赖专家评价，可以有效地减少由主观因素引起的估算误差。目前该方法被广泛应用于城市可持续发展评价、产业竞争力评价和金融生态评价等研究中。

3.2.2 评价方法选择

1. 熵值法

地方财政可持续发展能力具有不可直接测量性，现有文献对它的测量通常采用替代指标。本书通过构建指标体系来进行地方财政可持续发展能力的评价。指标赋权有主观赋权法和客观赋权法。主观赋权法取决于专家水平和决策者的意向，评价结果有很大的主观性；客观赋权法从数据出发，有充分的数理基础，可比性与可靠性较强。客观赋权法又以主成分法与熵值法为主，但主成分法在提取主成分时会造成一定的信息损失，因此本书采用改进的熵值法测算各省份及市（州）的财政可持续发展能力，在一定程度上克服了指标权重确定上的主观随意性。具体步骤如下。

（1）数据的标准化处理及平移。首先，需对构成地方财政可持续发展能力的各项指标进行如下数据标准化处理，以获得无量纲数据，正向指标见式（3.1），负向指标见式（3.2），其中，x_{ij} 代表第 i 个省份及市（州）第 j 项指标的原始数值。其次，针对指标存在的负值问题，对数据进行平移，这里的平移幅度定为1，见式（3.3）：

$$y_{ij} = \frac{x_{ij} - \min(x_{ij})}{\max(x_{ij}) - \min(x_{ij})} \tag{3.1}$$

$$y_{ij} = \frac{\max(x_{ij}) - x_{ij}}{\max(x_{ij}) - \min(x_{ij})} \tag{3.2}$$

$$z_{ij} = y_{ij} + 1 \tag{3.3}$$

（2）计算第 j 项指标下第 i 个省份及市（州）的指标权重 g_{ii} 以及熵值 e_{ij}：$g_{ij} = y_{ij} / \sum_{i=1}^{n} y_{ij}$，$e_j = -1/\ln(n) \sum_{i-1}^{n} g_{ij}\ln(g_{ij})$，其中 n 代表省份及市（州）的样本数。

（3）计算指标差异系数即信息冗余程度 k_j，同时对其进行归一化处理，从而确定各指标权重 w_j：$k_j = 1 - e_j$，$w_j = k_j / \sum_{j=1}^{m} k_j$。

（4）测算各省份及市（州）地方财政可持续发展能力综合得分，即我们所求的地方财政可持续发展能力：$Sustainable = \sum_{i=1}^{m} w_j y_{ij}$。

2. 多边形图示指标法

考虑到本书研究对象属于可持续发展指标体系范畴，我们使用吴琼等（2005）提出的全排列多边形图示指标法来测算地方财政可持续性。该方法可以考虑到临界值（或阈值）对综合指标的放大和紧缩效应，而且在计算综合指数时不依赖专家评价，可以有效地减少由主观因素引起的估算误差。目前该方法被广泛应用于城市可持续发展评价、产业竞争力评价、金融生态评价等研究中。根据该方法的原理,它具有较强的可移植性。

全排列多边形图示指标法的原理:设一共有 n 个指标(均已对各种指标进行标准化处理),将各指标的最大值连接形成一个中心 n 边形,同时各指标的连线则组成了一个不规则中心 n 边形,这个不规则的中心 n 边形的顶点是 n 个指标的一个首尾相接的全排列。鉴于有 n 个指标,则一共能够建立 $(n-1)!/2$ 个不同的不规则 n 边形。这些不规则多边形面积的均值与中心多边形面积的比值即代表综合指数(见图3.1)。

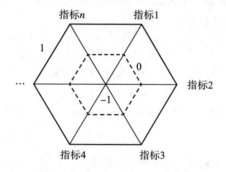

图 3.1　全排列多边形图示指标示意

第一步,根据式(3.4)对各指标数值进行标准化处理。其中,U 表示指标 x 的最大值,L 表示指标 x 的最小值;T 表示指标 x 的阈值,取指标均值表示阈值。通过标准化处理将位于区间 $[L,U]$ 的指标值映射到区间 $[-1,1]$ 中。

$$F(x) = \frac{(U-L)(x-T)}{(U+L-2T)x + UT + LT - 2UL} \tag{3.4}$$

第二步,计算综合指标值。考虑到指标之间可能存在相关性,两个指标之间的相关性越强,表示指标的重复程度较高,因为它们所围成三角形的面积应小于独立情形下三角形的面积,具体计算见式(3.5):

$$S = \frac{\sum_{i=2}^{n}\sum_{j-1}^{i=1} F(x_i)F(x_j)\sin\left[\frac{2\pi}{n}(1-|r_{ij}|)\right]}{\frac{1}{2}\sin\left(\frac{2\pi}{n}\right)\frac{n(n-1)}{2}} \tag{3.5}$$

其中，n 表示指标总数，$F(x_i)$、$F(x_j)$ 分别表示 i 指标、j 指标标准化后的值，r_{ij} 表示 i 指标与 j 指标的相关系数，以皮尔逊（Pearson）秩相关系数描述两个变量在高维空间的相关程度。

3.3 地方财政可持续发展评价结果

3.3.1 省级财政可持续发展状况的评价分析

根据所构建的地方财政可持续发展评价指标体系及评价方法，本书分别使用熵值法和多边形图示指标法对我国 30 个省级行政区的财政可持续发展能力进行测算。表 3.2 展示了使用熵值法测算得到的 2011～2018 年我国 30 个省级行政区（西藏除外）的财政可持续能力及排名。从表 3.2 可以看出，2011～2018 年，我国各省份的财政可持续发展能力呈逐年上升的良好态势。其中，2018 年湖南省财政可持续发展能力在全国 30 个省级行政区（西藏除外）中排名第 15，处于中等水平。

表 3.2　　　　　2011～2018 年我国各省份财政可持续发展水平

省份	2011 年	2012 年	2013 年	2014 年	2015 年	2016 年	2017 年	2018 年	排名（以2018 年为准）
北京	0.316	0.242	0.253	0.251	0.297	0.308	0.351	0.341	9
天津	0.238	0.205	0.216	0.205	0.208	0.249	0.262	0.308	13
河北	0.245	0.235	0.231	0.228	0.269	0.298	0.332	0.334	11
山西	0.175	0.189	0.169	0.160	0.166	0.214	0.288	0.286	18
内蒙古	0.183	0.161	0.158	0.147	0.156	0.161	0.189	0.192	25
辽宁	0.261	0.210	0.200	0.195	0.227	0.285	0.300	0.284	19
吉林	0.190	0.140	0.155	0.153	0.161	0.201	0.225	0.242	22
黑龙江	0.141	0.110	0.112	0.109	0.105	0.137	0.157	0.143	30
上海	0.286	0.256	0.272	0.274	0.299	0.342	0.350	0.355	5
江苏	0.327	0.320	0.345	0.338	0.370	0.428	0.452	0.477	1

续表

省份	2011 年	2012 年	2013 年	2014 年	2015 年	2016 年	2017 年	2018 年	排名（以2018 年为准）
浙江	0.311	0.232	0.289	0.277	0.294	0.360	0.399	0.410	2
安徽	0.259	0.221	0.242	0.241	0.264	0.303	0.321	0.348	6
福建	0.263	0.258	0.258	0.235	0.274	0.318	0.321	0.347	8
江西	0.158	0.160	0.185	0.188	0.222	0.242	0.265	0.299	16
山东	0.273	0.247	0.262	0.283	0.296	0.352	0.387	0.407	3
河南	0.239	0.240	0.245	0.244	0.246	0.303	0.322	0.339	10
湖北	0.200	0.197	0.203	0.216	0.239	0.293	0.309	0.331	12
湖南	0.211	0.207	0.219	0.220	0.240	0.267	0.270	0.305	15
广东	0.280	0.254	0.275	0.278	0.279	0.351	0.370	0.390	4
广西	0.220	0.204	0.206	0.217	0.240	0.282	0.291	0.307	14
海南	0.174	0.160	0.212	0.179	0.182	0.189	0.192	0.180	27
重庆	0.138	0.118	0.143	0.152	0.176	0.193	0.213	0.231	23
四川	0.223	0.213	0.225	0.224	0.254	0.300	0.332	0.348	6
贵州	0.174	0.185	0.198	0.185	0.221	0.252	0.258	0.273	21
云南	0.200	0.171	0.186	0.168	0.198	0.241	0.277	0.280	20
陕西	0.213	0.215	0.204	0.195	0.216	0.246	0.270	0.293	17
甘肃	0.201	0.177	0.186	0.189	0.203	0.219	0.208	0.230	24
青海	0.136	0.148	0.149	0.145	0.161	0.185	0.209	0.149	29
宁夏	0.167	0.106	0.117	0.116	0.112	0.113	0.145	0.177	28

3.3.2 市（州）级财政可持续发展状况的评价分析

考虑到数据可得性，本书以湖南省为例，进一步运用熵值法对湖南省市级财政可持续发展能力进行了测算。由于湘西州部分数据缺失，所以本书未对湘西州的财政可持续发展相对水平进行测算。结合表 3.3 的测算结果可以发现，湖南省市级财政可持续发展能力排名（由高到低）依次为：长沙市、益阳市、常德市、岳阳市、郴州市、衡阳市、娄底市、株洲市、湘潭市、永州市、怀化市、张家界市、邵阳市和湘西州。同时，我们还可以发现，2011～2018年，除了长沙市，其余城市的财政可持续发展能力均有所下降。通过观察原始数据及实地调查，我们发现这一趋势与各城市的债务负担率较高直接相关。

表3.3　　2011～2018年湖南省各市（州）地方财政可持续发展水平

地区	2011年	2012年	2013年	2014年	2015年	2016年	2017年	2018年	2019年	排名（以2019年为准）
长沙	0.801	0.795	0.823	0.815	0.818	0.795	0.745	0.806	0.817	1
株洲	0.574	0.564	0.555	0.521	0.461	0.393	0.367	0.331	0.352	8
益阳	0.603	0.595	0.534	0.562	0.526	0.454	0.435	0.475	0.484	2
衡阳	0.500	0.502	0.498	0.464	0.434	0.424	0.342	0.396	0.410	6
邵阳	0.303	0.284	0.254	0.276	0.232	0.255	0.124	0.165	0.200	13
岳阳	0.563	0.576	0.532	0.551	0.519	0.445	0.412	0.427	0.432	4
常德	0.562	0.557	0.535	0.516	0.484	0.476	0.465	0.446	0.450	3
张家界	0.346	0.343	0.346	0.312	0.268	0.245	0.289	0.211	0.223	12
湘潭	0.397	0.412	0.392	0.377	0.365	0.363	0.398	0.329	0.333	9
永州	0.371	0.343	0.364	0.346	0.336	0.313	0.245	0.311	0.322	10
郴州	0.526	0.523	0.514	0.504	0.458	0.463	0.323	0.403	0.420	5
娄底	0.437	0.445	0.443	0.413	0.368	0.385	0.365	0.353	0.363	7
怀化	0.369	0.395	0.375	0.314	0.274	0.215	0.212	0.216	0.234	11
湘西	0.130	0.136	0.146	0.154	0.163	0.134	0.156	0.186	0.196	14

3.3.3　区县级财政可持续发展状况的评价分析

综合国内外学者有关财政可持续性的研究，考虑到评价的全面性、合理性以及湖南省财政运行的实际，结合数据的可获得性和指标的可测性，以湖南省为例，从财政收入稳定性、财政支出合理性和财政风险可控性三个层面出发，设计出一套系统研究湖南省县级财政可持续发展的指标体系（见表3.4），以此刻画湖南省县级财政可持续发展水平。

表 3.4　　　　　　　　　　湖南省县级财政可持续发展评价指标体系

系统层	指标层	指标定义/解释	指标特征
财政收入稳定性	人均 GDP	—	+
	GDP 增速	—	+
	人均地方财政收入	地方财政收入/人口	+
	大税种占比	(增值税 + 营业税[a] + 企业所得税 + 个人所得税)/税收收入	+
	地方税收收入占比	地方税收收入/地方一般公共预算收入	+
	上级补助依赖度	上级补助收入/地方财政收入	−
财政支出合理性	人均财政支出	地方财政支出/人口	−
	民生性支出占比	(教育 + 医疗 + 就业与社会保障支出)/地方一般公共预算支出	+
	行政管理支出占比	地方一般公共服务支出/地方一般公共预算支出	−
财政风险可控性	地方收支缺口比率	(地方政府支出 − 地方政府收入)/GDP	−
	地方融资平台有息债务	(各县区地方财政支出占比×各市地方融资平台有息债务)	−
	土地财政依赖度	地方土地出让收入/地方一般公共预算收入	−

注：a　2016 年 5 月 1 日，全面"营改增"推行，故 2017 年及以后各县市（州）的营业税为 0。

着力提升地方财政收入稳定性是地方财政可持续发展的根本基础。遵循"经济—财源—财力"思路，要求地方政府培植地方优质财源，着力推进经济总量跨越、质量提升和动能转换，全面提升地方财政收入质量（李昊楠和郭彦男，2021）。通过人均 GDP、GDP 增速衡量地方经济基础，通过人均地方财政收入衡量地方财政收入规模，通过大税种占比、地方税收收入占比和上级补助依赖度衡量地方财政收入质量。

提高地方财政支出合理性是地方财政可持续发展的基本要求。参考丛树海和黄维盛（2022）的研究成果，通过人均财政支出衡量地方财政支出规模；通过民生性支出占比、行政管理支出占比两项指标来衡量地方财政支出结构。

加强地方财政风险可控性是地方财政可持续发展的关键环节。采用财政收支占 GDP 比重衡量地方财政收支缺口比率。地方融资平台是当前政府隐性债务的重要组成部分，平台公司大多面临量多分散、业务单一和融资不畅等问题，成为地方财政风险的重要来源之一。由于各县（区）的债务数据缺失，使用各县（区）地方财政支出占比与各市地方融资平台有息债务之积衡量地方融资平台有息债务；在土地出让收入占地方政府收入比例过高的情况下，若这部分收入大幅减少，可能加剧地方财政风险，我们使用地方土地出让收入占地方一般公共预算收入的比例来衡量土地财政依赖度。

根据熵值法测算出 2011～2020 年湖南省 122 个县级单元财政可持续发展水平，为了使测算结果更加直观、可视化，利用 ArcGIS 软件以地图的形式呈现出湖南省各县级单元 2011 年、2014 年、2017 年和 2020 年的财政可持续发展水平（见图 3.2）。

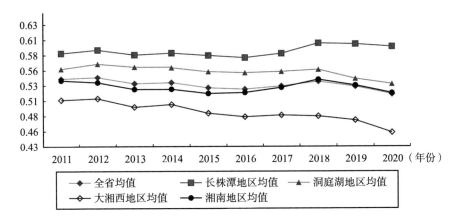

图 3.2　2011～2020 年湖南省县级财政可持续发展指数

3.3.4　基于时间维度的结果分析

从全省均值来看，2011～2020 年湖南省县级财政可持续发展指数保持在 0.53 附近，总体呈稳定态势。本书认为，湖南省财政平稳运行的原因可以归结为以下三个主要方面：首先，"十二五"和"十三五"期间，湖南省直面财政运行的新矛盾新挑战，基于确保财政平稳运行以及强化财政保障能力的客观需要，积极引导和培育地方新经济税源增长点，努力实现财政高质量发展。其次，从增强应对外部冲击能力出发，湖南省积极进行财政平衡能力建设和全面预算绩效管理，提出一系列优化调整财政支出结构的思路与对策。最后，从防范财政风险出发，湖南省高度重视防范和化解地方政府债务风险，推动建立政银企协调机制，引导金融机构合规缓释地方政府融资平台公司债务风险。此外，我们注意到，2020 年湖南省县级财政可持续发展水平略有下滑。原因可能在于受新冠疫情的冲击，地方财政又推出系列阶段性税费减免措施，减收与增支矛盾更为突出。分区域来看，湖南省四大区域经济板块中仅有长株潭地区的县级财政可持续发展平均水平呈上升趋势，洞庭湖地区、湘南地区和大湘西地区的县级财政可持续发展水平则呈现出波动下降的趋势，尤其是大湘西地区的下降幅度最明显。

3.3.5 基于空间维度的结果分析

湖南省县级财政发展水平存在区域差异。长株潭地区财政可持续发展水平最高，洞庭湖地区和湘南地区次之，大湘西地区相对较低。这与长株潭地区具备良好的信息基础设施、政策环境、创新能力及人才保障等密不可分。洞庭湖地区和湘南地区追赶势头强劲。武陵区、岳阳楼区、云溪区、汨罗市等地区财政韧性较高。稳定的税源保障是这些地区财政平稳运行的基本保障与关键原因。例如，武陵区在发展"数字经济""首店经济""夜间经济"方面成效显著；岳阳楼区借助交通、科技优势，大力发展商贸业、服务业、高新技术产业；相比较而言，大湘西地区财政可持续发展水平有待提升，部分县的财政可持续发展水平较为落后，尤其是保靖县、古丈县、永顺县、龙山县等地区，这些地区的产业基础相对较差。因此，从推进财政治理体系和治理能力现代化、提升省以下各级间财政事权与支出责任匹配度出发，基于湖南省地区财力差异的实际，湖南省应以财政支出责任划分和转移支付机制改革为主线，构建湖南省财力协调机制。

考察减税降费背景下地方财政可持续发展问题是提升地方财政抗风险能力的内在要求。我们运用湖南省 122 个县级单元 2011~2020 年的数据，量化分析了减税降费背景下湖南省的财政可持续发展水平，得出以下研究结论：一是根据收支现状分析，湖南省财政支出结构逐步优化，财政收入逐年提升但涨幅收窄，面临收支平衡压力；二是根据协整检验结果，湖南省财政收支存在协整关系，县级财政呈现弱可持续性；三是根据时空可视化的指标体系测算结果可知，湖南省县级财政可持续发展中存在区域间不平衡问题。

综合以上分析，基于财力增长韧性提升、财政支出提质增效以及区域财力协调发展目标，对于减税降费背景下湖南省县级财政可持续发展情况，可以得到如下结论。第一，减税降费背景下县级财政收入呈现涨幅收窄的趋势。这就要求地方政府部门精准有效落实减税降费政策，全力为各类市场主体高效纾困，激发企业活力，进一步涵养优质税源。此外，地方政府部门应加强财源建设，积极稳妥提升地方财力增长韧性。首先，财政金融政策协同发力支持实体经济健康发展，有效涵养和培育税源，持续挖掘财政增收潜力。其次，积极部署财政收入质量提升行动计划。各级税务机关要加强对税收收入质量的考核与督查，多措并举推进非税收入稳步下降并趋于稳定。最后，各级政府部门要积极优化经济结构、产业结构，培植优质、可持续税源，从源头出发为提升财政收入质量夯实基础。第二，县级财政支出扩张态势未变，地方财政面临收支平衡压力。这就要求地方财政支出提质增效，也是地方财政可持续能力建设的基本要求。一是坚守民生财政本色。民生财政是可持续财政的重要内容，各地政府应持续在民生投入上着力，财政资金重点投向基础性、惠民性、兜底性民生保障项目。二是深入贯彻"零基预算"理念，牢固树立"艰苦奋斗、勤俭节约、过紧日子"的思想，从严从紧控制一般性支出与非刚性支出。实施行政开支精细化管理，细化行政支出标准，压减或取消低效无效支出，在增支列支时充分考虑地方财政承受能力。三是探索建立区域合作利益共享机制。打破行政分割，加快全国统一大市场建设，在基础设施建设、公共服务供给及生态环境保护等方面通力合作，避免重复建设带来的财政资金浪费。第三，县级财政可持续发展水平具有区域不协调性。要求构建区域财力协调机制，也是地方财政可持续能力建设的重要保障。一是建立县级财政最低保障机制，有效缩小地区财政发展的非均衡性。省财政每年从一般性转移支付中拿出一部分资金，根据对县级财政可持续发展水平的综合考评情况，在兼顾省级财力及各县实际需要的基础上，分别给予不同比例的奖励补助，以保障财政困难县的基本支出需要。二是采取均衡性转移支付办法。依据客观条件测算各县的可用财力和计划支出，按照公平性、合理性、持续性原则分配转移支付资金，推动教育、医疗卫生等公共服务资源均衡配置。

3.4 本章小结

本章设计了地方财政可持续发展能力的衡量指标，从财政收入稳定性、财政支出合理性和财政风险可控性 3 个维度入手，将上述指标进一步细化为大税种占比、民生性支出及上级补助依赖度等 12 个分项指标，为认识地方财政运行的环境及变化趋势提供科学依据。以此为基础，量化研究了湖南省 122 个县级单元的财政可持续发展水平，并由此分析了我国县级财政可持续发展中存在的问题。研究结果表明：看收入，受疫情反复、土地收入下降和减税退税影响，2022 年地方财政收入下滑十分明显；看支出，"十四五"规划确定项目陆续密集开工，涵盖数字经济、生态环保、乡村振兴和民生保障等多领域的支出需求不断增加，财政支出刚性更趋明显；看债务，截至 2022 年 12 月末，全国地方政府债务余额 35.26 万亿元，5 年间债务规模翻倍。我国地方财政长期以来一直存在体制适应性不强、财力增长可持续性不足及区域财力均衡度偏低等短板，叠加新发展阶段不断攀升的公共风险，地方财政高质量发展进一步受到制约。

第4章

持续性减税降费对地方经济发展的动态效应研究

本书基于持续性减税降费背景，将 2007～2018 年我国 280 个地级市作为研究对象，利用地级市的税收收入数据构建减税降费力度指标，结合城市市场化水平和科技水平，探讨减税降费对地方经济发展的动态效应及作用机制，并就减税降费进一步影响地方金融发展水平展开拓展研究。研究发现，减税降费促进了地方经济发展。异质性分析表明，减税降费对地方经济发展的影响在低市场化和低科技水平城市更为突出，即减税降费对低市场化水平和低科技化水平城市的经济发展促进作用更强。减税降费主要通过增加人均消费支出对地方经济发展产生显著的促进作用。本书的研究结果通过了一系列稳健性检验，如排除 2008 年全球金融危机影响、排除 2018 年大规模减税降费影响。本书还使用基于 2016 年全面"营改增"的双重差分模型进行减税降费政策效应评估，结果与先前结论一致。拓展研究表明，减税降费提高了城市的金融发展水平。

4.1 数据来源与变量处理

4.1.1 数据来源

本书的研究数据主要涉及地级市层面，城市层面的财政数据来源于历年《中国城市统计年鉴》，从中排除了财政数据缺失的城市样本，获得了我国 280 个地级市 2007～2018 年的税收收入数据。为避免极端值对实证分析所产生的干扰，我们对地级市层面的连续性变量进行了 1% 的双侧缩尾处理。所有数据都通过了单位根检验和协整检验。根据豪斯曼（Hausman）检验的结果，我们在基准模型中加入了固定效应。

4.1.2 主要变量定义

1. 减税降费力度指标

现有文献尚未明确提出直接衡量减税降费力度的指标，但由于减税降费短期内会导致地方财政收入减少（张斌，2019；段龙龙和叶子荣，2021），我们认为地方财政收入的变化程度能够较好地反映减税降费力度，并基于各城市的税收收入设计变量来衡量区域减税降费力度。假设 $tax_{n,t}$ 表示城市 n 第 t 期税收收入，则按如下方式定义区域减税降费力度：

$$tax\_g_{n,t} = \frac{tax_{n,t} - tax_{n,t-1}}{tax_{n,t-1}} \tag{4.1}$$

$$retax_{n,t} = \frac{tax\_g_{n,t} - tax\_g_{n,t-1}}{tax\_g_{n,t-1}} \tag{4.2}$$

式（4.1）中，$tax\_g_{n,t}$ 表示城市当年的税收增速，利用连续两年的税收增速可以构建出式（4.2）中的城市 n 在第 t 年的税收增速下降率 $retax_{n,t}$。采用 $retax_{n,t}$ 表示减税降费力度，取值越大，说明该城市当年因减税降费导致的税收收入增速相对于前一年下降的幅度越大，即减税降费力度越大。采取两年间的税收增速之差，主要是考虑到税收增速包含了许多城市层面的其他混杂因素，取差分后可以消除一些年份共同因素的干扰，并最大可能地观测到减税降费所带来的税收增速下降。经过这样的处理后，在估计过程中可能仍然面临一定的内生性问题。因此，在后文具体的模型设定过程中，我们使用了系统 GMM 模型以解决内生性问题。

2. 地方经济发展程度指标

城市夜间灯光与人类活动息息相关，可用于相关社会经济指标的估算。大量研究表明，城市夜间灯光的强度与 GDP（Chen & Nordhaus，2011；Wu et al.，2013；Chen & Nordhaus，2015；Qi et al.，2017）、人口密度和规模（Yu et al.，2018，2019）、城市化（Small et al.，2005；Zhao et al.，2018）、电力消耗（Townsend & Bruce，2010；Xie & Weng，2016；Shi et al.，2019）等息息相关。我们用城市夜间灯光数据的均值来代表地方经济发展水平。

3. 其他控制变量

由于减税降费政策的具体设计及实施存在明显的区域差异，控制变量需要考虑地区层面。在城市层面，控制了以下变量：资本存量（$capi$）、储蓄率（$save$）、人均受教育水平（edu）、消费水平（con）、固定资产投资（$invest$）和城市创新度（$inno$）。具体指标构建如表 4.1 所示。

表 4.1　　　　　　　　　　指标选取及变量描述性统计

变量	符号	指标	观测值	平均值	标准差	最小值	最大值	ADF 检验
地方经济发展水平	y	城市夜间灯光数据均值	2 819	0.798	1.523	0.012	9.524	1 694.488
减税降费力度	$retax$	依税收收入计算，见式（4.2）	2 341	-0.273	3.204	-21.232	16.862	1 184.659
资本存量	$capi$	资本存量总额/人口	2 819	12.447	0.317	11.644	13.260	2 057.417
储蓄率	$save$	城乡居民储蓄存款/GDP	2 341	0.003	0.007	-0.094	0.100	2 138.005
人均受教育水平	edu	教育支出/人口	2 341	0.022	0.022	-0.225	0.217	1 740.577
消费水平	con	社会消费品零售总额/GDP	2 341	0.003	0.011	-0.165	0.153	2 032.173

变量	符号	指标	观测值	平均值	标准差	最小值	最大值	ADF 检验
固定资产投资	*invest*	固定资产投资额	2 341	0.168	0.251	-4.613	1.743	1 268.213
城市创新度	*inno*	城市创新指数	2 819	0.290	1.888	-3.715	5.380	1 327.520
产业结构	*structure*	第二产业和第三产业总产值/GDP	2 819	4.464	0.093	4.171	4.600	1 945.181
金融发展水平	*fin*	(金融机构存款余额＋金融机构贷款余额)/GDP	2 819	12.186	0.412	11.349	13.347	1 565.731
人均消费支出	*per*	消费支出总额/人口	2 819	9.532	0.363	8.810	10.435	1 240.677

4.2 计量模型设定

4.2.1 系统 GMM 基准模型

为研究持续性减税降费对地方经济发展的动态效应，我们采用动态面板进行分析论证。根据 Hausman 检验的结果，我们控制了城市固定效应 $City_i$ 和年份固定效应 $Year_t$ 以控制未观察到的不随时间变化的异质性和宏观经济冲击，这些冲击可能会在某一年影响到样本中的城市。基准回归模型如下：

$$y_{i,t} = \alpha_0 + \alpha_1 y_{i,t-1} + \alpha_2 retax_{i,t} + \alpha_3 Controls_{i,t} + City_i + Year_t + \varepsilon_{i,t} \quad (4.3)$$

由于模型中包含因变量的滞后一期，如果使用标准的静态面板和 OLS 估计方法，就会出现内生性问题，导致结果出现误差，因此，本书采用动态面板模型进行分析验证。差分 GMM 和系统 GMM 是动态面板中常用的估计方法。尽管前者在一定程度上克服了内生性的缺陷，但它仍然存在"弱工具变量"的问题。相比之下，系统 GMM 在提高估计效率的同时解决了

"弱工具变量"问题和内生性问题,因此本书采用系统 GMM 方法。借鉴鲁德曼(Roodman,2009)的做法,我们对回归结果进行了两次检验:(1)Hansen 检验,表明所选工具变量的有效性;(2)AR(2)检验,检验误差项是否存在序列自相关。当两个相应的 P 值都大于 0.1 时,意味着系统 GMM 模型通过了两个检验,并且系统 GMM 的估计值是持续有效的。

4.2.2　双重差分模型

为了说明持续性减税降费对地方经济发展的动态影响,我们将 2016 年全国实施"营改增"这一政策作为外生冲击,以研究该政策对地方经济发展的影响。

我们使用双重差分模型来识别减税降费对地方经济发展的影响。政策对地方经济发展的影响是通过政策干预前后实验组和对照组之间的风险差异来估计的。由于高市场化的城市对"营改增"政策反应更灵敏,我们将高市场化的城市作为实验组,剩余城市作为对照组。构建的双重差分模型如下:

$$
\begin{aligned}
y_{i,t} &= \alpha_0 + \alpha_1 Treated_{i,t} + \alpha_2 Time_{i,t} + \alpha_3 DID_{i,t} + \alpha_4 retax_{i,t} \\
&\quad + \alpha_5 Controls_{i,t} + City_i + Year_t + \varepsilon_{i,t}
\end{aligned} \tag{4.4}
$$

其中,i 代表城市,t 代表年份;$y_{i,t}$ 代表地方经济发展水平;$Treated_{i,t}$ 是反映政策变化的虚拟变量,代表由于政策实施而导致的外部冲击;$Time_{i,t}$ 是虚拟变量,当观测值发生时间在 2016 年或晚于 2016 年时,$Time_{i,t} = 1$,否则等于 0。减税降费对地方经济发展的影响由 $DID_{i,t}$ 以及时间和个体固定效应捕捉,其中 $DID_{i,t} = Treated_{i,t} \times Time_{i,t}$。

4.3　实证结果

4.3.1　描述性统计

表 4.1 报告了指标选取及变量描述性统计结果。本书样本中的地方经

济发展水平指标的均值为 0.798，最小值为 0.012，最大值为 9.524，标准差为 1.523，取值全为正值，说明样本城市的经济发展水平较高。地级市税收增速的变化幅度 retax 的均值为 -0.273，最小值为 -21.232，最大值为 16.862，标准差高达 3.204，retax 的取值越大说明税收增速下降幅度越大，最大值和最小值的绝对值均大于 10，反映出样本中各个城市之间税收增速变化的差异较大。根据控制变量的特征，所选的样本城市具有一定的代表性，且其他变量没有出现异常的分布。所有变量都通过了 ADF 单位根检验，即序列平稳。经过协整检验，变量之间不存在协整关系。

表 4.2 为变量之间的相关系数矩阵。地方经济发展水平与减税降费力度 retax 之间的相关系数为 -0.001 但不显著。这可能是因为 retax 本身的测量误差会严重影响估计结果的显著性。作为真实的减税降费力度导致税收增速下降幅度的代理变量，我们计算的税收增速下降率同时还包含其他经济变量的信息，因此存在一定的测量误差。两两变量之间相关系数的绝对值都没有超过 0.575，表明变量之间不存在严重的多重共线性。因此，我们将进一步进行系统 GMM 基准回归分析来验证减税降费和地方经济发展之间的关系。

表 4.2　　　　　　　　相关系数矩阵

变量	(1)	(2)	(3)	(4)	(5)	(6)	(7)	(8)
(1) y	1.000							
(2) retax	-0.001	1.000						
(3) capi	-0.262***	-0.011	1.000					
(4) save	-0.090***	-0.061***	0.206***	1.000				
(5) edu	-0.149***	-0.049**	-0.169***	-0.080***	1.000			
(6) con	-0.004	-0.041**	0.129***	0.383***	-0.110***	1.000		
(7) invest	-0.171***	0.012	-0.175***	-0.110***	0.112***	-0.082***	1.000	
(8) inno	0.575***	0.001	0.022	-0.032	-0.207***	0.045**	-0.229***	1.000

注：***、** 分别表示在 1%、5% 的水平上显著。

4.3.2　基准回归分析

表 4.3 报告了减税降费对地方经济发展的动态效应的回归结果。AR（2）

p-value 在所有模型中都远大于 0.05，说明不存在二阶自相关，这是系统 GMM 的一个重要假设，证明模型的动态性设置是合理的。Hansen p-value 在所有模型中都大于 0.05，说明工具变量的外生性得到了满足，表明这些工具变量对模型的估计是合适的。所有回归模型中 L. y 的系数都是显著的，说明地方经济发展存在明显的惯性，即前期的经济发展水平对后期的经济发展有显著的影响。地方经济发展不仅受到当期决策的影响，而且与历史情况紧密相关。这种"惯性"效应意味着地方经济的增长并非短时期内突然或偶然的，而是建立在前期的基础上，这与经济学中的"路径依赖"理论相符合。

表 4.3 　　　　　系统 GMM 基准回归结果

变量	(1)	(2)	(3)	(4)	(5)	(6)	(7)
L. y	0.986 *** (10.99)	0.962 *** (9.70)	0.963 *** (9.71)	0.969 *** (9.78)	0.970 *** (9.79)	0.970 *** (9.72)	0.855 *** (8.78)
retax	0.165 ** (2.11)	0.189 ** (2.23)	0.187 ** (2.24)	0.225 ** (2.42)	0.226 ** (2.44)	0.218 ** (2.38)	0.342 *** (2.68)
capi		−0.153 (−1.00)	−0.137 (−0.91)	−0.134 (−0.88)	−0.134 (−0.88)	−0.127 (−0.82)	−0.176 (−1.27)
save			−3.119 (−1.38)	−3.172 (−1.28)	−4.558 * (−1.68)	−4.605 * (−1.73)	−4.808 (−1.43)
edu				4.271 *** (2.84)	4.315 *** (2.88)	4.320 *** (2.89)	4.454 ** (2.41)
con					3.249 * (1.75)	3.374 * (1.78)	3.326 (1.41)
invest						0.087 (0.89)	0.174 (1.29)
inno							0.112 *** (2.98)
Constant	0.062 * (1.70)	1.967 (1.02)	1.754 (0.93)	1.616 (0.84)	1.615 (0.84)	1.507 (0.77)	2.153 (1.23)
Observations	971	971	971	971	971	971	971
城市固定效应	Yes	Yes	Yes	Yes	Yes	Yes	Yes
年份固定效应	Yes	Yes	Yes	Yes	Yes	Yes	Yes
AR (2) p-value	0.677	0.675	0.659	0.749	0.672	0.701	0.693
Hansen p-value	0.490	0.530	0.470	0.563	0.572	0.538	0.673

注：***、** 和 * 分别表示在 1%、5% 和 10% 的水平上显著，括号内报告了相应 t 值。下同。

我们重点关注减税降费对经济发展的效应。表4.3第（1）列至第（7）列中 *retax* 的系数都是显著为正的，表明减税降费策略对地方经济发展有显著的正向效应。随着控制变量的加入，*retax* 的系数逐渐增大，尤其在加入全部控制变量后，减税降费对经济的正向影响依然稳定，其系数为 0.342，在 1% 的水平上显著。这表明，每增加 1% 的减税降费力度，地方经济发展就增加 0.342 个百分点。这是因为，减税降费可以增加企业和个人的可支配收入，进而增加消费和投资，促进地方经济增长。其原因包括以下三个方面。一是企业层面的反应。减税降费直接增加了企业的利润和现金流。这不仅能够提高企业的生存能力和盈利性，还能为它们提供更多的投资机会，如扩张、研发和创新，从而增强企业的竞争力和地方经济的活力。二是个人消费效应。当个人所得税减少时，家庭的可支配收入增加，进而增加了家庭的消费和投资。这增加了地方的总需求，从而拉动了地方经济增长。三是投资效应。由于企业和个人的现金流都有所增加，这可能导致投资增加，无论是在物理资本（如设备和建筑）还是在人力资本（如培训和教育）方面，都对经济增长有利。

4.3.3 异质性分析

我国不同地区在市场经济、科技水平等方面存在着较大差异，因此，减税降费对不同城市经济发展的影响可能存在异质性。本书将进一步结合城市市场化程度、城市科技水平等进行异质性影响分析。

（1）城市市场化程度差异。为了检验减税降费政策在不同市场化水平环境里对地方经济发展的影响，我们按城市的市场化程度设置虚拟变量 *type*，若城市市场化程度较高，则 *type* 赋值为 1，反之为 0。表4.4 报告了基于市场化程度的异质性分析结果。从表4.4 的检验结果可以发现，相较于高市场化城市，减税降费政策对低市场化城市经济发展的促进作用更加强烈。这可以解释为，低市场化城市的经济发展很大部分受税收影响。从表4.4 的最后两列可以发现，当不加入控制变量时，减税降费力度的回归系数为 0.129，且在 5% 的水平上显著；当加入控制变量时，减税降费力度的回归系数为 0. 206，且在 10% 的水平上显著。回归结果通过了 Hansen 检验和 AR（2）检验。无论是否加入控制变量，减税降费力度 *retax* 都对低市场化城市的经济发展起到促进作用。

表 4. 4 异质性分析：基于市场化程度

变量	高市场化城市		低市场化城市	
	（1）	（2）	（1）	（2）
L. y	0. 916 *** (10. 66)	0. 603 *** (4. 08)	0. 969 *** (9. 52)	0. 895 *** (11. 98)
retax	− 0. 209 （− 1. 11）	− 0. 066 （− 0. 44）	0. 129 ** (2. 19)	0. 206 * (1. 78)
capi		− 2. 416 ** （− 2. 54）		− 0. 004 （− 0. 07）
save		28. 587 (0. 65)		− 2. 623 （− 1. 20）
edu		− 6. 460 （− 0. 89）		3. 380 ** (2. 42)
con		44. 082 (0. 80)		2. 122 (1. 25)
invest		− 0. 309 （− 1. 71）		0. 110 (0. 85)
inno		− 0. 100 （− 0. 41）		0. 071 *** (2. 60)
Constant	1. 467 *** (3. 82)	32. 600 ** (2. 68)	0. 042 (1. 38)	0. 044 (0. 06)
Observations	73	73	898	898
城市固定效应	Yes	Yes	Yes	Yes
年份固定效应	Yes	Yes	Yes	Yes
AR（2）p-value	—	—	0. 707	0. 526
Hansen p-value	0. 993	1. 000	0. 154	0. 280

注：本表报告了基于市场化程度的异质性分析结果。L. y 是地方经济发展指标的滞后一阶项。

（2）城市科技水平差异。为了检验减税降费政策在不同科技水平环境里对地方经济发展的影响，我们按城市的科技水平设置虚拟变量 *level*，若城市科技水平较高，则 *level* 赋值为 1，反之为 0。表 4.5 报告了基于城市科技水平的异质性分析结果。从表 4.5 的检验结果可以发现，相较于高科技城市，减税降费政策对低科技城市经济发展的促进作用更加强烈。这可以解释为，科技水平高的城市的经济发展本身就比科技水平低的城市的经济发展好，所以科技水平低的城市的经济发展很大部分受税收影响。从表 4.5 的最后两列可以发现，当不加入控制变量时，减税降费力度的回归系数为 0.142，且在 10% 的水平上显著；当加入控制变量时，减税降费力度的回归系数为 0.285，且在 5% 的水平上显著。回归结果通过了 Hansen 检验和 AR（2）检验。无论是否加入控制变量，减税降费力度 *retax* 都对非高科技城市的经济发展起到促进作用。

表 4.5　　　　　　　　　异质性分析：基于城市科技水平

变量	高科技城市		非高科技城市	
	（1）	（2）	（1）	（2）
L. *y*	1.048 ***	0.836 ***	0.904 ***	0.807 ***
	(34.29)	(5.92)	(8.89)	(9.27)
retax	0.014	0.017	0.142 *	0.285 **
	(0.22)	(0.30)	(1.77)	(2.42)
capi		−0.345		−0.107
		(−1.14)		(−1.03)
save		−9.300		−3.713
		(−0.86)		(−1.24)
edu		−0.900		4.353 **
		(−0.13)		(2.55)
con		4.439		3.314
		(1.57)		(1.36)
invest		−0.444 *		0.248 *
		(−1.84)		(1.88)
inno		0.157		0.103 ***
		(1.35)		(3.90)
Constant	0.035	4.507	0.085 ***	1.305
	(0.46)	(1.15)	(2.68)	(1.02)

续表

变量	高科技城市		非高科技城市	
	（1）	（2）	（1）	（2）
Observations	156	156	815	815
城市固定效应	Yes	Yes	Yes	Yes
年份固定效应	Yes	Yes	Yes	Yes
AR（2）p-value	—	—	0.707	0.496
Hansen p-value	0.735	0.735	0.101	0.392

4.3.4 稳健性检验

在研究区间内，存在 2008 年全球金融危机和 2018 年大规模减税降费事件，可能会对结果产生影响。为进一步排除其他政策和因素干扰，本书主要考察 2008 年全球金融危机和 2018 年大规模减税降费对基准回归结果的影响。由于 2008 年全球金融危机在本书的样本区间内，为了排除可能存在的政策混杂效应，我们删除了 2007～2008 年的样本数据再次进行回归分析。表 4.6 报告了排除 2008 年全球金融危机后的减税降费对地方经济发展的影响。回归结果通过了 Hansen 检验和 AR（2）检验。表 4.6 显示，无论是否加入控制变量，减税降费力度 *retax* 的回归系数都显著为正，表明研究结论不受 2008 年全球金融危机的影响，具有稳健性。

表 4.6   排除 2008 年全球金融危机的影响

变量	（1）	（2）	（3）	（4）	（5）	（6）	（7）
L. *y*	0.985 *** (10.93)	0.959 *** (9.57)	0.960 *** (9.59)	0.966 *** (9.66)	0.968 *** (9.67)	0.969 *** (9.58)	0.842 *** (8.52)
retax	0.201 ** (2.15)	0.239 ** (2.25)	0.234 ** (2.25)	0.280 ** (2.42)	0.279 ** (2.43)	0.280 ** (2.38)	0.450 *** (2.68)
capi		−0.166 (−1.00)	−0.145 (−0.89)	−0.141 (−0.84)	−0.138 (−0.83)	−0.129 (−0.75)	−0.160 (−1.01)
save			−3.449 (−1.35)	−3.498 (−1.22)	−4.924 (−1.60)	−5.075 (−1.64)	−5.396 (−1.24)

续表

变量	(1)	(2)	(3)	(4)	(5)	(6)	(7)
edu				4.753 *** (2.75)	4.792 *** (2.79)	4.852 *** (2.78)	5.168 ** (2.30)
con					3.359 (1.59)	3.577 (1.61)	3.722 (1.26)
invest						0.118 (0.98)	0.243 (1.40)
inno							0.136 *** (3.21)
Constant	0.054 (1.39)	2.118 (1.02)	1.849 (0.90)	1.677 (0.80)	1.645 (0.79)	1.501 (0.69)	1.920 (0.95)
Observations	923	923	923	923	923	923	923
城市固定效应	Yes	Yes	Yes	Yes	Yes	Yes	Yes
年份固定效应	Yes	Yes	Yes	Yes	Yes	Yes	Yes
AR (2) p-value	0.232	0.218	0.213	0.118	0.118	0.120	0.116
Hansen p-value	0.570	0.592	0.495	0.644	0.647	0.614	0.748

2018 年我国开始实行大规模减税降费政策，推行了多项减税政策，如将增值税的基本税率从 17% 下调至 16%。这些减税政策可能会影响地方经济发展。为了排除大规模减税降费对基准结果的干扰，我们删除了 2018 年的样本并再次进行回归，结果如表 4.7 所示，回归结果通过了 Hansen 检验和 AR（2）检验。表 4.7 显示，无论是否加入控制变量，减税降费力度 *retax* 的回归系数仍显著为正，表明结论不受 2018 年大规模减税降费的影响，是稳健的。

表 4.7　　　　　　　　排除 2018 年大规模减税降费的影响

变量	(1)	(2)	(3)	(4)	(5)	(6)	(7)
L. *y*	0.982 *** (10.13)	0.957 *** (9.05)	0.958 *** (9.06)	0.964 *** (9.13)	0.965 *** (9.14)	0.964 *** (9.05)	0.831 *** (8.07)
retax	0.195 ** (2.07)	0.218 ** (2.20)	0.217 ** (2.22)	0.260 ** (2.39)	0.260 ** (2.40)	0.231 ** (2.33)	0.379 *** (2.62)

续表

变量	(1)	(2)	(3)	(4)	(5)	(6)	(7)
capi		−0.160 (−0.98)	−0.142 (−0.89)	−0.139 (−0.86)	−0.138 (−0.86)	−0.136 (−0.82)	−0.191 (−1.28)
save			−3.558 (−1.42)	−3.681 (−1.33)	−5.053* (−1.69)	−4.961* (−1.74)	−5.257 (−1.43)
edu				4.471*** (2.81)	4.514*** (2.85)	4.410*** (2.89)	4.570** (2.33)
con					3.260* (1.66)	3.267* (1.72)	3.118 (1.27)
invest						0.037 (0.24)	0.172 (0.81)
inno							0.124*** (2.99)
Constant	0.062 (1.60)	2.052 (1.00)	1.815 (0.91)	1.672 (0.82)	1.664 (0.82)	1.627 (0.78)	2.357 (1.25)
Observations	968	968	968	968	968	968	968
城市固定效应	Yes	Yes	Yes	Yes	Yes	Yes	Yes
年份固定效应	Yes	Yes	Yes	Yes	Yes	Yes	Yes
AR (2) p-value	0.718	0.711	0.695	0.735	0.668	0.675	0.697
Hansen p-value	0.417	0.430	0.416	0.564	0.482	0.449	0.692

注：本表报告了排除2018年大规模减税降费的影响的回归结果。L. y 是地方经济发展指标的滞后一阶项。

此外，我们运用标准 DID 模型评估了 2016 年全面"营改增"影响地方经济发展的政策效应，回归结果见表4.8。其中，第（1）列未加入控制变量，第（2）列至第（6）列加入了部分控制变量，第（7）列加入了全部控制变量。所有 *did* 项的回归系数全为正，且在1%的水平上显著，说明 2016 年全面"营改增"对地方经济发展有显著的促进作用。以第（7）列的结果为例，*did* 的回归系数为 0.445 且在1%的显著性水平上显著，这意味着，当 *did* 每高 1 个百分点，全面"营改增"将使地方经济发展水平提高 0.445 个百分点。这与基准回归模型的结论一致。

表 4.8　　　　　　　基于 2016 年全面"营改增"的 DID 模型

变量	(1)	(2)	(3)	(4)	(5)	(6)	(7)
did	0.780 *** (6.57)	0.647 *** (6.55)	0.437 *** (5.63)	0.437 *** (5.63)	0.437 *** (5.62)	0.438 *** (5.65)	0.445 *** (5.75)
capi		-0.578 *** (-3.97)	-0.626 *** (-3.63)	-0.621 *** (-3.63)	-0.622 *** (-3.63)	-0.610 *** (-3.56)	-0.604 *** (-3.48)
save			-5.112 *** (-3.32)	-5.144 *** (-3.33)	-5.220 *** (-3.27)	-5.107 *** (-3.24)	-4.576 *** (-3.13)
edu				0.670 * (1.82)	0.672 * (1.83)	0.673 * (1.83)	0.615 * (1.65)
con					0.190 (0.45)	0.222 (0.53)	0.314 (0.77)
invest						0.035 (0.78)	0.021 (0.51)
inno							0.151 ** (2.33)
Constant	0.595 *** (36.51)	7.690 *** (4.32)	8.277 *** (3.93)	8.193 *** (3.93)	8.212 *** (3.93)	8.053 *** (3.86)	8.103 *** (3.84)
Observations	2 819	2 819	2 341	2 341	2 341	2 341	2 341
城市固定效应	Yes	Yes	Yes	Yes	Yes	Yes	Yes
年份固定效应	Yes	Yes	Yes	Yes	Yes	Yes	Yes
变量	0.365	0.388	0.327	0.328	0.328	0.328	0.336

注：本表报告了基于 DID 模型的回归结果。

4.4 机制分析

　　前面的回归结果表明了减税降费对地方经济发展的促进效应。本部分重点从人均消费支出的角度论述本部分的作用机制。表 4.9 报告了以人均消费支出为中介变量的中介效应模型结果，结果通过了 Hansen 检验和 AR（2）检验。如表 4.9 所示，第（2）列显示了减税降费力度 *retax* 对人均消费支出 *per* 的影响显著为正，回归系数为 0.016，且在 10% 水平上显著；第

（3）列显示了 per 对地方经济发展的影响显著为正，回归系数为 4.141，且在 10% 水平上显著。由此可见，减税降费通过增加人均消费支出促进了地方经济发展，这也证实了前文结论的可靠性和合理性。

通过表 4.9，我们可以清晰地看到，减税降费对人均消费支出有正面影响，而人均消费支出又对地方经济发展产生了显著的正面效应。这种连续的正面关系为我们提供了一个清晰的路径，解释了为何减税降费可以刺激经济增长。经济学上常常强调消费在促进经济增长中的核心作用。在这里，人均消费支出的提高代表居民的购买力增强，这进一步刺激了市场需求，引领生产增长，从而助推了整体经济的发展。这意味着减税降费能够增加家庭收入，减税降费策略直接增加了家庭的可支配收入。当政府减少税收时，家庭对其收入的掌控度提高，这进一步导致消费支出的增加。增加的消费支出会引起产品和服务的需求上升，这为企业提供了扩张和创新的机会，从而促进生产和经济增长。此外，还能产生乘数效应，初始的消费增加会通过乘数效应进一步放大对经济的正面影响。例如，随着消费者购买更多的商品和服务，企业需要增加生产，从而增加对劳动力、原材料和其他资源的需求，进而再次促进消费。

表 4.9　　　　　　　　中介效应：人均消费支出

变量	y (1)	per (2)	y (3)
L. y	0.855 *** (8.78)		0.815 *** (4.44)
L. per		0.924 *** (29.61)	
per			4.141 * (1.89)
$retax$	0.342 *** (2.68)	0.016 * (1.93)	0.416 ** (2.05)
$capi$	−0.176 (−1.27)	0.005 (0.55)	0.244 (1.29)
$save$	−4.808 * (−1.43)	−0.040 (−0.10)	−8.912 ** (−2.15)

续表

变量	y	per	y
	(1)	(2)	(3)
edu	4.454 ** (2.41)	0.287 (1.62)	5.03 * (1.75)
con	3.326 * (1.41)	− 0.034 (− 0.15)	3.120 (1.00)
invest	0.174 (1.29)	0.009 (0.75)	0.442 ** (2.06)
inno	0.112 *** (2.98)	0.009 ** (2.49)	− 0.243 (− 1.62)
Constant	2.153 (1.23)	0.738 ** (2.06)	− 42.049 ** (− 1.98)
Observations	971	971	971
城市固定效应	Yes	Yes	Yes
年份固定效应	Yes	Yes	Yes
AR (2) p-value	0.693	0.518	0.685
Hansen p-value	0.673	0.274	0.364

注：本表报告了以人均消费支出为中介变量的中介效应回归结果。L y 是地方经济发展指标的滞后一阶项。

4.5 拓展分析

依据前文结论，减税降费促进了地方经济发展。进一步讲，减税降费除了对地方经济发展有影响，还可能影响金融发展水平。表 4.10 报告了减税降费对金融发展水平的动态效应的估计结果。第（1）列为不采用控制变量时城市税收增速下降对金融发展水平的估计结果，其中减税降费力度 retax 的回归系数为 0.061，且在 5% 的水平上显著。回归结果通过了 Hansen 检验和 AR（2）检验。这表明减税降费提高了金融发展水平。第（2）列至第（6）列加入了部分控制变量，第（7）列增加了全部控制变量。以第（7）列的结果为例，减税降费力度 retax 的回归系数为 0.062，且在 5% 的水平上显著，这意味着，每当减税降费力度增加 1 个百分点，金融发展水平将会提高 0.062 个百分点。回归结果通过了 Hansen 检验和 AR（2）检验。这依旧表明减税降费会提高金融发展水平。

表 4.10　　　　拓展分析：减税降费对金融发展水平的动态影响

变量	(1)	(2)	(3)	(4)	(5)	(6)	(7)
L.fin	0.895***	0.898***	0.902***	0.900***	0.900***	0.912***	0.865***
	(16.16)	(16.73)	(16.50)	(16.26)	(16.30)	(18.37)	(11.46)
retax	0.061**	0.060**	0.058*	0.058*	0.058*	0.062**	0.062**
	(2.21)	(2.11)	(1.93)	(1.94)	(1.94)	(2.05)	(2.12)
capi		0.028	0.014	0.014	0.014	0.014	0.052*
		(1.43)	(0.80)	(0.78)	(0.75)	(0.81)	(1.92)
save			3.283*	3.292*	2.713	2.763	2.978*
			(1.94)	(1.94)	(1.65)	(1.64)	(1.72)
edu				0.255	0.263	0.267	0.274
				(1.06)	(1.11)	(1.10)	(1.16)
con					1.427**	1.491**	1.386*
					(2.04)	(2.07)	(1.91)
invest						0.034	0.045
						(1.17)	(1.41)
inno							0.021*
							(1.92)
Constant	1.284*	0.899	1.023	1.040	1.058	0.897	1.005
	(1.91)	(1.31)	(1.47)	(1.49)	(1.52)	(1.45)	(1.43)
Observations	971	971	971	971	971	971	971
城市固定效应	Yes	Yes	Yes	Yes	Yes	Yes	Yes
年份固定效应	Yes	Yes	Yes	Yes	Yes	Yes	Yes
AR（2）p-value	0.454	0.441	0.409	0.359	0.329	0.340	0.315
Hansen p-value	0.795	0.849	0.977	0.978	0.977	0.982	0.976

注：本表用动态面板研究了减税降费对金融发展水平的动态效应。L.fin 是金融发展水平的滞后一阶项。

减税降费对金融发展水平的正面效应在经济学中可以理解为：首先，减税降费提高了流动性，减税释放了企业和家庭的现金流，使得更多的资金进入金融体系，从而增加了金融机构的贷款和投资能力；其次，减税降费刺激投资，企业和个人因为税务减轻而拥有更多的资源，从而在金融市场中寻求更多投资机会，如购买金融产品、增加股票和债券的投资等；最后，减税降费促进金融创新，随着资金的增加，金融机构可能会推出更多新的金融产品和服务，满足投资者和借贷者的多样化需求。其原因在于三个方面：一是企业资金需求增加，减税降费使企业节省了资金，部分企业可能会将这些额外的资金存入金融机构或投资于金融市场，从而提高金融发展水平；二是家庭消费和储蓄受到影响，家庭因为税务减轻而获得的额外可支配收入，可能会部分存入金融机构或投资于各种金融产品，从而刺激金融市场的发展；三是信贷扩张，随着企业和家庭的资金增加，金融机构的贷款需求可能会增加，进而促进信贷市场的发展。

4.6 本章小结

本章系统探讨了减税降费对地方经济发展的作用。本章首先证明了减税降费明显推动了地方经济增长；然后通过异质性研究，发现相较于高度市场化和高科技水平的城市，在低市场化和低科技水平的城市，减税降费的积极效果更为突出。进一步的机制分析揭示了这一政策通过增加人均消费支出来实现其对经济的促进作用。通过多种经验证据及方法，如排除2008年全球金融危机和2018年大规模减税降费的影响，以及采用基于2016年全面"营改增"的双重差分模型，本章的结论具有很高的稳健性。此外，减税降费还在推动地方金融发展方面展现了其积极效果。

第5章

减税降费对地方财政压力的影响研究：以"营改增"为例

"十三五"期间，我国累计减税降费超过 7.6 万亿元，在激发市场主体活力、推动经济增长方面发挥了重要作用。"十四五"规划和 2021 年《国务院关于落实〈政府工作报告〉重点工作分工的意见》都表明，"十四五"期间我国将继续执行制度性减税政策，实施新的结构性减税举措，制度性、结构性减税仍是我国未来较长一段时间内要贯彻实施的积极财政政策。减税政策在持续减轻市场主体负担、支持经济复苏的同时，可能会通过宏观税负的减少对地方政府财政收入造成冲击，增大地方财政压力。过大的地方财政压力会削弱地方政府的公共服务供给能力，甚至会对地方政府的财政可持续能力造成负面影响。因此，探究减税政策对地方财政压力的影响并据此调整减税过程中的配套政策、增强地方财政可持续性至关重要。"营改增"改革是我国规模庞大、影响深远的结构性减税政策之一，本章以"营改增"作为代表性减税政策，从理论和实证层面探究其对地方财政压力的影响，有助于未来更好地发挥制度性、结构性减税政策的良好市场效应并兼顾地方财政可持续能力的建设。

现有文献对减税降费尤其是"营改增"的微观效应研究较多，而针对其宏观效应的讨论相对较少，且主要集中于其正向经济效应，对其可能给地方财政压力造成的负面影响研究不足。虽然大部分学者均认同减税降费政策会通过财政收入的减少增大地方财政压力（郭庆旺，2019；叶青和陈铭，2019），但针对"营改增"对地方财政压力的影响尚存争议（卢洪友等，2019；李晶和王春，2017；盛明泉等，2020），并未达成一致结论。"营改增"不仅是我国的一项结构性减税政策，也是一次重大税制调整，它通过打通第二、第三产业间的增值税抵扣链条，减少了重复征税，优化了资源在产业间的配置，对经济的带动作用较一般减税政策更大，这为"营改增"后的税收收入回升并最终超过原有水平提供了可能（田志伟和胡怡建，2014）。因此，"营改增"改革对地方财政压力的影响存在不确定性。现有文献经常直接将"营改增"视为一项会增大地方财政压力的改革，且仅从地方财政收支缺口的视角考虑地方财政日常运转的压力，对地方政府债务有所忽视（卢洪友等，2019），未对"营改增"对地方财政压力的影响进行系统探究。"营改增"这一重要减税政策是否增大了地方财政压力？"营改增"对不同维度的地方财政压力影响是否存在结构性特征？影响效应在不同城市间是否存在异质性？基于上述问题，本章构建DID 模型实证检验"营改增"影响地方财政压力的效应、机制与异质性，主要贡献在于：首先，本章揭示了"营改增"影响地方财政压力的内在机理，立足我国实施持续性减税政策和防范化解重大风险的现实需要，探讨了"营改增"通过影响税收收入、地方财政努力程度和地方政府投资行为进而影响地方财政压力，进一步揭示"营改增"影响地方财政压力的理论机制；其次，本章构建了包含财政收支缺口和政府债务水平的地方财政压力指标以更全面地衡量地方财政压力，基于城市面板数据进行回归分析，增加了来自城市层面的经验证据；最后，本章的异质性分析结果能够为各地区因地制宜实施差异化减税降费政策提供参考。除了基准回归和稳健性检验以外，本章还基于地方财政压力维度和城市经济规模对影响效应进行了异质性分析，这有助于深入考察"营改增"的地方财政压力效应在城市间的差异，为地方政府基于实情实施差异化减税降费政策提供参考。

5.1 基本假设

当地方财政拥有的资源不足以负担与之对应的支出责任时，就会导致地方政府面临困境和压力。本章认为地方财政压力可归纳为两方面：一是由地方财政收入难以覆盖支出引发的收支缺口导致的日常运转压力；二是由地方财政债务负担过重引发的偿债压力。"营改增"是我国重要的减税举措，指的是对原缴纳营业税的服务业企业改征增值税，在其试点期间，纳入"营改增"的行业主要包括交通运输业及以生产性服务业为主的 6 个现代服务业（研发和技术服务、信息技术服务、文化创意服务、物流辅助服务、有形动产租赁服务、鉴证咨询服务），这些服务行业大多与制造业存在着较为紧密的产业关联，因此"营改增"打通了增值税在服务业与制造业企业之间的抵扣链条，能够促进资源在第二、第三产业之间的合理流动并提升资源配置效率。

根据第 2 章的分析，"营改增"这一结构性减税政策会通过多种渠道影响地方财政压力。一是"营改增"会通过减少地方财政的"两税"收入增大由财政收支缺口引发的日常运转压力；二是"营改增"实施后，地方财政努力程度可能会提升，这有助于减小地方财政收不抵支引发的收支缺口压力；三是"营改增"改革会强化地方政府通过举债加强基础设施建设的动机，导致地方财政的债务扩张和偿债压力的增大；四是"营改增"对地方财政压力的影响在不同经济发展水平的区域间可能存在差异。综上所述，"营改增"会减少地方财政的税收收入，但其带来的财政努力程度提升能够部分缓解这种减收效应，因此"营改增"对财政收支缺口压力的影响相对较小，但"营改增"会强化地方政府通过负债加强基础设施建设的行为，增大地方政府的偿债压力。总体而言，"营改增"后地方财政压力会显著增大。基于此，提出以下两个假设。

假设 5.1："营改增"后地方财政压力显著增大，其中来源于地方财政收支缺口的压力变化相对较小，而由地方政府债务引发的压力显著增大。

假设 5.2："营改增"对地方财政压力的影响在不同经济发展水平的区域间存在异质性，对经济发达的大城市影响更大。

5.2 计量模型设定、变量选取和数据来源

5.2.1 计量模型设定

本章将"营改增"试点视为减税的一个准自然实验，构建多时点 DID 模型对假设 5.1 进行回归检验：

$$Risk_{i,t} = \alpha_0 + \beta_1 DID_{i,t} + zControl_{i,t} + \mu_t + \eta_i + \varepsilon_{i,t} \tag{5.1}$$

其中，i 表示地区；t 表示时间；$Risk_{i,t}$ 表示 i 地区第 t 年的地方财政压力；$DID_{i,t}$ 为政策实施虚拟变量，表示 i 地区第 t 年是否受到政策冲击，在"营改增"试点实施之前为 0，在试点实施当年及之后年份为 1；$Control_{i,t}$ 为一系列控制变量，包括经济发展水平、财政分权水平（含财政支出分权水平和财政收入分权水平）、城镇化水平、人口密度、就业水平、固定资产投资水平、对外开放水平；μ_t 为时间固定效应；η_i 表示地区固定效应；$\varepsilon_{i,t}$ 为随机误差项。

5.2.2 变量选取和数据来源

1. 变量选取

（1）被解释变量。本章的被解释变量为地方财政压力（$Risk$）。地方财政压力主要表现在两个方面，分别是财政收不抵支引发的地方财政收支缺口压力和地方政府债务负担带来的财政偿债压力。因此，本章构建包含当年财政收支缺口与地方政府债务水平的地方财政压力指标，这项指标的数值随着地方财政压力的增大而变大。具体计算方式为：$Risk = \ln((\text{一般公共预算支出} - \text{一般公共预算收入} + \text{城投债余额})/\text{地区 GDP})$。由图 5.1 可知，总体上看，我国地方财政压力在 2012 年前数值较小且变化不大，在

2012 年后呈现较为明显的增长趋势。2012 年之前，我国地方财政压力主要来自地方财政收支缺口而非城投债余额，其变动趋势也与地方财政收支缺口占 GDP 比重较为一致；2012 年以后，地方财政压力呈现出较为明显的上升趋势且主要来自城投债余额占 GDP 比重的明显增大，表明在 2012 年以后，地方财政压力的增大主要来源于城投债余额的增长，来自地方财政收支缺口的地方财政压力变动相对较小。这可能是由于 2012 年开始逐步实施"营改增"后，地方财政努力程度的提升部分弥补了减税引发的收入减少，使得地方财政收支缺口变化相对较小，但"营改增"增大了地方政府通过负债进行基础设施投资的动力，因此城投债余额增长速度较快，地方财政压力总体呈现增大的趋势。

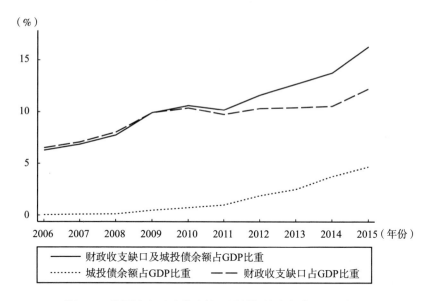

图 5.1　我国地方财政收支缺口及城投债余额占 GDP 比重

资料来源：国家统计局。

　　(2) 核心解释变量。本章的核心解释变量（*DID*）为政策试点实施变量，如果 i 地区第 t 年被加入试点，则 *DID* 取值为 1，否则为 0。我国"营改增"试点始于 2012 年并分三个批次展开：2012 年 1 月起，上海市"1 + 6"行业开始实施试点；2012 年 8 月起至年底，试点政策扩展到北京、浙江等 8 个省市；2013 年 8 月起，"1 + 6"行业"营改增"政策正式在全国推广。

后来，其他的服务行业也被逐步列入"营改增"范围，最终于2016年"营改增"在全国全面实施，营业税从此退出我国历史舞台。本章将上海市改革实施时间设定为2012年，考虑到政策效果的时间滞后性，将第二批试点的8个省市的改革实施时间设定为2013年，其余地区改革时间设定为2014年。

（3）控制变量。地方财政压力受到多重因素的影响，随着区域经济发展水平的提高、城镇化的推进、财政收入分权程度的提高和投资水平、对外开放程度的加深，地方财政能拥有更可持续的税源，财政压力会有所减小。而当财政支出分权程度加大、人口密度增加和就业水平提升时，地方财政的支出责任会相应增大，可能会面临更大的财政压力。为尽量避免上述因素影响回归结果的准确性，本章参考相关文献在回归中控制以下变量：①经济发展水平（$\ln GDP$）：用地区生产总值的自然对数表示；②财政分权水平：包括财政支出分权（$ZCFQ$）和财政收入分权（$SRFQ$）；③城镇化水平（CZH）：用非农人口占期末人口数比重表示；④人口密度（$\ln RKMD$）：用城市人口密度数的自然对数表示；⑤就业水平（$\ln JYSP$）：用全市单位从业人员数量的自然对数表示；⑥固定资产投资水平（$\ln TZSP$）：用人均固定资产投资额的自然对数表示；⑦对外开放水平（$\ln WSTZ$）：用外商实际投资额的自然对数表示。

2. 数据来源

本章基于267个城市的面板数据进行回归，为避免2016年的增值税五五分成改革对回归结果造成干扰，本章的样本区间选择2006～2015年，城投债指标采用曹婧等（2019）的公开数据，其余被解释变量及控制变量数据来源于《中国城市统计年鉴》《中国统计年鉴》及各省份统计年鉴。变量描述性统计见表5.1。

表5.1　　　　　　　　　　变量的描述性统计

变量	指标含义	均值	方差	最小值	最大值	样本量
$Risk$	地方财政压力	-2.54	0.87	-7.82	0.34	2 654
DID	"营改增"政策实施变量	0.23	0.42	0.00	1.00	2 794

变量	指标含义	均值	方差	最小值	最大值	样本量
ln*GDP*	经济发展水平	16.10	0.98	13.16	19.34	2 794
SRFQ	财政收入分权水平	0.52	0.16	0.03	0.97	2 793
ZCFQ	财政支出分权水平	0.68	0.12	0.06	0.97	2 793
CZH	城镇化水平	0.81	0.31	0.08	1.20	2 753
ln*RKMD*	人口密度	5.74	0.93	1.55	9.98	2 794
ln*JYSP*	就业水平	5.35	3.88	1.44	16.10	2 793
ln*TZSP*	固定资产投资水平	10.15	0.86	2.44	13.78	2 791
ln*WSTZ*	对外开放水平	9.19	2.02	0.00	14.56	2 492

5.3 实证结果分析

5.3.1 基准回归结果

为确保研究结论的稳健性，基准回归控制了时间和城市层面的固定效应。基准回归结果表明（见表5.2），在逐步加入控制变量、控制时间和地区固定效应之后，"营改增"政策变量的回归系数始终在1%水平上显著为正，这说明在"营改增"试点实施后，地方财政压力显著增大，可能是地方财政因税收减少、强化基础设施建设而增加负债面临了更大的压力，"营改增"在激发经济活力的同时也引起了地方财政压力的增大。从控制变量来看，经济增长能够有效减小地方财政压力，这是因为经济增长扩大了税基，能为政府征收稳定、持久的税收提供保障；财政收入分权对地方财政压力有显著的缓解作用，财政支出分权则会增大地方财政压力，这与以往的研究结论一致；人口的城镇化能够有效降低地方财政压力，人口密度的增大会带来财政压力的增加，而固定资产投资水平和开放程度均未对地方财政压力产生显著影响。

表 5.2　　　　　　　　　　　　　基准回归结果

变量	(1) *Risk*	(2) *Risk*	(3) *Risk*	(4) *Risk*	(5) *Risk*
"营改增"	0. 1884 *** (0. 0456)	0. 1735 *** (0. 0445)	0. 1609 *** (0. 0427)	0. 1145 *** (0. 0434)	0. 1211 *** (0. 0455)
经济发展水平		− 0. 8429 *** (0. 0704)	− 0. 4459 *** (0. 0844)	− 0. 4456 *** (0. 0916)	− 0. 3248 *** (0. 1050)
财政收入分权水平			− 3. 8376 *** (0. 4154)	− 3. 8944 *** (0. 4078)	− 4. 1639 *** (0. 4743)
财政支出分权水平			4. 1248 *** (0. 4122)	4. 4459 *** (0. 3900)	4. 7515 *** (0. 4377)
城镇化水平				− 0. 4409 *** (0. 0798)	− 0. 4649 *** (0. 0928)
人口密度				0. 1260 *** (0. 0461)	0. 1179 *** (0. 0444)
就业水平				0. 2997 *** (0. 0666)	0. 2847 *** (0. 0693)
固定资产投资水平					− 0. 0261 (0. 0199)
对外开放水平					− 0. 0027 (0. 0045)
常数项	− 2. 5813 *** (0. 0136)	11. 0286 *** (1. 1356)	3. 8084 *** (1. 3808)	1. 6518 (1. 3603)	0. 0358 (1. 6350)
城市、时间固定效应	是	是	是	是	是
样本量	2 654	2 654	2 654	2 613	2 352
R^2	0. 863	0. 870	0. 889	0. 891	0. 883

　　注: ***、** 和 * 分别表示在 1%、5% 和 10% 的水平上显著;括号内为稳健标准误,聚类到城市层面。下同。

5.3.2　平行趋势检验

　　双重差分模型检验结果可靠的前提是控制组和实验组在政策冲击发生之前满足平行趋势假设,借鉴朱文涛等(2022)的多期双重差分平行趋势检验做法，本章引入式（5.2）验证平行趋势：

$$Risk_{i,t} = \alpha_0 + \beta_1 DID_{i,t}^{-6} + \cdots + \beta_7 DID_{i,t}^0 + \cdots + \beta_{10} DID_{i,t}^3$$
$$+ zControl_{i,t} + \mu_t + \eta_i + \varepsilon_{i,t} \tag{5.2}$$

其中，$DID_{i,t}^n$ 为政策虚拟变量，在对应城市被纳入"营改增"的第 n 年取值为 1，其他任何年份取值为 0，如果变量 DID^{-6} 至 DID^{-1} 的系数均不显著，则表明在"营改增"政策实施之前，控制组和实验组的地方财政压力不存在显著差别，满足平行趋势假定。表 5.3 的检验结果表明，"营改增"实施前 6 年的回归系数均不显著，模型通过了平行趋势检验。此外，在政策实施当年，"营改增"的回归系数显著为正，且在政策实施后 3 年内始终显著，表明"营改增"结构性减税增大了地方财政压力，且这种影响存在一定的持续性。

表 5.3 平行趋势检验

变量	DID^{-6}	DID^{-5}	DID^{-4}	DID^{-3}	DID^{-2}	DID^{-1}	DID^0
	−0.0408	−0.1150	0.0300	0.1640	0.3800	0.6422	0.9459 *
	(0.0941)	(0.1550)	(0.2209)	(0.2867)	(0.3516)	(0.4176)	(0.4848)
变量	DID^1	DID^2	DID^3	控制变量	R^2	时空固定效应	样本量
	1.2901 **	1.7726 ***	1.4096 **	控制	0.890	是	2352
	(0.5504)	(0.6177)	(0.6939)				

5.3.3 稳健性检验

1. 更换被解释变量的度量方式

为确保回归结果的稳健性，首先采取更换被解释变量的度量方式进行稳健性检验。考虑到地方财政压力很大程度上受财政收入规模的影响，当财政收入规模逐渐降低或者增速迟缓时，会削弱未来地方政府提供公共产品和公共服务的能力，从而对地方政府的正常运转及财政可持续性造成负面影响，因此重新构造地方财政压力指标：$Risk\,\mathrm{II} = \ln((\text{一般公共预算支出} - \text{一般公共预算收入} + \text{城投债余额})/\text{一般公共预算收入})$。将 $Risk\,\mathrm{II}$ 作为被解释变量纳入方程重新进行回归［见表5.4第（1）列］，发现"营改增"对地方财政压力的影响依旧显著为正，表明"营改增"的实施的确增大了地方财政压力，给地方财政的持续运转带来了负面影响。

表 5.4　　　　　　　　更换被解释变量和样本数据的稳健性检验

变量	更换被解释变量	剔除直辖市样本数据		剔除直辖市和省会城市样本数据	
	（1）	（2）	（3）	（4）	（5）
	Risk II	*Risk*	*Risk* II	*Risk*	*Risk* II
"营改增"	0.0945 **	0.1229 ***	0.0914 **	0.1100 **	0.0856 **
	（0.0433）	（0.0474）	（0.0453）	（0.0463）	（0.0428）
控制变量	控制	控制	控制	控制	控制
城市、时间固定效应	是	是	是	是	是
样本量	2 352	2 313	2 313	2 175	2 175
R^2	0.902	0.882	0.900	0.882	0.898

2. 剔除部分样本数据

由于我国直辖市在获取中央财政转移支付方面具有一定优势，剔除四大直辖市样本数据后分别对两个被解释变量重新进行回归［见表5.4第（2）列、第（3）列］，核心解释变量的回归系数仍显著为正。考虑到省会城市通常较非省会城市具有更大的经济发展优势，在去除直辖市和省会城市数据后再次进行回归［见表5.4第（4）列、第（5）列］，核心解释变量的系数始终显著为正，证明了"营改增"增大了地方财政压力这一研究结论的稳健性。

3. 控制土地出让收入水平的影响

"营改增"政策实施后，地方政府可能会通过获取土地出让收入缓解收支矛盾，因此土地出让情况可能会对回归结果造成影响，将各市土地出让收入的对数作为控制变量纳入回归［见表5.5第（1）列、第（2）列］，结果表明，分别将两个被解释变量纳入回归均可得到相同结论：土地出让收入对地方财政压力的回归系数显著为负，在加入土地出让收入控制变量后，"营改增"变量对地方财政压力的影响系数仍显著为正，说明地级市的土地出让收入在一定程度上有效缓解了地方财政的收支困难，但在剔除土地出让收入的影响之后，"营改增"对地方财政压力的影响系数仍然显著为正，回归结果依然稳健。

表5.5　　　　　控制土地出让收入水平和控制变量一阶滞后项的稳健性检验

变量	控制土地出让收入水平		控制变量滞后一期
	（1）	（2）	（3）
	Risk	*Risk* II	*Risk*
"营改增"	0.1221 ***	0.0966 **	0.1114 ***
	（0.0454）	（0.0429）	（0.0432）
土地出让水平	−0.0154 **	−0.0288 ***	
	（0.0072）	（0.0069）	
控制变量	控制	控制	控制
城市、时间固定效应	是	是	是
样本量	2 322	2 322	2 119
R^2	0.883	0.902	0.873

4. 将控制变量一阶滞后项纳入回归

为尽量减少被解释变量与控制变量相互影响而引发的内生性问题，我们将控制变量的一阶滞后项纳入回归［见表5.5第（3）列］，"营改增"变量的回归系数仍显著为正，证明了回归结果的稳健性。

5. 安慰剂检验

为进一步检验回归结果是否受到某些不可控因素的干扰，采取对"营改增"实施年份虚拟变量随机抽样的方式进行安慰剂检验，10 000次随机抽样的安慰剂检验结果如图5.2所示。安慰剂检验结果表明，"营改增"政策实施年份虚拟变量在抽样中的回归系数及其对应的p值均呈现出0均值、正态分布的特征，本章的真实估计系数位于远离均值的位置，属于安慰剂检验中的明显异常值，表明回归结果确实来自"营改增"结构性减税的实施而非其他因素的影响。

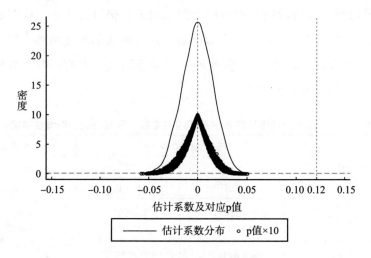

图 5.2　基于随机抽样的安慰剂检验

5.3.4　异质性分析和影响机制检验

1. 异质性分析

（1）基于地方财政压力来源维度的异质性分析。本章从财政收支缺口和地方政府偿债压力两个维度出发度量了地方财政压力。为进一步探究"营改增"是加剧了地方财政收不抵支局面从而增大财政收支缺口压力，还是增大了地方政府债务压力，本章分别检验"营改增"对地方财政收支缺口和地方政府城投债余额的影响。地方财政收支缺口 ＝（一般公共预算支出 － 一般公共预算收入）/地区 GDP。由表 5.6 的回归结果可知，不论是否包含直辖市样本数据，"营改增"政策变量对地方财政收支缺口的回归系数均显著为负，但数值较小。这说明"营改增"后地方财政收支缺口略有减小但变化不大，可能的原因在于：首先，在改革试点期间，为稳定财力格局，缓解主体税种缺失给地方财政带来的减收压力，营业税改征增值税的税收并不参与分成，仍归地方所有，因此地方财政受到"营改增"减收效应冲击并不大；其次，"营改增"结构性减税会给地方政府带来强烈的减收预期，加强财政努力程度，并倾向于增加非税收入以缓解财政收支矛盾，这能够部分改善改革后地方财政收不抵支的窘境。因此，"营改增"后由地方财政收支缺口引发的财政压力并未显著增加。不论研究样本是否包含直辖市数据，"营改增"后各市的城投债余额均出现了明显上升，这表明"营改增"增大了地方政府通过举债增加投资的需求和冲动，增大了地方政府债务压力。首先，在整体税率下降和政治晋升激励背景下，地方政府难以通过税收提升参加晋升锦标赛，会更倾向于通过增加城投债用于投资参与支出竞争；其次，"营改增"后生产性服务业与制造业加强分工协作实现了产业集聚，需要当地政府提供更好的基础设施支持，在财政增收困难的减税背景下，地方政府更倾向于扩张城投债投资基建，增大了地方财政债务压力。

表 5.6　　　　"营改增"对地方财政收支缺口和城投债余额的影响

变量	地方财政收支缺口		城投债余额	
	(1)	(2)	(3)	(4)
"营改增"	-0.0128 ** (0.0065)	-0.0123 * (0.0067)	32.4652 * (17.8854)	15.8123 ** (7.4044)
控制变量	控制	控制	控制	控制
是否包含直辖市样本	是	否	是	否
城市、时间固定效应	是	是	是	是
样本量	2 447	2 408	2 370	2 331
R^2	0.811	0.809	0.601	0.599

（2）基于地区经济发展水平的异质性分析。受"营改增"影响的企业大多数集中于经济发达的大城市，这些大城市在"营改增"后有更强的动力通过负债加强基础设施建设参与经济竞争，因此"营改增"对地方财政压力的影响可能在不同经济发展水平的城市间存在差异。依据经济水平对样本城市进行划分：将人均 GDP 位于后 1/3 分位数的城市定义为大城市，其余城市为中小城市。分别检验"营改增"对大城市、中小城市的地方财政压力、财政收支缺口和城投债余额 3 个变量的影响。表 5.7 的回归结果显示，"营改增"结构性减税主要对大城市的地方财政压力产生影响：改革后大城市的地方财政压力显著增大，这种压力的增大主要来源于城投债

余额增加引发的债务压力，而财政收支缺口压力变化不大；中小城市的地方财政压力在"营改增"后总体变化不大。可能的原因在于：首先，受"营改增"影响较大的服务业和与之关联紧密的制造业企业大多聚集在经济相对发达的大城市，因此大城市受到的政策冲击效应更显著，而产业规模相对较小的中小城市受影响不大；其次，中小城市的税费征缴效率相比大城市更低，财政努力程度提升空间更大，可以通过提高税费征管效率减小收支缺口。此外，在经济越发达的地区，财政支出竞争对经济增长的拉动作用越大，大城市受"营改增"的冲击更强烈且经济基础雄厚、财政偿债能力更强，举债风险相对较小，在减收冲击和产业集聚引发投资需求的综合影响下，较中小城市有更强烈的意愿通过扩大政府投资拉动经济增长，会通过发行城投债满足产业集聚对基础设施建设的需求，增大了地方财政的债务压力。

表 5.7 　　　　　　　　　基于城市经济发展水平的异质性分析

变量	大城市			中小城市		
	Risk	地方财政收支缺口	城投债余额	*Risk*	地方财政收支缺口	城投债余额
"营改增"	0.2777 *** (0.0829)	− 0.0051 * (0.0026)	100.0641 *** (35.8393)	0.0071 (0.0403)	− 0.0168 * (0.0099)	− 10.1873 (8.1817)
控制变量	控制	控制	控制	控制	控制	控制
城市、时间固定效应	是	是	是	是	是	是
样本量	783	812	797	1 556	1 620	1 560
R^2	0.834	0.936	0.660	0.895	0.757	0.524

2. "营改增"影响地方财政压力的机制检验

（1）基于地方财政收入的机制检验。"营改增"主要通过影响地方财政的税收收入和非税收入影响财政收支缺口压力，分别将城市的税收收入和非税收入的对数值作为被解释变量进行回归，进一步检验"营改增"影响财政收不抵支压力的具体路径。表 5.8 的回归结果显示，"营改增"后大城市的税收收入显著减少，非税收入却明显增加；中小城市则在改革后税收收入略有增加，非税收入变动不大。可能的原因在于：大城市作为制造业和服务业集聚的主要载体，受到的减收冲击较大且税收征管效率提升空间较小，因此仅依靠税收征管强度的提升无法完全缓解地方财政面临的减收压力，只能积极寻求非税收入来抵抗财政收不抵支导致的财政收支缺口压力；而中小城市受到"营改增"结构性减税的减收冲击相对较小，且征税力度的提升空间更大，因此能通过提高对税款的征缴力度实现税款的应收尽收，弥补整体税率下降带来的减收效应。

表 5.8   "营改增"对地方财政收入结构的影响

变量	大城市		中小城市	
	税收收入	非税收入	税收收入	非税收入
"营改增"	− 0.0600 *** (0.0227)	0.1312 ** (0.0668)	0.0540 ** (0.0258)	− 0.0358 (0.0632)
控制变量	控制	控制	控制	控制
城市、时间固定效应	是	是	是	是
样本量	748	742	1 495	1 483
R^2	0.992	0.952	0.980	0.889

（2）基于地方政府投资行为的机制检验。为检验"营改增"是否增大了地方政府的投资需求，从而增大地方政府的债务压力，将地方政府投资水平作为被解释变量重新进行回归，参照现有文献采用的逐项剔除法，综合考虑地级市指标获取的可行性，将政府预算内财政支出扣除教育、科学事业费用支出作为地方政府投资水平的代理变量。表 5.9 的回归结果表明："营改增"后经济发达的大城市政府投资力度显著增大，这种效应在经济欠发达的中小城市则不显著。可能的原因在于：一方面，"营改增"引发的产业集聚效应会增大相关产业对城市基础设施的需求，从而推动地方政府的投资行为，"营改增"试点地区的制造业在外购服务时可进行进项税额抵扣，因此会吸引制造业企业的集聚，在相同条件下，制造业更倾向于向经济发展水平更高、基础设施建设更完善的大城市集聚，增大了这些城市强化基础设施适配产业规模的需求，因此"营改增"引发的政府投资需求增加在大城市更加显著，在中小城市则不显著。而大城市提高财政努力

程度所得收入主要用于缩小地方财政收支缺口，且大城市偿债能力较强，会选择扩大城投债的发行加强基础设施建设，增大了地方财政债务压力。另一方面，大城市的偿债能力相对较强，在"营改增"后的减收预期与晋升压力双重作用下，相较于中小城市有更强的动机通过发行城投债加强基础设施建设参与支出竞争，中小城市则因偿债能力相对较弱而不倾向于通过负债增加基建投资。这与前文的研究结论一致。

表 5.9   "营改增"对地方政府投资的影响

变量	地方政府投资水平	
	大城市	中小城市
"营改增"	63.3332 ** (31.2499)	−48.6214 (29.4934)
控制变量	控制	控制
城市、时间固定效应	是	是
样本量	887	1 845
R^2	0.880	0.775

5.4 本章小结

本章以我国 2006～2015 年城市面板数据为研究样本，构建包含财政收支缺口和债务水平的地方财政压力衡量指标，采用多期双重差分模型实证检验"营改增"对地方财政压力的影响，主要得出以下结论。首先，本章通过理论分析厘清了"营改增"通过减少税收收入、提高地方财政努力程度和推动地方政府投资行为增大了地方财政压力的作用机制。其次，实证检验表明"营改增"显著增大了地方财政压力，这种压力变化主要来源于地方政府债务的增长，而地方财政收支缺口压力未出现显著变化；该效应在经济发展水平较高的大城市较为显著，在经济相对欠发达的中小城市并不明显。最后，进一步研究表明，"营改增"实施后大城市财政努力程度的提升，尤其是非税收入的显著增加，缓解了改革带来的财政收支缺口压力，改革增大了地方政府扩大城投债规模加强基础设施建设的行为倾向，增大了地方财政债务压力。因此，我国在执行持续性减税措施的同时要警惕其可能引发的财政压力增大，采取相应的配套措施，在发挥减税政策的经济效应的同时防范财政压力过大。

第 6 章

减税降费对地方财力
结构的影响研究

在减税降费举措中，"营改增"是一项至关重要的措施。我国的"营改增"试点改革开始于 2012 年，至 2016 年 5 月 1 日全面实施。全面"营改增"意味着营业税彻底退出税收发展的历史舞台，地方政府的财政来源发生重大变化（营业税曾经是地方政府的重要税收收入来源，占地方政府财政收入的比重接近 1/3）。为平滑营业税消失给地方政府带来的财力冲击，在全面"营改增"试点推开后，我国从财政体制上对中央与地方的税收划分方案进行重新安排——即对增值税收入划分方案进行调整，① 将中央和地方共享的增值税的共享比例由原来的 75∶25 调整至 50∶50（简称"五五分成"）。据统计数据，近年来我国地方政府财政缺口不断扩大，2021 年财政缺口达 8 200 亿元，占地方财政支出的 3.88% 左右。② 那么，"五五分成"究竟能否缓解全面"营改增"后营业税消失对地方政府财力结构造成的影响呢？

本书以地方政府非税收入来反映地方财力结构的变化，在减税降费背景下，从"营改增"后增值税收入划分调整的视角探讨地方财政压力对政

---

① 《国务院关于印发全面推开营改增试点后调整中央与地方增值税收入划分过渡方案的通知》。
② 《关于 2019 年中央和地方预算执行情况与 2020 年中央和地方预算草案的报告》。

府非税收入策略选择的影响。近年来，在减税降费的大背景下，顺利地应对因财政压力增大而造成的财政困境，对于地方政府而言是必须直面的头等问题。现有理论研究更多的是聚焦于财税改革对地方政府税收收入的影响，但相对于税收而言，非税收入的相关研究较少，本书可以丰富现有研究成果。

6.1 地方财力结构

学界多角度探讨了地方财力结构的内涵与构成。李文星（2000）认为地方政府基于公共权力而筹集财政资源的能力就是地方财力，中国人民银行广州分行国库处课题组（2019）进一步定义地方财力为一定时期内地方政府所拥有的货币资源。学者们从狭义和广义两个角度具体划分地方财力结构，认为狭义的财力是自有财权，广义的财力为地方政府自主财力和上级政府的转移支付（杨宇，2015；史静远，2017；刘书明等，2019）。基于不同的视角，地方政府财力的划分标准不同，以下从收入形式、预算角度、财力性质、政府层级四个角度解构地方财力。

6.1.1 收入形式角度

从收入形式上界定财力结构，一般公共预算总收入分为税收收入和非税收入。税收收入是地方公共财政收入中最重要的组成部分，对于维持地方公共预算的稳定性至关重要。虽然1994年分税制改革后，地方税收占地方收入的比重有所降低，但占比仍较高。在我国税收收入结构中，流转税和所得税居于主体地位。具体有以下来源：增值税、消费税、营业税、企业所得税、个人所得税、外国投资企业和外国企业所得税、城市维护建设税、车船使用税、房产税、屠宰税、牲畜交易税、集市交易税、国有企业工资调节税、奖金税、固定资产投资方向调节税、资源税、烧油特别税、筵席税、印花税等。当"营改增"全面实施后，营业税已实质性退出了历史舞台。

在我国,"非税收入"概念是在 2001 年的财政国库管理制度改革试点中被首次提出的。[①] 在此之前,我国的"预算外资金"反映的主要就是非税收入部分。伴随着管理的进一步完善,[②] 2011 年 1 月 1 日起,我国将预算外资金的收入[③]全面纳入预算体系之内进行统一管理。这也意味着"预算外资金"这一概念已经彻底退出财政预算管理体系。

6.1.2　预算角度

根据我国的新预算体系,我国各级政府预算收入由一般公共预算收入、政府性基金预算收入、国有资本经营预算收入、社会保险基金预算收入"四本预算"构成。由于社会保险基金收入不能用于平衡公共预算支出,只能专项用于社会保险支出,地方政府无法做到统筹安排收入,财政专户收入数据无法准确获取,在实际计算地方政府财政能力时不将其纳入考量范畴。[④] 由于各地区本地基金收入来源不同,各地区地方政府政府性基金收入与转移性基金收入的占比具有较大差异。

6.1.3　财力性质角度

将地方政府财力结构按照财力性质划分为三大类:自有收入、转移性收入和债务收入。

(1)自有财力。自有收入包含了小口径的一般公共预算收入、政府性

---

① 《政府非税收入管理办法》所称非税收入,是指除税收以外,由各级国家机关、事业单位、代行政府职能的社会团体及其他组织依法利用国家权力、政府信誉、国有资源(资产)所有者权益等取得的各项收入。

② 2010 年 6 月,财政部颁布《关于将按预算外资金管理的收入纳入预算管理的通知》。

③ 其中不包括教育收费。

④ 中国人民银行广州分行国库处课题组,徐宏练.经济新常态下地方财政体制问题的财力结构视角研究:演变趋势、负面影响及成因分析——以广东省为例 [J].西南金融,2019 (9):21 – 32.

基金收入和国有资本经营预算收入。杨宇（2015）将自有财力分为征税和收费筹集的收入，史静远（2017）将地方自主财力分为税收收入、债务收入、收费收入、国有资本经营收益以及其他财政收入形式。分税制改革大大提高了中央财政收入在全国的占比，地方政府自有财力受到较大的影响；但城市化推动了地方土地升值，为地方政府创收不少。

（2）转移性收入。中国的财政转移支付制度是在1994年分税制的基础上建立起来的，是一套由税收返还、财力性转移支付和专项转移支付三部分构成的，以中央对地方的转移支付为主的且具有中国特色的转移支付制度。刘书明等（2019）列举出中央转移支付分类，如税收返还、专项补助、民族地区转移支付补助等，不包括体制上解和专项上解。虽然进行了分税制改革，但地方政府负责的事权却并没有减少，所以上级转移支付收入仍是地方政府财力的重要组成部分。由于经济结构、自然环境和人口状况等因素影响，地区间经济发展水平相差很大、发展能力存在极大差别，中部、西部地区转移性收入占财政收入比例较高。

（3）债务收入。债务收入包含了各省市通过公开方式发行的一般债券和专项债券，剔除了定向承销方式发行的一般债券和专项债券，主要因为定向承销方式发行的地方债实质是将特定债权人手中的债务通过债券的形式加以替换，并没有发生实际的资金流动，没有形成地方政府可统筹使用的货币资源。在经济下行、外部环境冲击、地方政府刚性支出已基本饱和、收支矛盾显现的情况下，地方政府通过融资平台大量举借债务，地方债务愈发严重。

6.1.4　政府层级角度

从政府层级上分析财力结构，可分为省级财力与省以下财力。在上级转移支付的"庇护"下，地方政府内部财力再分配成为焦点问题。财政部逐步开展一系列财政体制改革，开始尝试财政资金直达制度，期望将其应用到专项转移支付、地方与中央共同事权资金等部分。由国家发展改革委、财政部直接审核县一级政府报送的项目与资金需求，将财政资金定向下达、逐渐弱化省级资金再分配造成的资源分配与现实情况脱节、地区发展不均等情况。

6.2 地方财力结构的现状及变化趋势

6.2.1 我国地方财力的现状分析

1. 地方财力增长，减税降费得到有效落实

图 6.1 展示了 2021 年我国地方财力具体类别的税收收入和非税收入。增值税税收收入在全国地方财力中占比最大，为 29%，在减税降费的情况下仍然贡献突出，反映出国家实施"营改增"、增值税央地五五分成等政策能够为地方财政可持续保驾护航。企业所得税次之，占比为 14%，说明我国优化和落实减税降费政策，切实降低实体经济企业成本，优化了税收营商环境，激活了市场活力，有力促进了高质量发展。位列第三和第四的

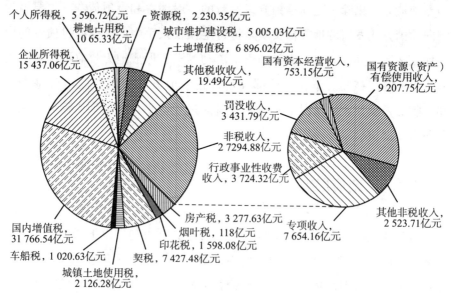

图 6.1　全国 2021 年地方财力结构

资料来源：EPS 数据库。

分别为契税（7%）和土地增值税（6%），说明虽然房产新政沿革和土地依赖程度减弱，但在一定程度上仍是地方财力的重要支柱。而非税收入是其中一块小蛋糕，在庞大的财力中占比约25%，甚至小于增值税这单一税种的税收。

根据汇总图6.1的数据测算可知，全国一般公共预算收入在2021年突破20万亿元，相较于2012年的11.73万亿元，增长了接近1倍。具体来看，2021年，一般公共预算收入比上年增长了10.7%，与2019年相比，增长幅度为6.4%，这反映出我国地方财力在快速增长。结合2021年新增减税降费超1万亿元的实际情况，可知2021年财政收入增长是在超万亿元减税降费切实落实的情况下完成的，进一步说明2021年各项减税降费政策得到了有效落实。

2. 财力下沉地方，广东省财力贡献最大

如图6.2所示，全国地方政府财力的非税收入相对较少，其中占比较大的是地方财政税收收入，说明我国重视推进地方财政体制改革，力求地方政府事权与财权相统一，逐步将税收收入下沉至地方政府，将公共供给服务落实到基层。2021年各省份地方财力税收占比差距较大，大致处于

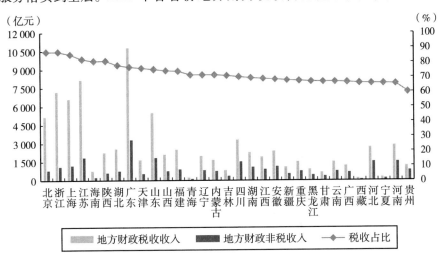

图6.2　2021年地方财力结构

资料来源：EPS数据库。

60%~90%之间。其中，广东省的税收收入和非税收入均贡献最大；且地方财力结构相对均衡，税收收入占比为76%，处于整体税收占比区间的中位数值，说明其地方财力并不只是依赖于某单一收入。如表6.1所示，广东的财力贡献最多，国内增值税、企业所得税、个人所得税、土地增值税、城市维护建设税、国有资源（资产）有偿使用收入、专项收入和行政事业性收费收入在各类地方财力收入额中位居第一。

表 6.1 　　　　　　　　2021 年地方主要财力收入额　　　　　　　单位：亿元

省份	国内增值税	企业所得税	个人所得税	契税	土地增值税	城市维护建设税	国有资源（资产）有偿使用收入	专项收入	行政事业性收费收入
北京	1 742.86	1 395.07	743.28	245.09	247.43	245.61	146.3	348.12	68.74
浙江	2 687.98	1 444.03	532.11	767.28	698.78	413.74	325.24	481.58	166.86
上海	2 485.91	1 694.4	860.78	410.45	464.16	302.69	438.25	524.22	80.41
江苏	3 319.63	1 566	456.35	848.29	655.95	498.8	624.22	448.9	345.8
海南	216.58	127.29	69.65	59.75	165.92	33.49	42.92	61.74	23.55
陕西	824.94	339.53	105.14	143.33	80.64	130.36	146.53	179.69	97.04
湖北	943.09	435.96	111.44	271.48	281.44	184.84	171.48	217.48	148.2
广东	4 091.37	2 111.31	916.19	809.8	1 392.05	630.05	1 110.55	1 199.34	292.42
天津	672.84	337.35	129.04	98.85	106.06	107.08	248.65	129.47	30.08
山东	2 030.31	867.43	243.4	588.66	487.11	324.72	619.19	378.94	336.99
山西	810.06	308.41	46.66	102.43	57.37	98.95	228.97	208.56	98.03
福建	929.05	454.54	218.33	246.15	256.81	142.39	323.22	296.4	85.69
青海	99.54	33.3	9.16	14.51	8.37	15.93	33.73	24.38	15.84
辽宁	738.17	355.05	72.15	161.37	91.35	137.34	344.54	150.52	97.09
内蒙古	541.81	234	59.33	76.45	60.06	79.52	188.65	150.96	117.57
吉林	297.35	142.23	40.79	103.66	29.14	61.82	88.56	83.97	90.52
四川	1 200.71	596.53	162.89	358.42	283.59	207.03	532.55	274.31	186.91
湖南	784.17	270.97	91.77	333.17	277.61	155	278.14	224.91	163.68
江西	941	244.42	77.18	222.37	118.29	133.29	344.55	158.22	167.84
安徽	1 007.58	392.42	93.53	262.05	142.97	163.38	438.81	313.78	127.72
新疆	426.41	159.1	61.66	58.54	50.07	66.03	204.37	101.57	64.71

续表

省份	国内增值税	企业所得税	个人所得税	契税	土地增值税	城市维护建设税	国有资源（资产）有偿使用收入	专项收入	行政事业性收费收入
重庆	573.68	268.38	78.66	186.09	70.86	99.86	330.41	172.87	77.74
黑龙江	307.11	109.03	32.87	62.61	57.29	55.05	172.01	63.31	62.04
甘肃	303.34	80.06	23.99	49.03	34.1	53.86	95.1	98.8	49.47
云南	563.83	229.3	57.21	120.33	128.88	133.57	211.68	221.95	134.44
广西	501.21	173.48	49.6	117.86	75.35	85.28	238.9	126.37	94.03
西藏	82.44	13.69	14.2	0.26	4.64	11.8	17.56	19.79	15.09
河北	980.34	405.5	79.38	267.08	286.93	151.62	597.35	381.48	130.33
宁夏	121.54	33.55	19.42	23.13	11.93	17.46	58.11	37.1	24.31
河南	1 087.92	363.02	95.46	320.69	216.66	173.03	399.99	455.26	240.02
贵州	453.77	251.71	45.1	98.3	54.21	91.44	207.22	120.17	91.16

资料来源：EPS 数据库。

6.2.2　我国政府非税收入的现状分析

为更加清晰地了解我国政府财力结构，侧重分析非税收入的现状，本部分将从中央与地方、省级政府和主要城市三个方面展开阐述。

1. 中央和地方两级政府非税收入现状

图 6.3 显示了 2017～2020 年中央财政中非税收入占中央财政收入的比重，以及中央财政中非税收入的结构组成情况。不难看到，非税收入在中央财政收入中所占的比重相对较低，并且 2019 年后比重迅速下降。2019年之后，行政事业性收费占中央财政的比重在快速增长，此外，其他的非税收入比重也有所提升。

从中央层面的视角，我们看到非税收入的比重在下降。但从地方层面来看（见图 6.4），趋势差异较大。地方一般公共预算收入中的非税收入比重在 2018 年前有所下降，但 2018 年后却呈现缓慢爬升态势。

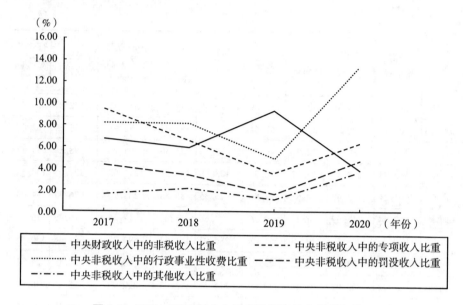

图 6.3　2017～2020 年中央政府财政中的非税收入情况

资料来源：国家统计局。

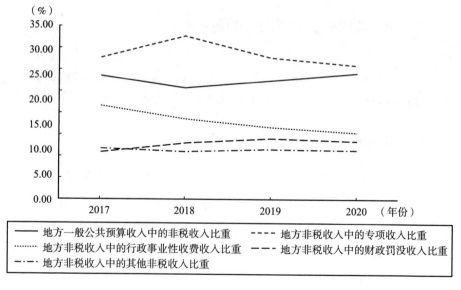

图 6.4　2017～2020 年地方政府财政中的非税收入情况

资料来源：国家统计局。

2. 省级地方政府非税收入现状

从省级层面的数据分析来看，如图 6.5 所示，非税收入的扩张似乎在广东、山东、江苏、浙江等沿海地带比较显著，而西藏、青海、宁夏、海南等省份的非税收入规模并不算很大。

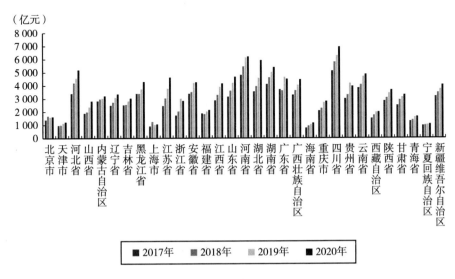

图 6.5　2017～2020 年省级地方政府的非税收入情况
资料来源：国家统计局。

从非税收入的增速来看（见图 6.6），2017～2020 年各省份的非税收入"有增有减"。其中，大部分省份的非税收入增速有所提升，北京和海南的变化尤为明显，而安徽、福建、青海等地的非税收入一直呈正增长的态势。

3. 主要城市政府非税收入现状

除了比较中央和地方、省级政府间的非税收入情况，我们还根据《中国城市统计年鉴》的数据，分析各主要城市非税收入的变化情况。从图 6.7 可以看到，非税收入在部分主要城市财政收入中的占比接近 30%，而有的城市则常年保持较高的非税收入比重。

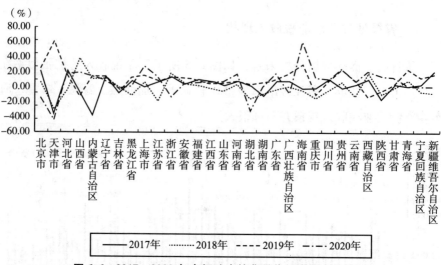

图 6.6　2017～2020 年省级政府的非税收入增速变化情况
资料来源：国家统计局。

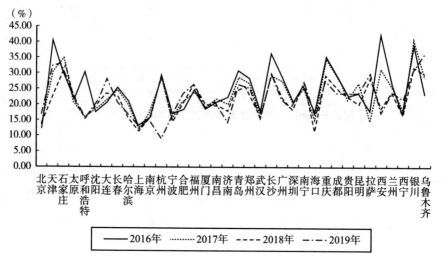

图 6.7　2016～2019 年主要城市财政收入中的非税收入占比变化情况
资料来源：历年《中国城市统计年鉴》。

6.2.3　地方财力结构的变化趋势

1. 地方政府财政收入的稳健性增强

税收收入是较为稳定的收入，是本级政府财政收入的重要部分，其比重可以衡量本级地方政府财政收入的稳健性。整体来看，各省级政府财政收入比较稳健，且整体财力稳健性呈现逐年增强的趋势（见表6.2）。

表6.2　　　　　部分年份各省份地方税收与地方本级收入的比值　　　单位：%

省份	2008 年	2009 年	2010 年	2019 年	2020 年	2021 年
北京	96.64	94.43	95.65	82.91	84.68	87.06
天津	80.85	74.73	72.66	67.80	78.01	86.80
河北	79.03	78.65	80.64	70.36	66.05	85.01
山西	75.73	72.21	71.44	75.97	70.80	81.59
内蒙古	71.38	67.79	70.36	74.75	71.07	80.65
辽宁	75.00	74.41	75.65	72.75	70.75	80.60
吉林	73.58	74.14	72.93	71.44	71.15	77.96
黑龙江	72.67	69.24	73.71	73.21	70.45	76.46
上海	94.26	93.24	94.23	86.76	82.91	75.75
江苏	83.43	82.22	81.19	83.38	81.84	75.17
浙江	92.69	92.59	94.50	83.69	86.39	73.90
安徽	72.86	72.85	75.39	69.43	68.39	73.69
福建	84.53	83.45	83.90	72.36	70.95	71.40
江西	73.26	73.98	75.20	70.30	67.87	71.26
山东	78.36	78.25	78.20	74.30	72.53	71.11
河南	73.57	72.95	73.59	70.30	66.32	70.75
湖北	75.57	75.60	76.93	74.30	76.58	69.87
湖南	67.29	67.04	67.56	68.57	68.40	69.09
广东	86.54	85.77	84.20	79.53	76.46	68.60
广西	66.84	67.26	69.15	63.29	64.84	68.32
海南	83.21	84.85	87.49	80.24	68.60	67.54
重庆	62.38	66.49	65.28	72.19	68.30	67.53
四川	70.28	75.49	75.60	70.96	69.64	66.91
贵州	74.98	74.84	74.11	68.12	60.78	66.62
云南	78.56	78.50	80.60	69.96	68.65	66.46
西藏	61.03	61.51	68.98	70.96	64.82	66.17
陕西	77.03	72.46	74.16	80.69	77.62	65.94
甘肃	61.44	61.43	62.30	67.95	64.94	65.64
青海	78.10	79.97	80.70	70.40	71.57	65.38
宁夏	81.83	81.33	82.57	63.15	62.91	65.29
新疆	79.36	77.45	83.15	64.41	61.62	59.77

资料来源：EPS 数据库。

2. 地方政府对于政府性基金收入的依赖程度大

收入变化的趋势主要考察政府性基金预算收入的变动。其中，国有土地出让金收入规模的发展趋势，是近年来影响地方综合财力的重要因素。地方土地出让主要通过招标、拍卖、挂牌和协议的方式进行。结合表 6.3 和表 6.4 可知，2010 年以来，土地出让收入占同期全国政府性基金收入的比重一直保持在 70% 以上；相比于中央政府，地方政府对于政府性基金收入的依赖度更高。如表 6.4 所示，中央政府性基金转移支付较少，地方政府性基金本级收入约是中央政府性基金转移支付的 45 倍。从具体的地方政府性基金类别来看，地方政府对于政府性基金收入的依赖程度大，特别是依赖国有土地使用权出让金收入和国有土地收益基金收入。

表 6.3　　　　　　　2010～2020 年主要的土地出让收入决算数　　　　单位：亿元

项目	2010 年	2011 年	2013 年	2014 年	2015 年	2016 年	2017 年	2018 年	2019 年	2020 年
国有土地使用权出让金收入	28 197.7	31 140.42	39 072.99	40 385.86	30 783.8	35 639.69	49 997.07	62 875.11	70 631.06	82 098.02
国有土地收益基金收入	1 025.23	1 093.53	1 259.67	1 413.89	1 024.97	1 189.57	1 770.71	2 044.13	1 764.4	1 892.65

资料来源：EPS 数据库。

表 6.4　　　　　　2010～2020 年主要的地方政府性基金收入决算数　　　　单位：亿元

项目	2010 年	2011 年	2013 年	2014 年	2015 年	2016 年	2017 年	2018 年	2019 年	2020 年
地方政府性基金本级收入	33 609.27	38 232.31	48 030.31	50 005.57	38 219.95	42 465.19	57 654.89	71 444.26	80 477.94	89 929.64
中央政府性基金转移支付	732.70	946.62	1 420.18	1 355.62	1 338.93	1 110.12	985.59	932.26	1 065.45	7 725.25
地方政府性基金收入	34 341.97	39 178.93	49 450.49	51 361.19	39 558.88	43 575.31	58 640.48	72 376.52	81 543.39	97 654.89
地方政府专项债券收入						4 000	8 000	13 500	21 500	37 500

资料来源：EPS 数据库。

3. 经济发达地区的综合财力质量更高

表 6.5 展示了 2015 ~ 2020 年地方一般债务收入占比，体现出地方财力结构存在的财政风险。从中可以看出，2015 ~ 2020 年各省份地方财力中一般债务收入占比整体减少，存在一定的波动。同时，结合表 6.2 的地方本级财政收入结构，观察到地方财力基本上逐年稳健增长，由此可见地方政府综合财力有所提升。合理有效地落实减税降费政策，从长远来看，因减税谋得红利的企业与消费者可以刺激市场活力并促进经济增长，从而反哺财政，不会导致地方财政严重亏空。当然，经济发达地区的一般债务收入占比相对更低，说明地方综合财力的质量越高，财政实力越强。

表 6.5 **2015 ~ 2020 年地方一般债务收入与地方财力的比值** 单位: %

省份	2015 年	2016 年	2017 年	2018 年	2019 年	2020 年
北京	15. 54	11. 84	6. 66	6. 25	4. 64	7. 85
天津	11. 94	24. 35	10. 89	8. 99	9. 61	21. 04
河北	46. 50	52. 26	23. 63	33. 99	25. 33	30. 20
山西	24. 53	36. 40	22. 82	19. 01	15. 16	25. 52
内蒙古	55. 96	108. 19	55. 82	49. 75	38. 44	53. 35
辽宁	80. 34	86. 78	59. 04	56. 32	29. 04	37. 58
吉林	44. 70	50. 45	70. 32	41. 85	34. 23	62. 65
黑龙江	50. 88	68. 88	60. 36	73. 66	49. 75	71. 05
上海	14. 51	16. 13	4. 12	5. 38	6. 44	7. 67
江苏	27. 78	28. 71	13. 74	10. 74	7. 78	13. 50
浙江	36. 56	41. 75	14. 40	14. 23	10. 74	15. 64
安徽	40. 18	35. 80	23. 27	30. 83	14. 26	20. 67
福建	22. 58	39. 98	31. 63	10. 79	11. 37	13. 80
江西	43. 50	30. 11	23. 95	22. 40	16. 90	27. 43
山东	33. 06	39. 49	20. 80	16. 24	11. 10	18. 45
河南	34. 94	41. 07	31. 77	17. 31	18. 49	23. 21
湖北	38. 25	49. 02	13. 94	18. 70	30. 04	46. 96
湖南	54. 66	69. 28	43. 24	38. 52	40. 64	33. 90

续表

省份	2015 年	2016 年	2017 年	2018 年	2019 年	2020 年
广东	14.16	15.29	6.87	10.34	4.39	7.15
广西	58.74	49.26	58.00	50.54	26.57	48.50
海南	26.25	52.96	49.94	43.04	25.49	32.93
重庆	30.46	34.12	26.99	15.22	15.50	21.50
四川	36.66	48.01	44.86	31.54	24.13	30.29
贵州	94.86	102.77	71.71	76.85	54.99	55.46
云南	55.38	79.20	79.80	46.32	35.41	30.60
西藏	0	8.18	20.38	18.34	54.51	36.65
陕西	33.98	64.52	39.04	30.37	31.40	31.96
甘肃	41.81	52.00	45.07	42.79	44.04	49.98
青海	110.43	155.63	135.79	155.65	117.68	125.36
宁夏	58.62	68.23	62.46	68.10	48.60	59.82
新疆	43.58	62.74	61.63	45.15	36.03	50.59

资料来源：EPS 数据库。

4. 经济欠发达地区受中央二次分配的力度更大

随着 2018 年《政府工作报告》正式提出"减税降费"、2019 年"实施更大规模减税"到 2022 年"减税降费力度只增不减"等制度安排，财政收入结构包括税收内部结构进一步发生变化，维持地方财力结构稳定仍具挑战。当前政策以稳字当先，上级将通过增加转移支付、完善税收返还、优化地方营商环境等手段保障减税政策持久实施。如表 6.6 所示，中央对地方的转移支付逐年增多，但增速较缓。从早期的财政包干制度到当前不完全的分税制，央地政府间的财政收支关系处于逐步调整中，中央补助收入和税收返还是分税制下中央对地方财力的二次分配。这是重要的地方财政收入来源，特别是对于经济欠发达地区，如人烟稀少的西部地区，仍能得到较多的中央补助收入。中央补助收入为地方施策兜底、为维持良好的财力结构做支撑，使得央地政府间事权和支出责任划分改革逐步规范精准，为地方政府厚实财政基础提供了更为自主的施策机会。

表6.6　　　　　　　2008～2020年地方财力中央补助收入　　　　　单位：亿元

省份	2008 年	2010 年	2012 年	2014 年	2016 年	2018 年	2020 年
北京	275.5226	485.53	568.41	533.81	738.6	920.28	1 144.18
天津	232.4473	341.42	418.24	442.83	536.14	603.75	741.38
河北	952.6704	1 408.31	2 058.85	2 300.43	2 705.09	3 199.75	4 060.79
山西	619.9456	927.08	1 262.45	1 297.33	1 620.8	1 804.31	2 289.38
内蒙古	785.1456	1 155.4	1 748.74	1 879.28	2 376.21	2 627.37	2 787.38
辽宁	867.804	1 243.51	1 653.68	1 781.23	2 125.24	2 464.04	3 035.35
吉林	756.9075	1 074.11	1 475.5	1 602.35	1 904.98	2 124.9	2 480.46
黑龙江	998.684	1 418.58	2 042.13	2 249.97	2 813	3 073.54	3 901.83
上海	415.0236	558.5	604	624.33	689.86	851.41	1 119.36
江苏	642.9937	992.43	1 331.27	1 339.45	1 614.89	1 778.14	2 210.23
浙江	455.9802	733.75	978.63	994.05	1 035.91	1 185.95	1 389.04
安徽	914.695	1 403.07	2 095.17	2 316.12	2 610.59	3 082.8	3 744.06
福建	362.4488	604.95	894.8	979.63	1 188.79	1 304.15	1 573.64
江西	752.0221	1 122.17	1 652.15	1 817.65	2 145.89	2 460.81	3 033.38
山东	839.8862	1 324.78	1 943.98	2 021.16	2 428.58	2 869.47	3 296.38
河南	1 309.5821	1 963.1	2 848.06	3 198.31	3 746.05	4 298.76	5 161.29
湖北	1 017.85	1 495.81	2 111.61	2 395.51	2 849.23	3 170.76	4 912.08
湖南	1 084.989	1 609.27	2 387.8	2 644.53	3 134.69	3 493.43	4 186.28
广东	675.7915	1 125.45	1 416.31	1 434.62	1 591.78	1 763.17	2 219.49
广西	790.8649	1 164.82	1 786.65	1 945.31	2 429.45	2 860.52	3 480.95
海南	215.7213	318.75	444.04	492.35	645.83	830.54	999.53
重庆	514.3128	819.71	1 276.7	1 251.5	1 535.53	1 808.65	2 155.96
四川	1 953.1496	2 600.06	2 923.88	3 511.79	4 040.71	4 816.21	5 832.2
贵州	726.378	1 057.34	1 681.87	2 142.83	2 581.79	2 968.17	3 259.01
云南	848.6941	1 289.82	2 054.36	2 472.62	2 693.09	3 239.39	4 245.16
西藏	357.8559	531	804.34	1 034.87	1 369.25	1 704.79	1 975.26
陕西	820.839	1 138.99	1 677.06	1 891.63	2 119.48	2 475.7	2 963.5
甘肃	741.2997	1 032.1	1 504.91	1 808.19	2 048.35	2 502.94	3 025.32
青海	311.7417	595.68	839.65	930.19	1 080.56	1 231.12	1 446.83
宁夏	243.7017	360.41	539.14	620.54	743.23	861.5	991.72
新疆	685.5475	1 125.42	1 719.78	2 007.01	2 515.35	3 022.01	3 621.32

资料来源：EPS 数据库。

6.3 理论分析与研究假设

6.3.1 "营改增"后增值税收入划分调整对地方财政压力的影响测算

增值税收入划分调整是全面"营改增"后为保持中央政府和地方政府之间的基本财力格局而提出的方案，对地方政府而言，增值税收入划分调整能否弥补营业税取消带来的财政压力？这是最值得关注的。基于此，我们以2015年为基期，根据2012~2015年地方财政营业税和地方财政国内增值税的平均增长率，预测2016年及以后年份地方财政营业税和地方财政国内增值税，再比较地方财政国内增值税（营业税）预测收入与实际收入，旨在反映地方政府在经历"营改增"、增值税收入划分调整后的税收损失情况。结果如表6.7所示。

表6.7　　　　　　2012~2019年地方营业税和增值税收入规模预测　　　　单位：亿元

年份	地方财政营业税（A）	地方财政国内增值税（B）	地方财政营业税预测值（C）	地方财政国内增值税预测值（D）	地方财政国内增值税（营业税）实际收入（E = A + B）	地方财政国内增值税（营业税）预测收入（F = C + D）	预测收入与实际收入之差（G = F − E）
2012	15 542.91	6 737.16	—	—	—	—	—
2013	17 154.58	8 276.32	—	—	—	—	—
2014	17 712.79	9 752.33	—	—	—	—	—
2015	19 162.11	10 112.52	—	—	—	—	—
2016	18 762.61	10 168.80	20 554.91	11 483.78	28 931.41	32 038.68	3 107.27
2017	—	28 212.16	22 048.94	13 040.98	28 212.16	35 089.92	6 877.76
2018	—	30 777.45	23 651.57	14 809.33	30 777.45	38 460.90	7 683.45
2019	—	31 186.90	25 370.68	16 817.47	31 186.90	42 188.16	11 001.26

资料来源：国家统计局。

6.3.2 理论分析与研究假设

据表 6.7 可知，地方财政国内增值税（营业税）预测收入与实际收入之差（G）为正数，表明增值税增收部分不足以弥补地方政府因取消营业税而产生的税收损失，而且地方财政压力在不断增大。

此外，增值税收入划分调整是中央和省级之间的增值税分享调整，对省以下的划分方式不做规定。在实践中，各省份往往根据自身实际设置相关分享比例。通过比较增值税收入划分调整后部分省份的省以下财力分享比例，发现大部分省份仍沿用改革前的分享比例，也有的省份提高了省本级的分享比例，从而导致市级政府的财政压力在"营改增"后增值税收入划分调整背景下没有得到有效缓解，且财政压力进一步加剧（卢洪友等，2019），进而导致市级政府追求更多的非税收入以弥补财力不足。再者，从锦标赛理论与理性人假设的角度思考，即使"营改增"后增值税收入划分能给予省级政府更多的财力，但从省本级政府的角度看，其理性选择倾向于更愿意保持原有的省内财力分享比例，甚至提高省级分享比例以满足本级政府的刚性公共服务开支或其他目标，并为之付出努力。综上，我们提出如下假设。

假设 6.1："营改增"后的增值税收入划分调整，市级政府财政压力没有得到有效缓解，同时因为非税收入具有自由裁量的特点，因而在财政压力下，市级政府会提高对非税收入的依赖程度，从而导致非税收入比重的提高。

假设 6.2："营改增"后增值税收入划分的调整，因未能缓解省级财政压力，在省级财政压力增加的情况下导致省本级政府有动力争取更多的税收划分，进而加剧了市级政府财政压力，并导致市级政府非税收入比重进一步提高。

6.4 减税降费影响地方财力结构的实证分析

6.4.1 变量选取、模型设计与数据来源

1. 变量设计

（1）政府非税收入指标。借鉴黄寿峰等（2020）、李美琦等（2021）的思路，我们用地级市政府一般公共预算内的非税收入比重表示政府非税收入，即政府非税收入比重=（一般公共预算收入-税收收入）/一般公共预算收入。

（2）财政压力指标。增值税收入划分调整背后最大的动因是"营改增"。因此，分析改革前后地级市政府财政压力变化，既要考虑营业税取消带来的财力下降，也要考虑因增值税分成比例调整带来的财力补充。正因如此，如何准确识别本次调整对地级市政府财政压力的影响格外重要。参考陈晓光（2016）、谢贞发等（2017）、徐超等（2020）的做法，对于"营改增"后增值税收入划分调整而言，地级市政府面临的财政压力可表示为改革前后增值税和营业税两税种相对规模之差，具体测度方式如下。

① 来自增值税方面的财力影响：

$$pressure_{i,1} = \frac{1}{4}\sum_{2012}^{2015}\frac{(vat_{i,t} + subsidy_{i,t}^1)}{revenue_{i,t}} - \frac{1}{4}\sum_{2016}^{2019}\frac{(vat_{i,t} + subsidy_{i,t}^1)}{revenue_{i,t}}$$

$$(6.1)$$

② 来自营业税方面的财力影响：

$$pressure_{i,2} = \frac{1}{4}\sum_{2012}^{2015}\frac{(saletax_{i,t} + subsidy_{i,t}^2)}{revenue_{i,t}} - \frac{1}{4}\sum_{2016}^{2019}\frac{subsidy_{i,t}^2}{revenue_{i,t}} \quad (6.2)$$

③ 营改增后增值税收入划分调整对地级市政府财政压力的总体影响：

$$pressure_i = pressure_{i,1} + pressure_{i,2} \quad (6.3)$$

合并式（6.1）、式（6.2）、式（6.3），得：

$$pressure_i = pressure_{i,1} + pressure_{i,2}$$

$$= \left[\frac{1}{4} \sum_{2012}^{2015} \frac{(vat_{i,t} + subsidy_{i,t}^1)}{revenue_{i,t}} - \frac{1}{4} \sum_{2016}^{2019} \frac{(vat_{i,t} + subsidy_{i,t}^1)}{revenue_{i,t}} \right]$$

$$+ \left[\frac{1}{4} \sum_{2012}^{2015} \frac{(saletax_{i,t} + subsidy_{i,t}^2)}{revenue_{i,t}} - \frac{1}{4} \sum_{2016}^{2019} \frac{subsidy_{i,t}^2}{revenue_{i,t}} \right]$$

$$= \frac{1}{4} \sum_{2012}^{2015} \frac{(vat_{i,t} + saletax_{i,t} + subsidy_{i,t})}{revenue_{i,t}}$$

$$- \frac{1}{4} \sum_{2016}^{2019} \frac{(vat_{i,t} + subsidy_{i,t})}{revenue_{i,t}} \tag{6.4}$$

其中，$pressure_i$ 指地级市 i 的财政压力；$vat_{i,t}$、$saletax_{i,t}$、$subsidy_{i,t}$ 和 $revenue_{i,t}$ 分别指地级市 i 第 t 年的增值税、营业税、其他各项财力补充（包括税收返还、上级补贴和转移支付等）和一般公共预算收入。我们假设每个地级市的其他各项财力补充只受营业税和增值税影响（这里所指的其他各项财力补充包括税收返还、转移支付）。另外，"营改增"导致地方营业税消失，受该政策影响越大的地级市可能得到的转移支付越多。所以我们认为，在其他条件不变的情况下，地级市得到的增值税税收返还越多、转移支付越多，地级市的其他各项财力补充就越多，故本书尝试假设每个地级市的各项返还额度只受增值税和营业税两个税种影响，进而设置 $subsidy_{i,t}^1$ 和 $subsidy_{i,t}^2$ 两个变量，便于测度本书所指的财政压力指标。$subsidy_{i,t}^1$ 指地级市其他各项财力补充中受增值税影响的额度，$subsidy_{i,t}^2$ 指地级市其他各项财力补充中受营业税影响的额度，且 $subsidy_{i,t} = subsidy_{i,t}^1 + subsidy_{i,t}^2$，设置这两个变量的意义在于阐释本书的演绎思路，它们只相当于串通式（6.1）、式（6.2）、式（6.3）的媒介，为推导出式（6.4）的关键结果而做的铺垫。最后，若 $pressure_i > 0$，意味着"营改增"后增值税收入划分调整后，地级市财力被削弱，财政压力增加，且数值越大，财政压力就越大；反之，则财政压力减缓。

（3）控制变量。本书选取人均国内生产总值、人口密度、产业结构、固定资产投资水平、实际利用外商投资水平、社会消费品零售额占其生产总值的比重、外贸依存度和城镇登记失业率作为控制变量，纳入模型加以控制。其中，①人均国内生产总值＝地级市生产总值÷地级市的人口总量。但如果单纯地使用国内生产总值总量指标，可能会在回归时产生较大的偏差。此外，我们在回归时还借鉴已有文献的数据处理方式，对人均国内生产总值取对数后，再将其引入计量回归中。②人口密度＝地级市人口总数÷地级市土地总面积。一般认为人口密度越高，潜在的人力资本越多。另外，人口密度的多少也将影响地方财政的收入来源与收入政策，因此也将对地方政府非税收入有所影响。③产业结构＝地级市第三产业增加值÷地级市生产总值，一般认为产业结构会影响地方的税收状况，这必然也会对地方政府的非税收入产生一定影响。④固定资产投资水平、实际利用外商投资水平、社会消费品零售额占其生产总值的比重、外贸依存度和城镇登记失业率等变量是为了控制住地级市政府的相应特征，以减少实证结果的误差。其中，固定资产投资水平＝地级市固定资产投资总额÷地级市生产总值，实际利用外商投资水平＝地级市实际利用外商投资额÷地级市生产总值，社会消费品零售额占其生产总值的比重＝地级市社会消费品零售额÷地级市生产总值，外贸依存度＝地级市进出口总额÷地级市生产总值。

2. 广义双重差分模型设计

本书探讨"营改增"后增值税收入划分调整背景下的地方财政压力与政府非税收入之间的关系，以评估增值税收入划分调整政策的实施效果。这里所研究的增值税收入划分调整方案是同一时间面向全国统一铺开的政策，此时没有严格意义上的处理组与控制组。在这样的情况下，无法采用传统双重差分模型进行评估，考虑到这一点，我们采用广义双重差分法对改革效果进行评估。

本书将"营改增"后2016年的增值税收入划分调整视为一个"准自然实验"。由于在财税改革实践中各省份往往根据自身情况确定省以下政府间的税收分享比例，且该比例在地区间有差异（谢贞发等，2016），这为使用双重差分法提供了良好环境。借鉴徐超等（2020）的思路，构建广义双重差分模型：

$$nontax_{i,t} = \alpha + \beta pressure_i \times post_t + \gamma X_{i,t} + \delta_i + \theta_t + \varepsilon_{i,t} \qquad (6.5)$$

其中，被解释变量 $nontax$ 为地级市政府的非税收入比重；$pressure$ 表示"营改增"后增值税收入划分前后地级市财政压力变量；$post$ 为时间虚拟变量，2016 年之前为 0，2016 年之后为 1；交互项 $pressure \times post$ 为本研究关注的核心变量，其系数旨在捕捉"营改增"后增值税收入划分调整前后地级市政府相对财政压力变化对其非税收入比重变化的影响；X 为一系列地区特征控制变量；β、γ 为回归系数；δ_i 和 θ_t 分别为地级市和年份固定效应；$\varepsilon_{i,t}$ 代表随机误差项。

3. 数据来源

本书选择 2008~2019 年我国 289 个地级市为样本，研究数据主要来自 2009~2020 年的《中国城市统计年鉴》、EPS 数据库和各地级市统计年鉴，部分数据来自 2009~2020 年各地级市年度财政预决算报告及中国统计信息网公布的数据。此外，统计其他各项财力补充（$subsidy_{i,t}$）数据的《全国地市县财政统计资料》在 2009 年之后不再更新，所以样本期间内无法取得该数据。本书从其功能（维持财政平衡）考虑，赋值 $subsidy_{i,t} = expenditure_{i,t} - revenue_{i,t}$，其中 $expenditure_{i,t}$ 指地级市政府一般公共预算支出。以此方式计算时，出现小于 0 的情形，但根据各地级市的财政预决算报告，未有转移支付小于 0 的情况出现，遂用绝对值替换，令 $subsidy_{i,t} = |expenditure_{i,t} - revenue_{i,t}|$，意味着收入大于支出的地级市也有各项返还，且这种情形主要发生于江浙一带，与现实相符。主要变量的描述性统计如表 6.8 所示。

表 6.8　　　　　　　　　　主要变量的描述性统计

变量名称	变量定义	变量符号	均值	标准差	最小值	最大值
地级市政府非税收入比重	（地级市一般公共预算收入 - 地级市一般公共预算税收收入）÷ 地级市一般公共预算收入	$nontax$	0.280	0.101	0.025	0.627

续表

变量名称	变量定义	变量符号	均值	标准差	最小值	最大值
地级市政府财政压力	按照式（4.4）计算而得	*pressure*	−0.457	0.756	−4.807	4.439
地级市人均GDP	对地级市人均 *gdp* 取对数	*pergdp*	10.531	0.645	8.189	13.404
地级市人口密度	地级市总人口÷地级市土地面积	*density*	0.047	0.055	0.001	0.673
地级市产业结构	地级市第三产业增加值÷地级市生产总值	*third*	0.398	0.100	0.052	0.835
地级市固定资产投资水平	地级市固定资产投资额÷地级市生产总值	*fai*	0.776	0.305	0.076	2.412
地级市实际利用外商投资水平	地级市实际利用外商投资额÷地级市生产总值	*fi*	0.017	0.017	0.000	0.132
地级市社会消费品零售额占其生产总值的比重	地级市社会消费品零售额÷地级市生产总值	*socialsales*	0.374	0.109	0.031	0.893
地级市外贸依存度	地级市进出口总额÷地级市生产总值	*iae*	0.184	0.313	0.000	3.279
地级市城镇登记失业率	地级市城镇登记失业率	*unemployment*	0.032	0.008	0.004	0.051

6.4.2 实证结果与分析

1. 基准回归结果

表6.9第（1）列和第（2）列报告了本书的基准回归结果。第（1）列仅控制了年份和城市固定效应，交互项的系数为0.032，且通过1%的显著性检验，说明"营改增"后增值税收入划分调整改革造成的相对财政压力显著提高了地级市政府的非税收入比重。具体地，财政压力每提高一个标准差（0.756），地级市政府非税收入比重将提高约2.419（0.756×0.032≈0.02419）个百分点。为排除可能影响实证结果的其他因素，第（2）

列在第（1）列的基础上，加入一系列控制变量。加入控制变量后，交互项的系数在1%的显著性水平上为0.030，意味着财政压力每提升一个标准差，地级市非税收入比重将提高约2.268（0.756×0.030≈0.02268）个百分点。基准回归结果表明，"营改增"后增值税收入划分调整后，财政压力较大的地级市会倾向于征收更多的非税收入，假设6.1成立。

表6.9 基础回归结果

变量	(1)	(2)
pressure × *post*	0.032 *** (0.007)	0.030 *** (0.006)
pergdp		0.007 (0.012)
density		−0.064 (0.071)
third		−0.022 (0.057)
fai		0.019 * (0.011)
fi		0.258 (0.184)
socialsales		−0.023 (0.048)
iae		−0.037 ** (0.016)
unemployment		0.351 (0.442)
样本量	3468	3468
R^2	0.177	0.187
控制变量	未控制	控制
城市固定效应	控制	控制
年份固定效应	控制	控制

注：***、**和*分别表示在1%、5%和10%的水平上显著，括号内为稳健标准误。下同。

135

2. 平行趋势检验与动态效应

双重差分模型能使用的前提条件是满足平行趋势假设，对本书而言，这种平行趋势是指受到改革不同冲击的地级市政府，改革之前的地级市政府的非税收入的变化趋势是一致的。我们采用事件研究法进行平行趋势检验，在基础回归中加入各年份虚拟变量与财政压力的交互项。观察改革的动态效应。对于政策改革而言，政策的影响有多久，改革的效应能够延续多久，是否不同年份有不同的效果，这是值得关注的问题。

图 6.8 直观地呈现了各交互项系数的变化轨迹。为避免实证过程中出现多重共线的情况，我们选择将政策前一期作为基准组。平行趋势检验结果表明，"营改增"期间和增值税收入划分调整前的地级市政府非税收入比重变化在不同财政压力的地级市间不存在显著差异，满足了平行趋势假设。动态效应表明，增值税收入划分调整后，财政压力相对较大的地级市当年就提高了非税收入比重，2017 年的影响效果最强，之后略有缩减。

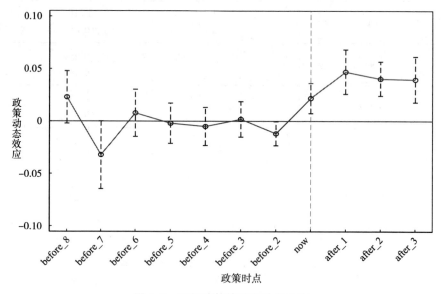

图 6.8　平行趋势检验及动态效应

注：图中 *before* 表示政策实施前的年份，其后面的数字表示政策实施年份前的第几年，如 *before_2* 表示政策实施前的第 2 年，即 2014 年；*now* 表示政策实施当年，即 2016 年；*after* 表示政策实施后的年份，其后的数字表示政策实施年份后的第几年，如 *after_2* 表示政策实施后的第 2 年，即 2018 年。

3. 稳健性检验

（1）使用虚拟变量测度财政压力。为减小测量误差对实证结果的干扰，将地级市财政压力设为虚拟变量，构建传统双重差分模型。将所测度财政压力大于零的地级市视作处理组，同时将 $pressure$ 赋值为 1，其余赋值为 0。传统双重差分模型的实证结果与基准回归结果保持了良好的一致性。

第一种设置方式：将所测度的财政压力大于零的地级市视作处理组，并给其赋值为 1；将财政压力小于零的地级市视作控制组，并给其赋值为 0。

第二种设置方式：将所测度的地级市财政压力按照从小到大进行排序，并将样本分为三等份，对应的前 1/3 的地级市视作改革的受益组，赋值为 1；中间 1/3 对应的地级市视作改革的控制组，赋值为 0；后 1/3 的地级市视作改革的受损组，也赋值为 1。[1] 回归结果见表 6.10。

表 6.10　　　　　使用虚拟变量测度财政压力的实证分析结果

变量	方式一	方式二	
	（1）	（2）	（3）
	财政压力大于零的地级市为处理组	在改革中财政不受益的地级市为处理组	在改革中财政受益的地级市为处理组
$pressure \times post$	0.039 ***	0.032 ***	−0.017
	(0.009)	(0.008)	(0.011)
$pergdp$	0.005	0.013	0.001
	(0.013)	(0.013)	(0.015)
$density$	−0.049	−0.026	−0.235
	(0.065)	(0.076)	(0.220)
$third$	−0.014	0.047	−0.106
	(0.055)	(0.059)	(0.076)

---

① 值得注意的是，虽然本书将在改革过程中财政压力小的甚至受益的地级市（本书称其为改革受益组）与在改革过程中财政压力大的地级市（本书称其为改革不受益组）都赋值为 1，但在进行实证回归时，两者是分别与中间 1/3 的控制组（本书称其为改革无影响组）进行比较的。

续表

变量	方式一	方式二	
	(1)	(2)	(3)
	财政压力大于零的地级市为处理组	在改革中财政不受益的地级市为处理组	在改革中财政受益的地级市为处理组
fai	0.019 * (0.011)	0.028 * (0.016)	0.023 * (0.013)
fi	0.241 (0.185)	0.269 (0.209)	0.158 (0.244)
$socialsales$	−0.053 (0.049)	−0.030 (0.062)	−0.004 (0.058)
iae	−0.044 ** (0.018)	−0.028 (0.017)	−0.053 ** (0.023)
$unemployment$	0.296 (0.441)	0.482 (0.526)	−0.206 (0.584)
$\_cons$	0.206 (0.137)	0.070 (0.139)	0.299 * (0.165)
样本量	3 468	2 316	2 304
R^2	0.173	0.224	0.146
控制变量	控制	控制	控制
城市固定效应	控制	控制	控制
年份固定效应	控制	控制	控制

表 6.10 的第（1）列和第（2）列结果表明，按照传统 DID 模型进行实证的结果与基准回归结果保持了较好的一致性。第（3）列表明，以在改革中财政受益地级市作处理组时，回归系数为负且不显著，说明在改革中财政受益地级市的财政收入结构中的非税收入比重并无显著变化。

（2）安慰剂检验。为进一步检验这里的实证结果是否受"城市—年份"层面不可观测的因素驱动，我们借鉴埃利安娜等（Eliana et al.，2012）、周茂等（2018）、任胜钢等（2019）、彭飞（2020）的安慰剂检验方法，构造安慰剂检验方法。具体地，先对 $pressure$ 进行排序，将 $pressure$ 大于 0 的数量（54 个）确定为随机处理组的个数，然后从 289 个地级市中随机抽取 54 个地级市为处理组，假设这 54 个地级市所面临的财政压力较大，其余地级市作为控制组。从理论上来讲，随机抽样产生的回归系数应该不显著异于零，换言之，如果有任何显著异于零的结果出现，则这里的实证结果就是有偏差的。我们进行了 1 000 次随机抽样，并按照基础回归的模型进行实证研究，结果如图 6.9 所示。

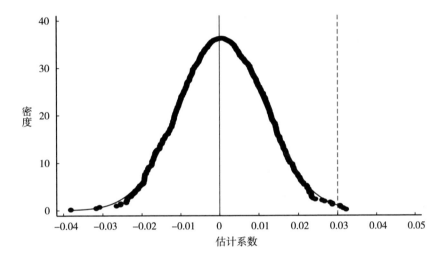

图 6.9　安慰剂检验

注：横轴表示来自 1 000 个随机分配的估计系数，圆点表示分布的频率，实线表示估计系数的和密度曲线，虚线表示基础回归表 6.9 中加入控制变量后的估计系数值。

图 6.9 的安慰剂检验结果表明，随机分配的估计系数大部分都集中在零的附近，而且基准回归系数在安慰剂测试中是明显的异常值，进一步证实了未观测到的地区特征几乎不会对研究的估计结果产生影响，故可推断基础回归结果是稳健的。

（3）其他层面的稳健性检验。本书还进行了五个方面的稳健性检验，结果如表 6.11 所示。第一，剔除按照本书计算方式所得的其他各项财力补充为负的地级市。基础回归时，由于地级市政府转移支付数据的不可获得性，同时比较了已公布的地级市政府 2008 ~ 2019 年的财政预决算报告的转移支付、税收返还和补贴的数据，发现对于大部分地区，三者之和刚好约等于一般公共预算支出减去一般公共预算收入。但根据 EPS 数据库所提供的及手动填补的数据，出现了转移支付为负的情况，这明显不符合现实情况。虽然在基础回归时，我们采用取绝对值的方式来测度冲击，但为进一步检验基准回归的可靠性，我们剔除一般公共预算支出减去一般公共预算收入小于或等于 0 的地级市，重新进行回归，结果见表 6.11 第（1）列。实证结果发现，剔除了该部分样本后，系数仍然显著且大小与基准回归相近，说明基准回归具有稳健性。第二，剔除直辖市。由于直辖市特殊的经济政治地位，可能给估计结果带来偏差，故剔除直辖市样本再进行回归。实证结果见表 6.11 第（2）列，发现回归系数与基准回归结果相近且显著。第三，缩短政策窗口。为避免因为数据区间过长而存在的波动性或者统计口径的差异，我们将政策窗口缩短至 2012～2019 年。实证结果见表 6.11 第（3）列，结果显示交互项系数通过了 1% 的显著性水平检验，进一步佐证了研究的基本结论。第四，剔除最先试点"营改增"的地级市，[①] 实证结果见表 6.11 第（4）列，实证结果与基础回归保持了一致性。第五，剔除最先试点"营改增"的地级市，同时缩短政策窗口，实证结果见表 6.11 第（5）列，结果同样与基础回归类似。综上所述，这里得到的实证回归结果是具有稳健性的。

表 6.11　　　　　　　　　　其他层面的稳健性检验

变量	(1) 剔除按照本书计算方式所得其他各项财力补充为负的地级市	(2) 剔除直辖市	(3) 缩短政策窗口	(4) 剔除最先试点"营改增"的地级市	(5) 剔除最先试点"营改增"的地级市，同时缩短政策窗口
$pressure \times post$	0.030*** (0.006)	0.030*** (0.006)	0.032*** (0.005)	0.029*** (0.007)	0.030*** (0.005)
$pergdp$	0.007 (0.012)	0.009 (0.012)	0.017* (0.009)	0.025 (0.016)	0.031** (0.012)
$density$	−0.067 (0.071)	−0.076 (0.074)	−0.299 (0.209)	−0.037 (0.080)	0.210 (0.887)

① 自 2012 年 8 月 1 日起至年底，将交通运输业和部分现代服务业"营改增"试点范围，由上海市分批扩大至北京、天津、江苏、浙江、安徽、福建、湖北、广东和厦门、深圳 10 个省、直辖市和计划单列市。

续表

变量	（1）剔除按照本书计算方式所得其他各项财力补充为负的地级市	（2）剔除直辖市	（3）缩短政策窗口	（4）剔除最先试点"营改增"的地级市	（5）剔除最先试点"营改增"的地级市，同时缩短政策窗口
third	− 0.025 （0.057）	− 0.022 （0.058）	0.084 （0.057）	− 0.021 （0.072）	0.126 * （0.075）
fai	0.020 * （0.011）	0.019 * （0.011）	0.025 ** （0.012）	0.018 （0.012）	0.021 * （0.013）
fi	0.235 （0.185）	0.229 （0.189）	− 0.101 （0.233）	0.002 （0.232）	− 0.378 （0.277）
socialsales	− 0.025 （0.048）	− 0.019 （0.048）	− 0.062 （0.047）	− 0.014 （0.057）	− 0.031 （0.055）
iae	− 0.040 ** （0.016）	− 0.032 ** （0.016）	− 0.011 （0.019）	− 0.053 *** （0.020）	− 0.016 （0.024）
unemployment	0.349 （0.441）	0.324 （0.445）	− 0.530 （0.459）	0.300 （0.533）	− 0.711 （0.579）
_cons	0.182 （0.135）	0.159 （0.134）	0.103 （0.112）	0.024 （0.176）	− 0.053 （0.147）
样本量	3 444	3 420	2 312	2 436	1 624
R^2	0.186	0.186	0.167	0.178	0.156
控制变量	控制	控制	控制	控制	控制
城市固定效应	控制	控制	控制	控制	控制
年份固定效应	控制	控制	控制	控制	控制

6.4.3 影响机制识别

关于机制识别或作用机理识别，现有文献一般通过调节效应或中介效应进行检验，但也有研究从构建三重差分模型的角度进行作用机理的检验与识别。钱雪松和方胜（2021）对《中华人民共和国物权法》出台、融资约束与民营企业投资效率的研究中就使用了该方法。为识别本研究可能存

在的影响机制，本书借鉴钱雪松和方胜（2021）的研究范式，并参考陈强
《高级计量经济学及 stata 应用》（第二版）第 344 页的做法，构建了三重
差分模型。具体而言，先计算 2016 年各省份的财政收支缺口（一般公共
预算支出 – 一般公共预算收入），对收支缺口数据求平均值，当财政收支
缺口大于平均值时，所对应的省份取值为 1，反之则为 0。实证模型如下：

$$nontax_{i,t} = \alpha + \beta pressure_i \times post_t \times group_j + \lambda pressure_i \times post_t + \mu pressure_i$$

$$\times group_j + \nu post_t \times group_j + \gamma X_{i,t} + \delta_j + \theta_t + \varepsilon_{i,t} \qquad (6.6)$$

其中，$group_j$ 表示地级市 i 所在的省份 j 对应的省级财政压力的指示变量。
若改革造成的省级财政压力确实会导致地级市政府非税收入的增加，则系
数将显著为正；若无影响，则将不显著。

式（6.6）的估计结果如表 6.12 所示。从回归结果来看，在没有加入
控制变量时，系数在 5% 的显著性水平上显著为正；加入控制变量后，系
数在 5% 的显著性水平上交互项的系数也同样显著。表 6.12 说明在 5% 的
显著性水平上，增值税收入划分调整前后省级层面财政压力的增加会进一
步影响地级市政府非税收入比重提升，证实假设 6.2 成立。

表 6.12　　　　三重差分检验结果：基于省级财政压力视角的影响机制识别

变量	(1)	(2)
$pressure \times post \times group$	0.023 ** (0.010)	0.021 ** (0.010)
$pressure \times post$	0.028 *** (0.007)	0.027 *** (0.006)
$post \times group$	0.042 ** (0.019)	0.040 ** (0.019)
$pressure \times group$	− 1.095 *** (0.002)	− 1.890 (1.622)
$pergdp$		0.006 (0.019)
$density$		− 0.053 (0.042)
$third$		− 0.022 (0.076)

续表

变量	(1)	(2)
fai		0.019
		(0.013)
fi		0.218
		(0.258)
socialsales		− 0.017
		(0.049)
iae		− 0.035 **
		(0.015)
unemployment		0.376
		(0.493)
_cons	0.049 ***	0.034
	(0.007)	(0.249)
样本量	3 468	3 468
R^2	0.187	0.195
控制变量	未控制	控制
省份固定效应	控制	控制
年份固定效应	控制	控制

6.4.4 异质性分析

1. 区域划分异质性

我国地区间资源禀赋差异较大，为深入了解"营改增"后增值税收入划分调整后的区域效应，进行分样本回归，地域的异质性分析[①]结果如表6.13所示。从表6.13可以看出，本次税收划分调整对中部、西部地区

---

① 2011 年，《中共中央 国务院关于促进中部地区崛起的若干意见》、《国务院关于实施西部大开发若干政策措施的通知》以及党的十六大报告精神，将我国经济区域划分为东部、中部、西部和东北四大地区。东部地区包括北京、天津、河北、上海、江苏、浙江、福建、山东、广东和海南 10 个省份；中部地区包括山西、安徽、江西、河南、湖北和湖南 6 个省份；西部地区包括内蒙古、广西、重庆、四川、贵州、云南、西藏、陕西、甘肃、青海、宁夏和新疆 12 个省份；东北地区包括辽宁、吉林和黑龙江 3 个省份。

地级市政府的非税收入比重提升有显著影响，即对比调整前后，中部、西部地区地级市政府受改革影响冲击较大，非税收入比重也在上升；而对东部地区和东北地区的影响并不显著。具体而言，在控制了一系列地级市特征后，受改革影响较大的地级市，财政压力每提升 1 个单位，中部地区地级市政府的非税收入比重平均会上升 4.082（$0.756 \times 0.054 \approx 0.04082$）个百分点，西部地区是 2.570（$0.756 \times 0.034 \approx 0.02570$）个百分点。与基准回归结果 0.030 比较，中部、西部地区受到的影响比全样本受到的影响更大。

表 6.13   异质性实证结果：区域划分异质性

变量	(1) 东部地区	(2) 中部地区	(3) 西部地区	(4) 东北地区
$pressure \times post$	0.017 (0.012)	0.054 *** (0.015)	0.034 *** (0.010)	0.018 (0.016)
$pergdp$	−0.012 (0.012)	0.019 (0.023)	0.011 (0.026)	0.007 (0.065)
$density$	−0.019 (0.070)	−0.866 (0.562)	0.557 (2.460)	−3.074 (2.974)
$third$	−0.021 (0.081)	0.136 ** (0.061)	0.066 (0.122)	−0.087 (0.171)
fai	0.064 ** (0.028)	−0.003 (0.022)	0.024 (0.016)	−0.014 (0.029)
fi	0.784 ** (0.323)	−0.038 (0.441)	−0.464 (0.473)	0.509 * (0.263)
$socialsales$	−0.020 (0.089)	−0.105 (0.133)	−0.180 (0.129)	0.020 (0.096)
iae	−0.011 (0.017)	−0.052 (0.060)	−0.076 *** (0.024)	−0.113 ** (0.044)
$unemployment$	−0.719 (0.906)	−0.314 (0.691)	0.639 (0.991)	1.645 (0.990)
$\_cons$	0.292 ** (0.137)	0.136 (0.249)	0.170 (0.277)	0.241 (0.704)
样本量	1 044	960	1 056	408
R^2	0.314	0.241	0.205	0.177
控制变量	控制	控制	控制	控制
城市固定效应	控制	控制	控制	控制
年份固定效应	控制	控制	控制	控制

从中部、西部地区的经济条件来看，西部地区可能会更依赖非税收入，但西部地区的评估系数小于中部地区，对于这一现象的解释，我们认为应该是 2016 年税收改革后，中央政府加大了对西部地区地级市政府转移支付资金直达，或者是近年来对西部省份的转移支付力度在不断增加；而对中部城市而言，转移支付增速要小于西部地区（见表 6.14），或是中部地区省份对本来该归属于其所辖地级市的转移支付款项，以某种名义进行了截留、调整分享比例等（杨志勇，2009；杨良松和余莎，2018）。

表 6.14　　　　2016～2020 年中央对地方的一般公共预算转移支付情况汇总

地区		2016 年	2017 年	2018 年	2019 年	2020 年	平均增长率	总平均增长率
中部地区	山西	0.0307	0.1204	0.0637	0.0780	0.0544	0.0695	0.0697
	安徽	0.0460	0.1325	0.0581	0.0756	0.0310	0.0686	
	江西	0.0945	0.1014	0.0505	0.1129	0.0373	0.0793	
	河南	0.0787	0.0812	0.0713	0.0577	0.0521	0.0682	
	湖北	0.0623	0.0573	0.0611	0.0831	0.0916	0.0711	
	湖南	0.0696	0.0623	0.0640	0.0538	0.0574	0.0614	
西部地区	内蒙古	0.0989	0.0778	0.0291	0.0148	−0.0034	0.0434	0.0722
	广西	0.1036	0.0982	0.0790	0.0878	0.0550	0.0847	
	重庆	0.1406	0.1365	0.0339	0.0459	0.0443	0.0802	
	四川	0.0759	0.0908	0.0998	0.0717	0.0489	0.0774	
	贵州	0.0979	0.0808	0.0595	0.0407	−0.0182	0.0521	
	云南	0.0640	0.1367	0.0598	0.1917	0.0295	0.0963	
	西藏	0.0568	0.0590	0.1871	0.1274	−0.0181	0.0825	
	陕西	0.0088	0.0781	0.0887	0.0578	0.0463	0.0559	
	甘肃	0.0404	0.0843	0.1267	0.0922	0.0495	0.0786	
	青海	0.1106	0.0549	0.0932	0.1099	0.0355	0.0808	
	宁夏	0.0711	0.1183	0.0527	0.0574	0.0265	0.0652	
	新疆	−0.0065	0.0961	0.0939	0.1224	0.0387	0.0689	

注：2018 年及之前年份的统计口径为中央对地方税收返还和转移支付。
资料来源：由 2015～2020 年财政部公布的中央财政预决算数据计算而得。

2. 区域竞争环境的异质性

根据影响机制的分析，可以看到省级财政压力确实会导致地级市地方政府寻求更多的非税收入。孟天广和苏政（2015）通过空间面板模型研究认为地方非税收入扩张存在"同侪效应"，我们沿着其研究思路，继续拓展探讨减税降费背景下，在增值税分享比例的调整过程中，地方政府非税收入比重的提升是否还会受到地区竞争的驱动？

对于地区竞争的测度，有研究从税收竞争（王佳杰等，2014）、多级政府竞争（童锦治等，2013）、地级市个数（孟天广和苏政，2015；徐超等，2020）等角度进行了描述。关于税收竞争的测度，目前主要由税收优惠（唐飞鹏，2017）、资本实际税率（王佳杰等，2014；刘穷志，2017）、地区实际税负来衡量（方红生和张军，2009；唐飞鹏，2017）。在借鉴前人研究（方红生和张军，2009；唐飞鹏，2017；钱金保和才国伟，2017）的基础上，采用地级市的实际税负来衡量税收竞争。地级市个数则表现了同级别政治晋升环境的强弱，地级市个数越多意味着政治晋升竞争越激烈，反之则越弱。我们借鉴以上测度方式，构建三重差分模型进行异质性分析，实证结果如表 6.15 所示。

表 6.15 异质性实证结果：区域竞争异质性

变量	(1)	(2)	(3)	(4)
	政治晋升环境		税收竞争环境	
$pressure \times post \times prefecture$	−0.001 (0.001)	−0.001 (0.001)		
$pressure \times post$	0.043 ** (0.017)	0.044 ** (0.017)		
$post \times prefecture$	−0.001 (0.002)	−0.002 (0.002)		
$pressure \times prefecture$	−0.016 (0.036)	0.003 (0.038)		
$pressure \times post \times tax$			0.421 (0.304)	0.294 (0.329)
$pressure \times post$			0.027 ** (0.014)	0.031 ** (0.014)
$post \times tax$			−0.168 (0.172)	−0.172 (0.169)

续表

变量	(1)	(2)	(3)	(4)
	政治晋升环境		税收竞争环境	
$pressure \times tax$			1.939 ***	2.022 ***
			(0.391)	(0.400)
$pergdp$		0.009		0.004
		(0.019)		(0.012)
$density$		−0.064		−0.046
		(0.041)		(0.069)
$third$		−0.019		−0.039
		(0.071)		(0.055)
fai		0.019		0.018 *
		(0.013)		(0.010)
fi		0.275		0.317 *
		(0.252)		(0.181)
$socialsales$		−0.013		0.036
		(0.046)		(0.048)
iae		−0.038 **		−0.040 ***
		(0.014)		(0.015)
$unemployment$		0.363		0.194
		(0.454)		(0.427)
$\_cons$	0.164	0.176	0.283 ***	0.237 *
	(0.189)	(0.257)	(0.008)	(0.131)
样本量	3 468	3 468	3 468	3 468
R^2	0.179	0.188	0.222	0.230
控制变量	未控制	控制	未控制	控制
城市固定效应	控制	控制	控制	控制
年份固定效应	控制	控制	控制	控制

表 6.15 第（1）列、第（2）列三重交叉项的系数不显著，该结果表明在增值税分成改革背景下，地级市数量（政治晋升环境）与地方政府非税收入比重的提高无显著关系。第（3）列、第（4）列三重交叉项的系数为正数，三重差分项的系数同样不具有显著性，表明在增值税收入划分调整过程中，地级市之间的税收竞争程度并不会对地方政府非税收入比重变

化起显著影响，或者说是地级市政府在面临财政压力增加时，无额外的财政配置以进行税收竞争来期望长远的税基扩大。

根据区域竞争环境的异质性分析结果，发现在减税降费背景下，受改革冲击较大的地方政府首先考虑的是满足地方政府的收支平衡问题，税收"逐底竞争"模式、官员晋升锦标赛都不是影响地级市政府非税收入比重变化的原因。此外，我们认为官员晋升环境不显著的原因，可能是因本次税收划分调整改革的影响是巨大的、普遍性的，即认为此改革给地方政府带来的财政压力是普遍性的，所以此时地方政府的首要任务就是"保基层运转"，不会出现竞争性的"发展"，而只是适当性的、合适性的、基本性的"发展"。

6.4.5 进一步研究

1. 地级市政府一般预算内的非税收入选择

经过前文的一系列探讨，发现在"营改增"后增值税收入划分调整背景下所形成的财政压力确实会导致地方政府倾向于提高其非税收入比重，以此应对财政面临的收支困境。当然，这里所使用的非税收入的研究口径是地级市政府一般公共预算收入中的非税收入。据现有统计口径，地级市政府一般公共预算收入中非税收入的口径包括了专项收入、行政事业性收费收入、罚没收入、国有资本收益、国有资源（资产）有偿使用收入和其他收入等。到底是哪一项，或者是哪几项政府非税收入的变化导致了政府非税收入比重的提高？我们再次根据各地级市政府的统计年鉴和财政预决算报告数据，统计该口径下非税收入的细分数据，以进一步探讨地级市政府非税收入扩张背后的行为选择。

我们根据基础回归模型，将被解释变量政府非税收入改为专项收入、行政事业性收费收入、罚没收入、国有资本收益、国有资源（资产）有偿使用收入和其他收入，同时对各项进行取对数处理后再作为被解释变量加入回归中。另外，受限于地级市非税收入细致的分项数据的可获得性，在回归时，剔除了数据年度不包括 2016 年度或只包括 2016 年度及以后年度数据的地级市。回归结果如表 6.16 所示。

表 6.16 地级市政府一般预算内的非税收入行为选择实证结果

变量	(1) 专项收入	(2) 行政事业性收费收入	(3) 罚没收入	(4) 国有资本收益	(5) 国有资源（资产）有偿使用收入	(6) 其他收入
$pressure \times post$	0.316 *** (0.085)	0.177 *** (0.042)	0.149 *** (0.033)	0.135 (0.092)	0.256 *** (0.068)	0.258 *** (0.068)
$pergdp$	0.132 (0.085)	0.219 *** (0.063)	0.184 *** (0.066)	0.488 ** (0.204)	0.043 (0.120)	0.002 (0.135)
$density$	6.140 ** (2.717)	−1.539 ** (0.745)	1.518 (1.468)	1.337 (7.456)	−2.853 (1.766)	0.291 (2.600)
$third$	0.422 (0.536)	−0.095 (0.418)	0.226 (0.304)	0.014 (1.065)	−1.587 ** (0.682)	1.544 ** (0.682)
fai	0.262 ** (0.115)	0.077 (0.078)	0.110 * (0.062)	0.315 (0.201)	0.011 (0.124)	0.073 (0.129)
fi	−3.171 (1.992)	1.532 (1.645)	−2.839 * (1.508)	8.437 ** (3.786)	2.283 (3.079)	2.010 (4.621)
$socialsales$	−1.221 *** (0.366)	−0.002 (0.370)	−0.008 (0.312)	−0.881 (0.951)	−0.901 (0.576)	−0.792 (0.761)
iae	−0.316 * (0.166)	0.073 (0.111)	0.073 (0.115)	0.312 (0.383)	0.261 (0.167)	−0.765 ** (0.324)
$unemployment$	−8.412 ** (4.104)	−3.358 (2.967)	−3.274 (3.418)	−4.261 (8.860)	−3.368 (6.145)	−6.197 (5.847)
$\_cons$	0.161 (0.991)	−0.631 (0.675)	−0.747 (0.735)	−3.976 * (2.236)	1.075 (1.351)	0.427 (1.540)
样本量	1 678	1 665	1 665	1 291	1 423	1 555
R^2	0.636	0.505	0.559	0.131	0.640	0.391
控制变量	控制	控制	控制	控制	控制	控制
城市固定效应	控制	控制	控制	控制	控制	控制
年份固定效应	控制	控制	控制	控制	控制	控制

从表6.16可以看出，地级市政府非税收入背后的扩张来自多方面。具体地，从受影响的范围来看，专项收入、行政事业性收费收入、罚没收入、国有资源（资产）有偿使用收入和其他收入等，都因为地级市财政压力的增加而不同程度上有所增加，只有国有资本收益受地方财政压力的影响是不显著的；从影响的程度来看，专项收入受到的影响最大，其次是其他收入，再次是国有资源（资产）有偿使用收入，接着是行政事业性收费收入，最后是罚没收入。

2. 地级市政府的土地出让行为

本书的基准回归探讨是小口径的地方财政收入，小口径的地方财政收入未涉及地方土地出让行为。而土地财政一直是影响地方财政压力的显著因素，为此，我们尝试基于基准回归的研究范式，进一步探讨地级市政府的土地出让行为，并将式（6.5）的被解释变量替换为地级市的土地出让收入数据（数据来自中国土地市场网），实证结果如表6.17所示。

表6.17 地级市政府的土地出让行为实证结果

变量	(1)	(2)
$pressure \times post$	0.177 *** (0.059)	0.104 ** (0.050)
$pergdp$		0.566 *** (0.165)
$density$		0.952 (0.809)
$third$		0.421 (0.404)
fai		0.440 *** (0.086)
fi		2.483 (1.605)
$socialsales$		- 1.326 ** (0.521)

续表

变量	(1)	(2)
iae		−0.112 (0.190)
unemployment		−7.463 ** (3.441)
_cons	2.758 (0.052)	−2.621 (1.808)
样本量	3 456	3 456
R^2	0.4457	0.4966
控制变量	未控制	控制
城市固定效应	控制	控制
年份固定效应	控制	控制

从表 6.17 可以看出，基于财政压力，通过增加土地出让来增加地方政府性基金预算收入，依然是地级市政府拓展财力的普遍性选择。因此，对非税收入的探讨，自然离不开土地财政现象，这在很大程度上可以解释一般公共预算内的非税收入扩张现象。从我国地方政府的实际来看，土地收入的获取不仅为地方筹集非税收入作出了重要贡献，甚至在前几年，在地方政府财政收入中具有很高的比重。因此，本书在进一步研究时，将地方政府的土地财政行为纳入非税收入扩张的基准回归，不仅具有合理性，也可以避免因分析视野局限性带来的分析误差。

6.5 本章小结

本章从地方非税收入角度考察财政收入内部结构，以 2008～2019 年我国 289 个地级市的数据为样本，运用广义双重差分模型实证检验了减税降费背景下"营改增"改革全面实施后的增值税五五分成过渡方案对地方财政收入结构的影响，得出以下研究结果。首先，减税降费背景下的增值税五五分成改革对地级市政府造成的财力冲击确实会导致地级市政府非税收入规模的扩张。其次，改革的影响也存在着异质性，即非税收入在东部地区和东北地区的扩张作用并不显著，在中部、西部地区的扩张作用非常显著，而且中部地区的非税收入扩张幅度大于西部地区。在比较了中部、西部两地区近几年的税收返还和转移支付增幅后，我们给出的解释是，因为近几年西部地区比中部地区得到更多的税收返还和转移支付，所以西部地区对非税收入的依赖性没有中部地区那么显著。最后，五五分成是中央和地方两级政府之间的划分方式，对地方以下并没有作出具体规定，因此五五分成最先影响的是省级层面的财政压力，进而影响省级政府对其辖区的财政安排变化，进而传导至地级市政府并导致其非税收入的扩张。对于此内在机制，本章进行了实证检验，并表明该机制的存在。

第7章

减税降费对区域间财力均衡度的影响研究：以增值税税率下调为例

2022 年，我国新增减税降费及退税缓税缓费超 4.2 万亿元，减税降费成效显著，为助力稳住宏观经济大盘发挥了关键作用。[①] 减税降费政策措施要落地生根，让企业轻装上阵。税收收入是地方财政能力的重要保障，减税政策在激发市场主体活力的同时必然对地方政府财力产生影响，且这种效应在不同区域间存在异质性，因此，地方政府间的财力格局可能随着减税政策的实施而变化。2023 年 1 月 30 日，财政部召开 2022 年度财政收支情况网上新闻发布会，指出 2023 年积极财政政策加力提效须重点把握好完善税费支持政策纾解企业困难和均衡区域间财力水平促进基本公共服务均等化等五个方面。我国地方财政承担了大量的公共服务供给和支出责任（胡晓东和艾梦雅，2019），县级财政作为基本公共服务供给的重要主体，实现其财力均等化是促进基本公共服务供给均等化的重要保障，也是我国建立财力协调、区域均衡的财政治理体系的重要组成部分。可见，继续实施减税降费政策与推动县级财力均等化仍是我国未来一段时间的重要工作

---

① 去年新增减税降费及退税缓税缓费超 4.2 万亿 ［EB/OL］. 中国政府网，2023 – 02 – 03.

内容，探究减税降费对区域间财力均衡状况的影响并据此完善相关政策进一步均衡区域间财力至关重要。2017～2019年我国持续实施了增值税税率下调，在促进企业创新（曹越等，2023）和经济增长（刘磊和张永强，2019）、提升企业价值（刘行和叶康涛，2018）等方面发挥了充分的积极作用。增值税作为"一税独大"的共享税，占地方财政收入的比重达38%，在我国税制体系中占据着重要地位且对地方财力贡献较大（胡晓东和艾梦雅，2019），其税率调整必然对地方政府财力产生重要影响。我国幅员辽阔，不同区域间的资源禀赋、经济发展水平、财力现状均存在较大差异，地方政府财力均等化水平受减税政策的影响不容忽视。因此，探究以增值税税率下调为代表的减税政策对地方财力均等化水平产生的影响，对于未来减税过程中进一步保障区域间财力均衡具有重要意义。

在减税背景下，现有文献大多从微观角度出发，探究减税对市场微观主体的正向影响，也有部分学者逐渐关注减税对政府主体的影响，主要从政府财力变化的总量角度分析减税政策对地方财政收支、债务或财政压力状况的影响，发现减税会在短期内使财政减收（甘行琼和雷正，2022），增大财政压力（刘建民等，2021；梁季等，2022），增值税税率下调在提高经济运行效率的同时会导致政府总体税收收入较大幅度的减少（尹恒和迟炜栋，2022）。此外，张牧扬等（2022）发现增值税税率下调并未促进地方政府债务膨胀，但崔惠玉等（2023）则指出当减税降费力度过大时，继续减税可能导致地方政府城投债规模的扩张。诚然，减税不仅会影响到政府财力总量，还会作用于区域间政府财力的分配进而影响区域间财力的均等化水平，从现有研究来看，该问题尚未得到学者们的足够重视。总体而言，直接聚焦减税政策影响县级财力均等化水平的文献仍相对缺乏。作为我国的重要减税举措，增值税税率下调是否对我国县级财力均等化水平产生了影响？其影响机制为何？这种影响在不同区域间是否具有异质性？本章主要针对上述三个问题展开分析，主要贡献在于：首先，现有研究主要集中于增值税税率下调的微观企业效应，鲜少涉及财政效应，对地方财力均等化的影响因素研究也主要集中于转移支付，少有文献探究减税政策对区域间财力差距的影响，县级财政是我国基本公共服务供给的主体，其财力均等化是我国财力均衡的重要组成部分，本章聚焦增值税税率下调对县级财力均等化的影响，在研究视角上是一个有益的补充；其次，本章聚焦增值税税率下调政策，基于地级市财政预算报告中的增值税预算数据构建政策影响程度指标，能够较为客观地反映增值税税率下调对地方财政的影响程度，在数据使用上具有一定独特性；最后，本章的异质性分析表明，增值税税率下调对县级财力均等化水平的影响存在明显的"马太效应"，会进一步扩大财力均等化水平较低、经济欠发达区域内部的县级财力差距，而对财力均等化水平较高、经济发达区域无显著影响，对进一步理解减税降费政策的财力均等化效应提供了经验证据。

7.1〉 制度背景分析

截至 2016 年 5 月，我国已完成全面"营改增"改革，彻底打通了增值税抵扣链条，至此，我国增值税包括四档税率：17%、13%、11% 和 6%。2017 ~ 2019 年，我国实施了持续的增值税税率下调政策：2017 年，《财政部 国家税务总局关于简并增值税税率有关政策的通知》发布，自 2017 年 7 月 1 日起，取消 13% 的增值税税率，并将农产品、自来水、暖气等原税率为 13% 的货物增值税税率下调为 11%，我国增值税税率变为三档：17%、11% 和 6%；2018 年，《财政部 税务总局关于调整增值税税率的通知》发布，自 2018 年 5 月起增值税税率调整为 16%、10% 和 6%；2019 年，《财政部 税务总局 海关总署关于深化增值税改革有关政策的公告》发布，自 2019 年 4 月 1 日起增值税税率调整为 13%、9% 和 6%（见表 7.1）。连续三年下调增值税税率，充分体现了国家通过减税为市场主体减负的决心，该减税政策对市场微观主体产生的正向经济效应也得到了现有文献的证实（刘行和叶康涛，2018；曹越等，2023）。

表 7.1 增值税税率下调政策实施情况

税率实施时间	增值税税率	减税主体
2016 年 5 月 1 日至 2017 年 6 月 30 日	17%、13%、11%、6%	—
2017 年 7 月 1 日至 2018 年 4 月 30 日	17%、11%、6%	农产品、自来水、暖气等货物
2018 年 5 月 1 日至 2019 年 3 月 31 日	16%、10%、6%	除电信服务、金融服务、现代服务（租赁服务除外）、生活服务、无形资产（不含土地使用权）外的所有行业
2019 年 4 月 1 日至今	13%、9%、6%	除电信服务、金融服务、现代服务（租赁服务除外）、生活服务、无形资产（不含土地使用权）外的所有行业

7.2 计量模型构建、变量选取和数据来源

7.2.1 计量模型构建

为检验第 2 章机制分析部分提出的假设，本章以县级财力均等化为被解释变量，以各区域受增值税税率下调政策影响的程度为核心解释变量，构建计量回归模型：

$$JDH_{i,t} = \alpha_0 + \alpha_1 X_{i,t} + ZControl_{i,t} + \pi_i + \gamma_t + \varepsilon_{i,t} \tag{7.1}$$

其中，i 表示地区；t 表示时间；$JDH_{i,t}$ 表示 i 地区第 t 年的财力均等化水平；$X_{i,t}$ 表示 i 地区第 t 年受增值税税率下调政策影响的程度；$Control_{i,t}$ 表示一系列控制变量，包括经济发展水平、人口均等化水平、人口规模、工资水平、对外开放和城市化水平；π_i 为地区固定效应；γ_t 为时间固定效应；$\varepsilon_{i,t}$ 为随机误差项。

7.2.2 变量选取与数据来源

1. 变量选取

（1）被解释变量：县级财力均等化水平（JDH）。泰尔指数是研究不

平等问题的重要方法（刘波和洪兴建，2022），基于泰尔指数法计算我国地级市的县级财力均等化水平，具体计算方法如下：

$$JDH = \frac{1}{n}\sum_{i=1}^{n}\frac{s_i}{\bar{s}}\ln\left(\frac{s_i}{\bar{s}}\right) \qquad (7.2)$$

其中，JDH 为地级市的县级财力均等化水平，这个指标的数值越大，表明县级财力间的差距越大，财力均等化水平越低；s_i 表示地级市 i 区域的人均一般公共预算收入；$\bar{s}$ 表示地级市的县级人均一般公共预算收入均值；n 表示该地级市的县级行政区数量。

（2）核心解释变量：各区域受增值税税率下调政策影响的程度（X）（以下简称"政策影响程度"）。本章旨在探究增值税税率下调对县级财力均等化的影响，因此核心解释变量构建的关键在于准确衡量增值税税率下调政策对地方财力影响的程度。我国的预算管理制度及披露的预算数据为此提供了条件。参照张牧扬等（2022）的做法，手工收集地级市的政府预算报告，基于地方政府年初编制的预算报告中的增值税、税收和非税收入数据构造指标衡量地级市受增值税税率下调政策影响的程度，即各区域受增值税税率下调政策影响的程度（X）=增值税收入预算数/（税收收入预算数＋非税收入预算数），该指标数值越大，表明对应区域的财政收入对增值税依赖程度越深，在增值税税率下调过程中受减税政策的影响越大。构建该指标的原因在于：首先，该指标能够相对准确地刻画对应区域受增值税税率下调政策影响的程度，地级市在年初编制预算时对增值税收入占财政收入比重的预期越高，表明该区域的财力状况与增值税收入的关联越紧密，在年中实施增值税税率下调政策时，其财力状况受政策的影响也越大；其次，该指标具有良好的外生性，我国地方财政的预算编制通常在年初，而2017～2019年的增值税税率下调时点均在年中，因此采用预算数据构建的政策影响程度指标，很难受到当年的增值税税率下调政策及地方政府其他行为的影响。此外，该指标是地方政府年初编制预算时对增值税收入占比的预期，很难通过除增值税税率下调政策之外的其他渠道对地方财政状况产生影响，存在遗漏变量的可能性相对较低。

（3）控制变量。县级财力均等化水平可能受到经济、人口、对外开放等诸多因素的影响，如经济发展水平和城市化水平越高的区域对财力均等化和基本公共服务供给均等化越重视（任超然和曾益，2016），人口情况、对外开放也对区域财力均等化有着重要影响（陈建东等，2014；张德钢等，2021）。因此，本章在回归中控制如下控制变量：①经济发展水平（$\ln GDP$），用地区人均生产总值的对数表示；②县级人口均等化（$RKgini$），用各县级行政区年末人口数的基尼系数表示；③人口规模（$\ln RKGM$），用地级市年末总人口数的对数值表示；④工资水平（$\ln GZSP$），用地级市在岗职工工资总额的对数值表示；⑤对外开放（$DWKF$），用进出口总额占GDP的比重衡量；⑥城市化水平（$\ln CSH$），用城市建设用地面积的对数值表示。

2. 数据来源

本章基于256个地级市的面板数据进行回归，由于核心解释变量为地级市受增值税税率下调政策影响的程度，该政策的实施时间为2017～2019年，样本区间选择2017～2019年。其中，政策影响程度指标来源于手工整理的地级市预算报告，其余变量数据来源于《中国城市统计年鉴》《中国统计年鉴》《中国县域统计年鉴》。变量的描述性统计如表7.2所示。

表7.2　　　　　　　　　　　　变量的描述性统计

变量	样本量	均值	标准差	最小值	最大值
JDH	617	0.126	0.113	0.000061	0.811
X	617	0.283	0.075	0.015	0.510
$\ln GDP$	617	16.725	0.859	14.611	19.026
$RKgini$	617	0.213	0.084	0.008	0.490
$\ln RKGM$	617	5.941	0.621	3.807	7.313
$\ln GZSP$	617	14.645	0.878	12.385	18.699
$DWKF$	617	0.149	0.233	0.000	2.491
$\ln CSH$	617	4.593	0.774	2.944	6.779

7.3 实证回归结果

7.3.1 基准回归结果

将县级财力均等化水平作为被解释变量、将政策影响程度指标作为核心解释变量进行回归，表7.3 的基准回归结果表明：在控制时间、地区固定效应前后，增值税税率下调对县级财力均等化指标的影响系数均显著为正。也就是说，增值税税率下调对县级财力格局产生了影响，在增值税税率下调期间，受该减税政策影响越大的区域，税率下调后县级人均财政收入的泰尔指数越大，县级财力均等化水平越低。可能的原因在于：增值税税率下调政策实施后，财力相对雄厚区域能更好地发挥减税政策的产业结构升级效应，并在地方政府竞争中凭借相对良好的产业基础设施吸引企业落户，推动产业结构较快升级，进而增加企业利润弥补税收损失，同时，财政能力较强的区域对转移支付的依赖较小，能在减税政策实施后有效强化税费征管强度确保财政收入的平稳。相比之下，财力薄弱区域产业结构升级相对缓慢，且囿于薄弱的企业基础和财政能力，对转移支付有着更强的依赖性，更倾向于争取依赖转移支付而非强化财政收入汲取行为缓解困境。因此，在增值税税率下调后，县级财力均等化水平出现下降。

表7.3   基准回归结果

变量	(1)	(2)	(3)
	JDH	*JDH*	*JDH*
X	0. 106 *	0. 182 ***	0. 166 **
	(0. 059)	(0. 061)	(0. 060)
ln*GDP*		− 0. 027 *	− 0. 029 *
		(0. 014)	(0. 015)
RKgini		0. 523 ***	1. 551 ***
		(0. 085)	(0. 540)

续表

变量	(1)	(2)	(3)
	JDH	*JDH*	*JDH*
ln*RKGM*		0.029 * (0.016)	0.682 *** (0.208)
ln*GZSP*		0.003 (0.009)	0.012 * (0.007)
DWKF		0.020 (0.026)	0.052 *** (0.014)
ln*CSH*		0.009 (0.011)	0.014 (0.015)
常数项	0.098 *** (0.018)	0.163 (0.156)	− 4.065 *** (1.344)
时间固定效应	未控制	未控制	控制
地区固定效应	未控制	未控制	控制
样本量	659	617	607
R^2	0.032	0.110	0.911

注: *** 、 ** 和 * 分别表示在1%、5%和10%的水平上显著，括号内为稳健标准误。下同。

7.3.2 稳健性检验

（1）更换被解释变量衡量方式。在基准回归中，采用县级人均财政收入的泰尔指数衡量县级财力均等化水平，为确保结论的稳健性，采用县级一般公共预算收入的泰尔指数（*JDH2*）为被解释变量重新进行回归。回归结果［见表7.4第（1）列］显示，政策影响强度指标的系数仍在10%的水平上为正，表明在增值税税率下调政策实施期间，受政策影响更大的地区县级财力差距在相对扩大，证明了基准回归结果的稳健性。

（2）排除极端值的影响。为排除极端值对回归结果造成影响，对县级财力均等化水平指标进行两端2.5%的缩尾处理后重新进行回归，回归结果［见表7.4第（2）列］显示，政策影响程度指标的系数仍显著为正，基准回归结论较为稳健。

（3）剔除部分样本数据。我国直辖市较受重视且在获取中央转移支付方面更有优势，考虑到副省级市较普通地级市具有更大的经济发展优势且更受省级财政的重视，剔除直辖市和副省级市的样本数据再次进行回归，政策影响程度指标的回归系数依然显著为正［见表7.4第（3）列］，证明了基准回归结果的稳健性。

（4）采用2020年样本数据进行回归。本章采用地方政府年初编制预算时对增值税收入占比的预期衡量各区域受增值税税率下调政策影响的程度，该指标只能通过增值税税率下调政策对地方政府财力产生影响，理论上而言，我国2020年并未继续实施增值税税率下调政策，该指标不会再对地方财力产生显著影响。采用2020年的截面数据重新进行回归，表7.4第（4）列的核心解释变量系数不显著，表明政策影响程度指标的确只能通过增值税税率下调对县级财力均等化产生影响，验证了研究结论的稳健性。

（5）采用控制变量一阶滞后项回归。考虑到下一年度政府预算数据主要是依据上一年的经济发展状况而制定的，将城市控制变量滞后一期进行回归，表7.4第（5）列的回归结果表明：政策影响程度指标的系数仍显著为正，研究结论较稳健。

表7.4　　　　　　　　　　　　稳健性检验

变量	(1) 更换被解释变量 JDH2	(2) 对数据进行缩尾处理 JDH（缩尾）	(3) 剔除直辖市、副省级市样本数据 JDH	(4) 更换2020年样本数据 JDH	(5) 城市控制变量滞后一期 JDH
X	0.124 * (0.061)	0.161 ** (0.064)	0.132 *** (0.045)	− 0.024 (0.108)	0.159 ** (0.064)
控制变量	控制	控制	控制	控制	控制
时间固定效应	控制	控制	控制	——	控制
地区固定效应	控制	控制	控制	——	控制
样本量	607	607	576	181	589
R^2	0.934	0.910	0.916	0.127	0.901

7.3.3 内生性问题讨论

尽管基于地方政府年初制定的预算报告数据构建增值税税率下调政策影响程度指标具有相对良好的外生性，但是考虑到政策吹风的可能因素，以及已经实施的增值税税率下调政策，可能会影响后面的 2018 年和 2019 年两个年度的预算数据，从而会导致回归结果对增值税税率下调政策效应的低估。为解决这一内生性问题，参照张牧扬等（2022）的做法，对工具变量（IV）进行两阶段最小二乘回归：$IV = (X_{p,t} \times share2017)$，其中，$X_{p,t}$ 表示地级市所在 p 省份第 t 年的政策影响程度指标，$share2017$ 表示地级市 2017 年的政策影响程度指标与其所在省份的政策影响程度指标之比，这个指标也可以写作 2017 年地级市的政策影响程度指标与外生的"地级市所在省份受政策影响程度指标的增长率"的乘积。在相关性方面，地级市在编制本年度预算时通常会在一定程度上参考往年的财政预算信息，我国向上负责的政治体制也使得地级市在编制预算目标时会受到省级财政预算信息的影响，因此该工具变量满足相关性要求。就外生性而言，构成地级市 2017 年政策影响程度指标的预算数据主要依据 2016 年及以前的财政信息制定且仅为政府预期，很难通过除增值税税率下调政策外的其他方式影响 2017 年及之后的地级市财力状况和格局，而构成省份政策影响程度指标的预算数据由省级政府直接制定，主要参考省级层面经济指标，因此难以通过影响地级市层面的不可观测因素对地级市内财力均等化水平产生影响，具有良好的外生性。将 IV 作为工具变量进行回归，表 7.5 的回归结果显示：第一阶段回归中 IV 的回归系数显著为正且 F 值大于 10，不存在弱工具变量问题；第二阶段回归中政策影响程度指标的系数仍在 5% 的水平上显著为正且数值较基准回归略有增大，证明了增值税税率下调政策降低了县级财力均等化水平这一研究结论的稳健性。

表 7.5 工具变量回归结果

变量	一阶段回归	IV 回归
	X	JDH
IV	0. 748 *** (0. 030)	
X		0. 350 ** (0. 138)
控制变量	控制	控制
时间固定效应	控制	控制
地区固定效应	控制	控制
F 值	620. 720	
样本量	612	612
R^2	0. 878	0. 109

7.3.4 机制检验

为检验增值税税率下调是否通过扩大区域间产业结构差异、影响地方政府财政收入筹集行为，进而扩大其转移支付依赖度差异、增大县级地方政府的财力差距，以第二产业增加值占 GDP 比重表示产业结构，计算县级行政区之间产业结构的标准差表示县级产业结构差异；由于地方政府本级一般预算收支之间的差异大致相当于本级财政得到的净转移支付收入（张光，2013；张翕，2022），通过计算县级财政一般公共预算收支之间的差值得到近似的县级转移支付水平，以转移支付占一般公共预算支出的比重表示县级财政对转移支付的依赖度，并计算其标准差衡量县级财政转移支付依赖度差异。将县级产业结构差异、县级财政转移支付依赖度差异作为被解释变量纳入模型进行回归。表 7.6 的回归结果表明，增值税税率下调后，政策影响程度指标更高的区域出现了县级产业结构差异和县级转移支付依赖度差异的相对扩大。增值税税率下调后，财力相对雄厚的县域凭借其更强的财政实力、宽松的市场环境，充分发挥减税政策提升企业劳动生产率和利润的良好效应，吸引更多企业安家落户，进一步提升产业结构、涵养税源，同时，财力雄厚区域能够通过强化税费征缴行为弥补减税造成的短期收入下降，对转移支付的依赖程度变化不大。而财力薄弱区域在减税后能实现的产业结构升级效应相对较小，也难以吸引企业的迁入，在薄弱的产业基础和有限的财政能力制约下，会对转移支付形成更深的路径依赖，不仅产业结构升级缓慢，也缺乏提升地方财政努力程度的动机和能力，其与财力雄厚县域的财力差距会进一步扩大。

表7.6　　　　　　　　　　　影响机制检验

变量	(1)	(2)
	市域内县级产业结构差异	市域内县级财政转移支付依赖度差异
X	0.148 ** (0.071)	0.327 ** (0.141)
控制变量	控制	控制
时间固定效应	控制	控制
地区固定效应	控制	控制
样本量	606	606
R^2	0.879	0.790

7.3.5　进一步讨论

1. 基于县级财力均等化水平的异质性分析

在县级财力均等化水平较低的城市，各辖区间的财政能力、产业配套基础设施、营商环境等相差较大，增值税税率下调后，不同辖区能实现的产业结构升级效应、地方政府参与竞争时的企业落户吸引力存在较大差异，更可能出现县级产业结构差异的扩大。同时，在财力均等化水平较低的城市，不同辖区的地方政府减税后的财政收入努力程度的变化也存在较大差异，实力较强辖区的地方财政更倾向于强化税费征管，而财力薄弱区域会存在"等靠要"思想进而加深对转移支付的依赖，进一步扩大县级财力差距。为检验增值税税率下调政策对县级财力均等化的影响在不同财力均等化水平的区域间是否存在异质性，采用面板分位数模型进行回归，结果如表7.7所示。从表7.7可以看出，在25%分位数水平下，政策影响程度变量系数未通过显著性检验；在50%和75%分位数水平下，政策影响程度变量系数均显著为正且随着分位数水平的提高而增大。这表明增值税税率下调对我国县级财力均等化的影响存在"马太效应"：在财力均等化水平较高（泰尔指数较小）的区域，增值税税率下调政策对县级财力均等化水平影响不显著；在财力均等化水平越低（泰尔指数越大）的区域，增值税税率下调政策的财力差距扩大效应越大。

表7.7 面板分位数回归结果

变量	分位数回归		
	q = 0.25	q = 0.5	q = 0.75
X	0.041 (0.104)	0.255 *** (0.077)	0.315 ** (0.144)
控制变量	控制	控制	控制
时间固定效应	控制	控制	控制
地区固定效应	控制	控制	控制
样本量	617	617	617

注：分位数回归括号内为使用 MCMC 方法得到的估计标准误。

2. 基于经济发展水平差异的异质性分析

为检验增值税税率下调对县级财力均等化的影响在不同经济发展水平的区域间是否存在异质性，将 GDP 大于当年 GDP 均值的城市划分为经济发达区域，其余城市划分为经济欠发达区域，重新进行回归，结果如表7.8所示。从表7.8可以看出，增值税税率下调后，经济发达城市的县级财力均等化水平未受到显著影响，而经济欠发达城市的县级财力均等化水平显著下降，县级财力差距明显扩大。可能的原因在于：经济发达城市的各辖区财政抗风险能力普遍较强，对转移支付依赖程度不深，其相对较高的市场化水平也有助于各县区发挥减税政策的产业结构升级效应（莫龙炯等，2023），税率下调后各县区均能够较好地利用减税契机推动产业结构升级，且在减税后更倾向于加强财政收入努力程度缓解地方财政收不抵支的困境，各地方政府对转移支付依赖的差异变化不大，因此减税后财力均等化水平变化相对较小。而在经济欠发达城市，主要产业和工业基础设施分布更为集中，各县区在政府竞争过程中对企业落户的吸引力差别较大，在减税后产业结构差异更容易扩大；此外，相较于经济发达城市的财力薄弱县区，经济欠发达城市的财力薄弱县区财政能力更弱，更易在减税后强化对转移支付的依赖，进而与市内财力相对雄厚的辖区拉开财力差距，降低县级财力均等化水平。

表 7.8 基于经济发展水平的异质性分析

变量	(1) 经济欠发达区域 JDH	(2) 经济发达区域 JDH
X	0.126** (0.056)	0.088 (0.103)
控制变量	控制	控制
时间固定效应	控制	控制
地区固定效应	控制	控制
样本量	443	154
R^2	0.912	0.947

3. 基于东部、中部、西部和东北地区的区域异质性分析

为检验增值税税率下调对县级财力均等化的影响在我国不同地区间是否存在差异，将样本数据按照传统划分方式分为东部、中部、西部和东北地区四大区域进行回归，结果如表 7.9 所示。从表 7.9 可以看出，增值税税率下调对县级财力均等化的影响在西部和东北地区显著，在东部和中部地区不显著。可能的原因在于：首先，我国东部、中部地区的城市经济发展水平较西部、东北地区更高，在增值税税率下调后，东部城市各县区的产业结构普遍相对高级且市场环境更为开放、对转移支付依赖不大，各区域均能通过提升企业的劳动生产率和地方政府财政努力程度来弥补减税造成的收入下降；而中部地区在早期承接过较多东部地区淘汰的产业，辖区内的产业基础设施差距较小，对企业落户的吸引力相差不大，在减税政策

实施后产业结构差异变动不大，因此东部、中部地区城市的财力均等化水平变动不大。西部、东北地区由于地理位置和经济欠发达而招商引资困难，加之西部城市的财力均等化水平相较其他区域更低，各辖区的财政能力、产业基础设施差异较大，东北地区近年来因工业经济的衰退和产业转型升级困难而面临财政税收减少的困境（魏后凯，2017），在增值税税率下调后，财力相对雄厚的辖区尚能通过优惠政策勉强留住企业，既没有足够财力支持参与政府竞争又难以通过强化税费征缴强度弥补收入损失的财力薄弱辖区，很可能会出现产业的外流并加深对转移支付缓解财源困境的惯性依赖，财力均等化水平更容易下降。

表 7.9　　　　基于东部、中部、西部和东北地区的异质性分析

变量	（1）	（2）	（3）	（4）
	东部地区	中部地区	西部地区	东北地区
	JDH	JDH	JDH	JDH
X	− 0. 005 (0. 082)	0. 033 (0. 133)	0. 325 ** (0. 114)	0. 181 *** (0. 015)
控制变量	控制	控制	控制	控制
时间固定效应	控制	控制	控制	控制
地区固定效应	控制	控制	控制	控制
样本量	174	167	181	85
R^2	0. 925	0. 892	0. 923	0. 934
Chow Test	7. 620（P = 0. 000）			

7.4 本章小结

本章聚焦减税降费对我国县级财力均等化的影响，以增值税税率下调为典型减税降费措施，基于地级市预算报告数据构建各区域受增值税税率下调政策影响程度指标，实证检验增值税税率下调对县级财力均等化水平的影响，结果表明：首先，增值税税率下调显著降低了县级财力均等化水平；其次，机制检验表明增值税税率下调通过扩大县级产业结构差异和地

方财政的转移支付依赖度差异扩大了县级财力差距，降低了县级财力均等化水平；最后，增值税税率下调对县级财力均等化的影响具有"马太效应"，在县级财力均等化水平越低的区域影响越大，而在财力均等化水平较高区域无显著影响。此外，增值税税率下调对县级财力均等化的负面影响在经济发达区域不显著，而在经济欠发达区域较显著；在我国东部、中部地区不显著，而在西部、东北地区较显著。

减税降费、财政体制
与地方财政可持续性：
以增值税分成体制为例

　　基于确保财政安全的目标，如何在减税降费的政策环境下缓解地方财政体制失衡、实现地方财政可持续发展，防范财政风险、保障财政的稳定运行是当前财政工作的重中之重。当前，综合考虑地方经济发展困局以及地方财政收支矛盾，破局地方财政发展瓶颈的关键就是要从调动积极性入手强化制度激励。毛泽东同志早在《论十大关系》中就强调必须调动中央和地方两个积极性。之后无论是在计划经济框架下还是在分税制改革中，充分发挥"两个积极性"原则贯穿整个财政体制改革变迁的始终。作为"两个积极性"的重要一环，地方积极性的调动不仅是发展地方经济、厚植地方财源的需要，也是从制度上缓解地方财政失衡、增强地方可持续发展能力的需要。因此，当前的财政体制改革，必须首先考虑如何有效调动地方积极性，重点考量制度的激励功能。全面"营改增"后，国务院调整了中央与地方的增值税收入分成比例，由此前的 75∶25 调整为 50∶50，地方政府税收分成比例增加。从短期来看，此项改革在很大程度上弥补了地方政府因营业税消失所导致的收入损失，缓解了地方财政困境；但从长期来看，收入划分作为处理政府间利益分配的重要手段，直接影响到地方政府积极性的发挥，因而分成改革从本质上说又是重要财政激励措施。税收分成比例变化产生的财政激励，对于缓解地方财政失衡、提升应对财政风险能力、增强地方财政可持续性至关重要。因此，在当前地方财政收入与财政支出格局发生深刻变化、财政收支矛盾加剧的经济形势下，综合考察增值税收入分成比例调整在多大程度上发挥了财政激励功能，以及如何通过财政激励来缓解地方财政体制失衡、提升地方财政可持续发展能力，是本章研究的核心。

8.1 税收分成、财政激励与地方财政可持续性

8.1.1 研究设计

1. 数据来源

本章选取 2010~2019 年我国 267 个地级市数据为研究样本。需要说明的是，使用财政反应函数测算地方财政可持续性指标时，需要用到滞后项数据，因此该部分数据样本区间为 2009~2019 年。这里原始数据主要来自《中国城市统计年鉴》，部分数据来自各地级市年度预决算报告。测算财政可持续性指标时所用到的地级市有息债务余额数据来自毛捷和徐军伟（2019）测算的地方债务数据。产出缺口、财政支出缺口数据以及各自的潜在值，由 HP 滤波命令得到。在运用 HP 滤波命令及 DEA 软件时，要求必须为平衡面板，因此我们对存在缺失值的数据进行了填补。此外，我们还删除了数据缺失严重的城市和直辖市样本。

2. 变量选取

（1）财政可持续性指标。我们借鉴高希等（Ghosh et al.，2013）、杜彤伟等（2019）的做法，参考财政空间的概念，运用财政反应函数对地级市的财政可持续性进行定量测度。首先，利用非线性财政反应函数估算出

各地级市的可持续债务率。考虑到地方基本财政盈余率存在一定的路径依赖，会受上一年财政盈余率的影响，在原非线性财政反应函数的基础上，加入财政盈余率的滞后一期，使用 GMM 估计方法进行回归。非线性财政反应函数设定如下：

$$fs_{c,t} = \partial fs_{c,t-1} + f(debt_{c,t-1}) + \delta X + \epsilon_{ct} \tag{8.1}$$

其中，$fs_{c,t}$ 为基本财政盈余率，$fs_{c,t-1}$ 为基本财政盈余率的滞后一期。$debt_{c,t-1}$ 为地方政府债务率的滞后一期，$f(debt_{c,t-1})$ 是关于 $debt_{c,t-1}$ 的一元多次项函数，一般将其设立为三次函数。fs 为财政盈余占 GDP 的比值，$debt$ 为政府有息债务余额占 GDP 的比值。X 为一系列控制变量，包括：产出缺口（$Yvar =$ 产出缺口/产出潜在值）、财政支出缺口（$Gvar =$ 支出缺口/支出潜在值）、实际 GDP 增长率（Rg）、固定资产投资增长率（Fig）和地区开放程度（$Open =$ 省进出口总额/省 GDP）。ϵ_{ct} 为误差项。对式（8.1）进行 GMM 回归，通过观察 $f(debt_{c,t-1})$ 三次项系数的符号及显著性，可以判断地方财政是否可持续。

根据政府跨期预算约束，当期政府债务余额（$Debt_{c,t}$）等于上一期政府债务余额（$Debt_{c,t-1}$）及累计利息支出（$r_t \times Debt_{c,t-1}$）减去当期财政盈余（$Fs_{c,t}$）：

$$Debt_{c,t} = (1 + r_t) Debt_{c,t-1} - Fs_{c,t} \tag{8.2}$$

借鉴博恩（Bohn，1998）、唐文进等（2014）的做法，主要关注债务率而非债务的绝对值，因此对式（8.2）两边同除以 GDP，经过调整可得政府融资预算约束式：

$$debt_{c,t} - debt_{c,t-1} = (r_t - g_t) debt_{c,t-1} - Fs_{c,t} \tag{8.3}$$

当债务率达到上限时，式（8.3）等于 0。式（8.3）解出的较大值即为债务率上限 $debt^*$，其与实际债务率的差值为财政空间。其中，r 表示实际利率，g 表示实际 GDP 增长率。参考杜彤伟等（2019）的做法，引入财政支出效率，取地方财政可持续性指标为：

$$Sustain_{ct} = \frac{debt^* - debt_{ct}}{1/Fe\_eff_{ct}} \tag{8.4}$$

其中，*Fe_ eff* 表示财政支出效率，以人均财政支出为投入变量、人均 GDP 为产出变量，由超效率数据包络分析（DEA）软件测算得到。

本章首先借鉴高希等（2013）、李丹等（2017）的研究，通过估计包含债务率一次项的线性财政反应函数判断地方财政是否可持续，通过估计包含二次项、三次项的非线性反应函数判断地方财政是否存在"财政疲劳"现象。结果如表 8.1 所示。表 8.1 中，第（1）列为线性财政反应函数的估计结果，显示我国地方政府的财政反应系数显著为负，不满足博恩（1998）提出的可持续性条件。我国地方政府不存在基本财政对债务的正向反应机制，既有的财政行为不可持续。第（2）列为包含三次项的估计结果，可见三次项、二次项、一次项的系数都显著为负，表明我国地方财政确实具有非线性特征，且存在"财政疲劳"现象。

表 8.1   财政反应函数

变量	(1)	(2)	(3)
	fs	*fs*	*fs*
l. fs	0. 4214 *** (0. 1252)	0. 3973 *** (0. 1206)	0. 4005 *** (0. 1207)
lDebt	− 0. 0838 *** (0. 0177)	− 0. 3351 *** (0. 0853)	− 0. 3439 *** (0. 0903)
l2Debt		0. 6326 *** (0. 2038)	0. 6368 *** (0. 2088)
l3Debt		− 0. 3878 *** (0. 1437)	− 0. 3905 *** (0. 1472)
Yvar	0. 1303 *** (0. 0207)	0. 1185 *** (0. 0177)	0. 1171 *** (0. 0178)
Gvar	− 0. 2326 *** (0. 0242)	− 0. 2287 *** (0. 0246)	− 0. 2311 *** (0. 0238)
Rg	0. 0982 *** (0. 0122)	0. 0957 *** (0. 0122)	0. 0965 *** (0. 0122)
Fig	0. 0165 *** (0. 0025)	0. 0118 *** (0. 0028)	0. 0121 *** (0. 0027)

续表

变量	(1)	(2)	(3)
	fs	fs	fs
Open	0.1589	0.1257	
	(0.1125)	(0.1073)	
AR (2)	0.196	0.209	0.211
Hansen	0.346	0.307	0.305
Obs	2 118	2 118	2 118

注：***、** 和 * 分别表示在 1%、5% 和 10% 的水平上显著。

再基于实证结果，以式（8.3）为基础，计算各地级市的财政空间。在测算时，参考杜彤伟等（2019）的做法，删除不显著的控制变量，以确保在计算债务率上限时所有的控制变量系数都是显著的。计量结果见表8.1第（3）列。将估计的各变量的系数值代入式（8.3），得到一个一元三次方程式（8.5）。通过求解得到的根的较大值，即为债务率上限值 $debt^*$。再将 $debt^*$ 的值代入式（8.4），即可得到被解释变量地方财政可持续性。

$$-0.3905debt_{c,t-1}^3 + 0.6368debt_{c,t-1}^2 - 0.3439debt_{c,t-1} + 0.1171Yvar_{c,t}$$

$$-0.2311Gvar_{c,t} + 0.0965Rg_{c,t} + 0.0121Fig_{c,t} = (r_c - g_c)debt_{c,t-1} \quad (8.5)$$

（2）财政激励强度指标。为了减少可能存在的内生性问题，更好地评估增值税分成改革对地方财政可持续性的影响，我们使用政策评估常用模型——双重差分模型（DID）来进行实证分析。2016年增值税分成改革在全国范围内同步实施，因此没有严格意义上的控制组。所有的地级市都受到了政策的影响，传统的 DID 模型不再适用。针对此种情况，我们参考陈（Chen，2017）、李建军和吴懿（2021）的做法，构建强度双重差分模型作为基准实证模型。我们采用改革前一年（即 2015 年）地级市增值税收入占财政收入的比重来衡量改革冲击对地方政府的财政激励强度。其内在逻辑为：虽然所有地级市都同时受到了政策冲击，但是政策对每个地级市的影响力度不同。不同地区因产业结构、经济发展水平不同，增值税收入存在较大差异。增值税收入占比越高，意味着分成改革后政府能获得的税收分享也就越多，改革对地方政府的财政激励效应也就越大。但是，由于

2012 年我国在部分省市推行了"营改增"试点,如果这部分省市直接用增值税收入占比构建激励强度指标,会受到"营改增"政策的影响。基于此,我们尝试在构建强度指标时,将"营改增"的影响排除。利用工业行业层面的增长率数据来模拟增值税增长率,通过与"营改增"试点前(即2011 年)的增值税数据交乘求出不受"营改增"政策影响的增值税收入数据。由于缺乏工业层面增加值的数据,我们主要利用规模以上工业企业增加值数据进行测算。具体而言,首先求出"营改增"试点地区 2011 ~ 2015 年规模以上工业企业增加值的增长率,以此来模拟地级市增值税收入增长率;然后利用 2011 年地级市增值税收入数据与增长率交乘,得到模拟的增值税收入。以模拟的 2015 年增值税收入占比构建财政激励强度指标,从而排除"营改增"的影响。未进行试点的地区,则依然使用原本的增值税收入占比作为财政激励强度指标。

(3)控制变量。我们参考李丹等(2017)、杜彤伟等(2019)的做法,控制了反映地区特征的变量:人均实际 GDP($Argdp$)、人口密度(Pop)、产业结构(Ind)、开放程度($Open$)、金融发展水平($Finance$)、居民储蓄率($Savings$)和地方土地出让收入($Land$)。具体指标构建及变量描述性统计如表 8.2 所示。

表 8.2　　　　　　　　指标选取及变量描述性统计

变量	符号	指标	观测值	平均值	标准差	最小值	最大值
地方财政可持续性	$Sustain$	(债务率上限－实际债务率)/(1/财政支出效率)	2 669	0.42	0.18	－ 1.27	1.54
交互项	$Post \times Incentive$	时间项×强度处理项	2 620	0.04	0.06	0	0.30
人均实际 GDP	$Argdp$	实际 GDP/地级市总人口	2 668	10.21	0.65	8.77	12.78
人口密度	Pop	ln(地级市总人口/行政区域面积)	2 667	5.72	0.94	1.62	7.92
产业结构	Ind	第二产业占比	2 619	0.48	0.10	0.11	0.90
开放程度	$Open$	省进出口总额/省 GDP 总额	2 665	0.98	2.06	0	19.57
金融发展水平	$Finance$	年末金融机构贷款余额/GDP	2 668	0.94	0.60	0.12	9.62
居民储蓄率	$Savings$	年末城乡居民储蓄余额/GDP	2 665	0.77	0.33	0.08	6.07
土地出让金	$Land$	ln(土地出让金收入)	2 660	13.28	1.34	8.45	22.01

3. 实证模型

（1）基准实证模型。我们采取强度 DID 模型考察税收分成激励对地方财政可持续性的影响，基准实证模型如下：

$$Sustain_{ct} = \partial_i + \beta_1 Post_t \times Incentive_c + \gamma X + \mu_c + \mu_t + \mu_{p \times t} + \epsilon_{ct} \quad (8.6)$$

其中，被解释变量 $Sustain_{ct}$ 为地方财政可持续性，下标 c、t 分别代表地级市和年份；$Post_t$ 表示改革前后的虚拟变量，2016 年之前赋值为 0，2016 年及之后赋值为 1；$Incentive_c$ 为 2015 年地方增值税收入占财政收入的比重，衡量改革对地级市政府产生的财政激励强度，以作为划分相对处理组和相对控制组的处理强度变量；X 为一系列控制变量；μ_c 和 μ_t 分别为地级市固定效应和时间固定效应。为了控制每个省份共同的年度冲击，如省域经济政策，我们控制了省份 × 年度固定效应。这里所有计量分析均在地级市—年度层面进行聚类，以减少异方差并得到稳健标准误。ϵ_{ct} 为误差项。这里感兴趣的参数是交互项 $Post_t \times Incentive_c$ 的系数 β_1，其数值捕捉了地方财政可持续性对财政激励强度变化幅度的反应。

（2）平行趋势模型。DID 模型有效性的重要前提是必须满足平行趋势。对于本部分研究而言，意味着在国家调整地方增值税收入比例之前，相对处理组与相对控制组的地方财政可持续性具有相似的时间趋势。计量模型如下：

$$Sustain_{ct} = \partial_i + \beta_n \sum_{n=-5}^{3} Post_n \times Incentive_c + \gamma X + \mu_c + \mu_t + \mu_{p \times t} + \epsilon_{ct}$$

$$(8.7)$$

其中，$Post_n$ 为第 n 年的虚拟变量，政策实施前（后）第 n 年取 1，否则为 0；n 为当前年份与政策实施年份之差，政策实施前 1 年取 −1，实施后一年取 1，以此类推。其余变量含义与基准回归式（8.1）相同。β_n 为本节主要关注的参数，其含义为，在 n 年处理组与控制组中的地方财政可持续性有无显著差异。若 β_n 在政策实施前不显著，在政策实施后显著，则表明相对处理组和相对控制组财政可持续性水平的差异主要是由改革引起的，可从计量上认定通过平行趋势检验，基准回归式（8.6）的回归结果没有明显的选择性偏误。

8.1.2 实证结果

1. 基准回归结果

我们运用强度 DID 模型评估增值税分成影响地方财政可持续性的平均处理效应,回归结果如表 8.3 所示。其中,第(1)列未加入控制变量,第(2)列、第(3)列加入了部分控制变量,第(4)列则加入了全部控制变量。4 列的结果均为正,且通过了 1% 水平的显著性检验,说明增值税分成改革对地方财政可持续性有着显著的促进作用。以第(4)列的结果为例,增值税分成改革的回归系数为 0.2394,这意味着,地级市在改革前增值税收入占比比其他地级市每高 1 个百分点,增值税分成改革将使其财政可持续性水平提高 0.2394 个百分点。基准回归初步验证了上调地方增值税分成比例产生的财政激励将显著促进地方财政可持续性这一结论。

表 8.3   基准回归结果

变量	(1) Sustain	(2) Sustain	(3) Sustain	(4) Sustain
$Post \times Incentive$	0.1906 *** (0.0405)	0.2488 *** (0.0400)	0.2390 *** (0.0400)	0.2394 *** (0.0396)
$Argdp$		0.1337 *** (0.0160)	0.1292 *** (0.0193)	0.1237 *** (0.0197)
Pop		0.0739 *** (0.0234)	0.0592 ** (0.0234)	0.0486 ** (0.0228)
Ind			0.0485 (0.0337)	0.0500 (0.0333)
$Open$			0.0070 *** (0.0026)	0.0069 *** (0.0025)
$Finance$				-0.0061 * (0.0036)
$Savings$				-0.0185 *** (0.0041)

续表

变量	(1)	(2)	(3)	(4)
	Sustain	Sustain	Sustain	Sustain
Land				−0.0054***
				(0.0014)
Constant	0.0981***	−1.0130***	−1.0485***	−0.9372***
	(0.0018)	(0.1734)	(0.1957)	(0.1974)
城市固定效应	Y	Y	Y	Y
年份固定效应	Y	Y	Y	Y
省份×年度固定效应	Y	Y	Y	Y
Observations	2 610	2 609	2 559	2 557
R^2	0.7920	0.8162	0.8176	0.8216

注：***、**和*分别表示在1%、5%和10%的水平上显著；括号内为异方差稳健标准误，这里所有回归都在城市—年度层面进行聚类。下同。

2. 平行趋势检验

使用 DID 模型进行回归的前提是必须满足平行趋势，为验证是否通过平行趋势，按照式（8.7）进行计量分析。以改革的前一年（即 2015 年）为基期，回归结果如图 8.1 所示。从中可以看出，在政策实施前，回归系数在 0 上下波动，且均不显著。这表明相对处理组和相对控制组的地方财政可持续性在改革前具有相似的时间趋势。在政策实施后，交互项的系数开始变得显著，验证了 DID 模型使用的前提，平行趋势检验通过。

3. 稳健性分析

（1）安慰剂检验。地方财政可持续性的提升可能是由样本区间内其他政策变化驱动的，而非增值税分成改革推动。为排除这一可能性，我们采用随机分组安慰剂检验方法，将 Post 和 Incentive 随机赋值给不同的地区，生成新的虚拟交互项，并按照式（8.6）进行循环回归 1 000 次。图 8.2 即为由 1 000 次循环回归下虚拟交互项的系数值绘制的拟合曲线。可以看到，虚拟交互项的系数估计值在 0 附近服从正态分布，且系数估计值永远达不到真实交互项的系数值 0.2394。这意味着地方增值税分成比例提高确实对地方财政可持续性起到了显著促进作用，安慰剂检验通过。

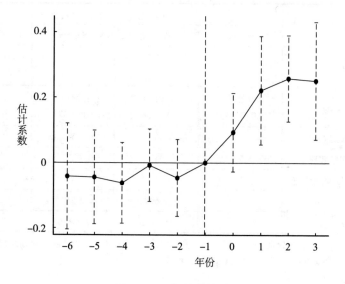

图 8.1 平行趋势检验

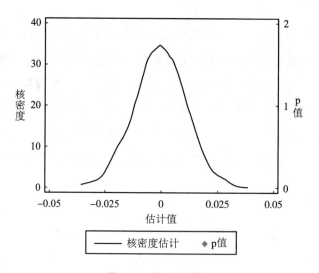

图 8.2 安慰剂检验

（2）更换处理组的划分方法。在基准回归中，我们使用 2015 年地区增值税收入占财政收入的比值作为增值税改革产生的财政激励强度处理变量。为了排除特定处理变量的选取方法对结论的干扰，这里参考李建军和吴懿（2021）的做法，以改革前一年的增值税收入占总税收收入的比值作

为财政激励处理变量（*Incentive*），并按照基准回归式进行回归。表 8.4
第（1）列的结果显示，增值税分成改革的回归系数依然显著为正，结果稳
健性得证。

表 8.4　　　　　　　　　　更换处理组的划分方法

变量	（1）改变 Incentive	（2）25%	（3）50%	（4）75%	（5）90%	（6）均值
Post × Treat		0.0122 *** (0.0033)	0.0219 *** (0.0030)	0.0205 *** (0.0037)	0.0245 *** (0.0057)	0.0184 *** (0.0030)
Post × Incentive	0.2449 *** (0.0467)					
控制变量	Y	Y	Y	Y	Y	Y
城市固定效应	Y	Y	Y	Y	Y	Y
年份固定效应	Y	Y	Y	Y	Y	Y
省份×年度固定效应	Y	Y	Y	Y	Y	Y
Observations	2 587	2 587	2 587	2 587	2 587	2 587
R^2	0.8186	0.8153	0.8193	0.8176	0.8171	0.8178

　　我们使用强度 DID 模型进行基准分析，为了进一步验证结论的稳健
性，采用传统 DID 模型进行实证检验。参考陈思霞等（2017）的做法，以
财政激励强度是否大于某个值为依据，划分处理组和控制组。为了排除特
定的处理组与控制组划分方法给结论带来的干扰，我们以多种不同方法划
分处理组和控制组，并按照基准回归式重新进行回归。首先，把财政激励
强度指标（*Incentive*）按照是否大于 25% 分位数、50% 分位数、75% 分位
数、90% 分位数以及是否大于均值划分为处理组（*Treat* = 1），其余为控制
组（*Treat* = 0）。表 8.4 第（2）列至第（6）列结果表明，无论在哪种处
理组划分方法下，增值税分成改革的回归系数均显著为正，表明研究结论
具有较好的稳健性。并且，随着划分标准的分位数的增加，交互项系数逐
渐变大，这意味着改革对增值税占比更大的地区有着更大的影响，增值税
占比较大的地区在此次增值税分成改革中受到的财政激励更强。

　　（3）PSM-DID。为了排除相对处理组和相对控制组财政可持续性变动

趋势可能存在的系统差异，我们进一步采用 PSM 方法对相对处理组和相对控制组进行匹配。这里使用的是强度 DID 模型，无法直接对相对处理组进行匹配。我们参考前文中对处理组和控制组的划分方法，将财政激励强度指标（Incentive）按照是否大于 50% 分位数或均值划分为处理组（Treat = 1），其余为控制组（Treat = 0），然后对处理组进行匹配。具体来说，我们以处理组 Treat 为被解释变量，对可能影响地级市被选为处理组的特征变量进行 Logit 回归，获得倾向匹配得分；为了排除特定匹配方法对结论的干扰，我们分别基于 1∶1 匹配和半径匹配两种匹配方法对样本进行匹配。我们选取的特征变量包括：人均实际 GDP、第二产业占比、城镇化水平（市辖区人口/总人口）、财政自给率（一般公共预算财政收入/一般公共预算财政支出）、人口密度、第三产业占比。利用匹配后的样本重新回归，结果如表 8.5 所示。结果显示，增值税分成改革对地方财政可持续性的影响依然显著为正，说明政策确实起到了促进地方财政可持续性的作用。这与基准结论一致，说明结论具有较好的稳健性。

表 8.5　　　　　　　　　　　**PSM-DID**

变量	50% 分位数		均值	
	PSM（1∶1）	PSM（$r=0.01$）	PSM（1∶1）	PSM（$r=0.01$）
Post × Incentive	0.0193 *** (0.0049)	0.0181 *** (0.0044)	0.0148 *** (0.0049)	0.0108 *** (0.0041)
控制变量	Y	Y	Y	Y
城市固定效应	Y	Y	Y	Y
年份固定效应	Y	Y	Y	Y
省份 × 年度固定效应	Y	Y	Y	Y
Observations	1 669	1 576	1 544	1 661
R^2	0.8250	0.8299	0.8390	0.8372

（4）更换被解释变量的衡量指标。考虑到地方财政可持续性的衡量存在多种方法，为了避免特定指标可能存在的测量误差，我们参考既有研究，将地方政府债务率（地方政府有息债务与财政收入的比值）、财政盈余率（财政收支差额与 GDP 的比值）、财政收入增长率作为衡量地方财政

可持续性的指标，进行重新回归，结果如表 8.6 所示。从中可以看出，更换地方财政可持续性的度量指标后，增值税分成改革的回归系数均显著为正。这表明基准回归结论依然是稳健的，并不受被解释变量指标选择的影响。

表 8.6　　　　　　　　　更换被解释变量的衡量指标

变量	(1) 债务率	(2) 财政盈余率	(3) 财政收入增长率
Post × Incentive	−2.5497** (1.0859)	0.0750** (0.0322)	0.8160*** (0.1169)
控制变量	Y	Y	Y
城市固定效应	Y	Y	Y
年份固定效应	Y	Y	Y
省份×年度固定效应	Y	Y	Y
Observations	2 567	2 557	2 556
R^2	0.7428	0.9614	0.6282

（5）排除同期相关政策的影响。在本章研究区间内，存在与税收相关的改革政策，可能会对本章研究产生影响。我们主要考察"营改增"试点、全面"营改增"和 2018 年大规模减税降费政策对基准回归结果的影响。

"营改增"政策率先在上海进行试点，而后将试点范围扩大至河南省、福建省、厦门市等 11 个省市。由于该政策在研究的样本区间内，为了排除可能存在的政策混杂效应，我们删除了前期进行试点的地区，再次进行分析。表 8.7 第（1）列显示，增值税分成改革的回归系数仍显著为正，表明研究结论并不受同期"营改增"试点政策影响。

表 8.7　　　　　　　　　排除其他政策影响

变量	排除"营改增" 删除试点城市 (1)	排除全面"营改增"			排除税率调整 删除 2018 年样本 (5)
		20% (2)	30% (3)	40% (4)	
Post × Incentive	0.2091*** (0.0545)	0.3295*** (0.0821)	0.3345*** (0.0733)	0.3644*** (0.0647)	0.1630*** (0.0528)

续表

变量	排除"营改增"删除试点城市	排除全面"营改增"			排除税率调整删除2018年样本
		20%	30%	40%	
	(1)	(2)	(3)	(4)	(5)
控制变量	Y	Y	Y	Y	Y
城市固定效应	Y	Y	Y	Y	Y
年份固定效应	Y	Y	Y	Y	Y
省份×年度固定效应	Y	Y	Y	Y	Y
Observations	1 747	492	731	977	2 066
R^2	0.8000	0.8570	0.8349	0.8419	0.8404

2016 年,"营改增"政策在全国范围内铺开,改革范围也由试点行业扩展至全部行业。全面"营改增"的减税效应可能会对地方财政可持续性带来不利影响。改革前对营业税依赖程度越高的地区,受到"营改增"政策的冲击也就越强。为了排除全面"营改增"政策对研究结论造成的干扰,本部分仅对营业税收入占比较低的地区进行回归。营业税收入占比越低,"营改增"政策对地区财力的影响也就越低。我们根据改革前一年营业税收入占财政收入的比重进行划分,按照营业税收入占比是否小于20%、30%、40%分位数将样本划分为营业税收入占比较低地区,删除营业税占比较高的地区,以排除全面"营改增"政策的影响。结果见表8.7第(2)列至第(4)列,增值税改革的回归系数均显著为正,表明同期全面"营改增"政策并没有影响到基准结论。

2018 年我国开始实行大规模减税降费政策,推行了多项减税政策,如将增值税的基本税率从17%下调至16%。这些减税政策可能导致地方财政收入缩减,影响地方财政可持续性。为了排除大规模减税降费政策对基准结论的干扰,我们删除了2018 年及之后的样本,再次进行回归。结果见表8.7第(5)列,可以看出增值税分成改革对地方财政可持续性仍然产生了正向促进效应,说明基准结论是可靠的。

8.1.3 机制分析

前文的回归结果表明了增值税分成改革对地方财政可持续性的促进效应。本部分重点从工业企业发展和地方政府税收竞争的角度论述作用机制。

1. 增值税分成激励与工业企业发展

税收分成比例变化会激励地方政府倾向于支持地方分成比例较高的相关税源的发展。增值税分成改革大幅提高了地方政府增值税分成比例，地方政府从缴纳增值税的相关行业中获得的税收收入骤然增加。考虑到增值税收入主要来源于工业，地方政府有动机"援助"工业企业发展，扩大税基，进而增加地方财政收入，促进地方财政可持续性。本部分以工业企业数量 $[Indus\_num = \ln(规模以上工业企业个数)]$、工业企业规模 $[Indus\_size = \ln(规模以上工业总值)]$、地方财政收入的自然对数（lnfisrev）、地方税收收入的自然对数（lntax）为被解释变量，考察增值税分成改革是否促进了工业企业发展、增加了财政收入。表 8.8 第（1）列至第（4）列报告了回归结果，增值税分成改革的回归系数均显著为正。这意味着增值税分成改革推动了地方政府吸引新工业企业进入和扩大现有工业企业规模，扶持辖区内工业企业发展，获得了更多税收分享。可见地方增值税分成比例增加的确激励了地方政府重点培养工业企业发展，以获得更多自有财力，促进地方财政可持续性。

表 8.8   机制检验

变量	（1）	（2）	（3）	（4）	（5）	（6）	（7）
	Indus_num	*Indus_size*	lnfisrev	lntax	*Taxcomp*	*CF*	*CF*
Post × Incentive	0.7545 ***	0.8034 **	0.5856 ***	0.5254 ***	3.4944 ***	0.4520 *	
	(0.1832)	(0.3312)	(0.1396)	(0.1391)	(0.5004)	(0.2509)	
Taxcomp							0.0399 ***
							(0.0154)

续表

变量	(1) Indus_num	(2) Indus_size	(3) lnfisrev	(4) lntax	(5) Taxcomp	(6) CF	(7) CF
控制变量	Y	Y	Y	Y	Y	Y	Y
城市固定效应	Y	Y	Y	Y	Y	Y	Y
年份固定效应	Y	Y	Y	Y	Y	Y	Y
省份×年度固定效应	Y	Y	Y	Y	Y	Y	Y
Observations	2 549	1 826	2 557	2 557	2 556	2 513	2 542
R^2	0.9866	0.9898	0.9889	0.9883	0.8794	0.9630	0.9643

2. 增值税分成激励与税收竞争

增值税税收分成比例的提高会强化地方政府的税收竞争动机，推动地区经济增长。地方政府间的税收竞争会降低辖区内企业实际税率，增加投资回报率，吸引资本流入，发展辖区经济，在拓展税源基础上扩大税基，使得地方政府可以从税基的扩大中获得更多财政收入，进而促进地方财政可持续能力。本部分将针对增值税分成改革能否通过激励地方政府进行税收竞争以吸引资本流入发展经济，进而促进地方财政可持续性给出证据。借鉴傅勇和张晏（2007）的做法，使用全国实际税率和地级市实际税率的比值衡量地方政府税收竞争程度（Taxcomp）。具体指标构建见式（8.8）：

$$Taxcomp_{c,t} = \frac{Tax_t / GDP_t}{Tax_{c,t} / GDP_{c,t}} \tag{8.8}$$

其中，Tax_t 为全国在 t 年的总税收收入，GDP_t 为全国 t 年的国内生产总值，两者的比值即全国在 t 年的实际税率；$Tax_{c,t}$ 为 t 年 c 地区的总税收收入，$GDP_{c,t}$ 为 t 年 c 地区的国内生产总值，两者的比值为 c 地区 t 年的实际税率；$Taxcomp$ 即全国实际税率与某一地区的实际税率的比值，其值越大，说明该地区的税收竞争程度越高。以地方政府税收竞争（Taxcomp）为被解释变量，代入式（8.6）进行机制检验，结果见表8.8第（5）列。增值税分成改革的系数显著为正，表明增值税分成改革显著提高了地方政府税收竞争程度，降低了辖区内企业的税负水平。为了夯实机制检验的完整性，我们进一步检验了税收竞争对资本流入的影响。参考李香菊和赵娜（2017）的做法，以社会固定资产投资与住宅投资的差（取对数）来表示本地区的资本流入（CF）。首先以 CF 为被解释变量，考察增值税分成改革对资本流入的影响，再考察税收竞争对资本流入的影响。检验结果见表8.8第（6）列、第（7）列。增值税分成改革与税收竞争的系数均显著为正，表明增值税分成改革显著提高了地方政府税收竞争程度，促进了区域资本流入。资本是经济增长的核心生产要素，其流动可为推动地区经济发展注入强大动力，进而提升地方财政可持续能力。

8.1.4 异质性检验及进一步讨论

我国不同地区在社会经济、产业结构等方面存在着较大差异，因此，增值税分成改革对不同地区财政可持续性的影响可能存在异质性。我们主要关注四个方面的异质性，即产业结构差异、资源禀赋差异、财政自给率差异和市场壁垒差异。

1. 异质性检验

（1）产业结构的异质性。增值税收入主要来源于第二产业，因此产业结构不同的地区受到税收分成激励的程度也有所差异。在基准回归式中加入产业结构（Ind）与 $Post \times Incentive$ 的交乘项，再次进行双重差分回归。表8.9第（1）列报告了不同产业结构下，增值税分成改革的回归结果。从中可以看出，$Post \times Incentive \times Ind$ 的系数显著为正，相较于第二产业占比较低的地区，增值税分成改革对第二产业占比较高地区的财政可持续性影响更大。这说明，对于工业基础较坚实的地区来说，其财政本身就对增值税收入较为倚重，因此，当增值税分成比例上升时对应的财政激励也就越大，可以获得更多增值税收益，从而有益于地方财政可持续性。

表 8. 9   异质性分析

变量	Sustain			
	（1）	（2）	（3）	（4）
$Post \times Incentive \times Ind$	0. 4691 * （0. 2432）			
$Post \times Incentive \times Argdp$		0. 1434 *** （0. 0229）		
$Post \times Incentive \times Fiscal\_self$			0. 4992 *** （0. 0701）	
$Post \times Incentive \times Market$				0. 0517 * （0. 0279）
单变量	Y	Y	Y	Y
控制变量	Y	Y	Y	Y
城市固定效应	Y	Y	Y	Y
年份固定效应	Y	Y	Y	Y
省份×年度固定效应	Y	Y	Y	Y
Observations	2 557	2 557	2 557	2 557
R^2	0. 8224	0. 8259	0. 8267	0. 8220

（2）资源禀赋的异质性。地区资源禀赋会影响地方政府参与竞争的意愿，资源禀赋较好的地区倾向于积极参与竞争，吸引流动要素，促进本地区经济发展；而资源禀赋较差的地区即使积极参与竞争也缺乏竞争力，因而参与竞争的意愿较低。正是这种地区竞争力的差异，使得资源禀赋较差的地区在面对财政激励时并不敏感，而资源禀赋越好的地区对税收分成激励变化越敏感。为了考察增值税分成改革对地方财政可持续性的效应在资源禀赋不同的地区是否存在差异，我们在基准回归中加入地区资源禀赋（$Argdp$ = 人均实际 gdp，取对数）和双重差分项的交乘项进行检验。表 8. 9第（2）列显示，交乘项的系数显著为正，说明相较于资源禀赋较差的地区，资源禀赋较好的地区对增值税分成激励更加敏感，从而更大程度地影响了该地区的财政可持续性。

（3）财政自给率的异质性。当地区的财政自给率较高时，意味着这个地区的财政支出需求更多地由自有财力解决，因此该地区对自有财力的建设更加重视，对税收分成激励也更加敏感。在基准回归式中加入财政自给率（*Fiscal_self* = 一般公共预算财政收入／一般公共预算财政支出）与双重差分项的交乘项重新进行回归。表8.9第（3）列中，交乘项的系数为正，且通过了1%水平上的显著性检验，说明相较于财政自给率较低的地区，增值税分成改革对地方财政可持续性的促进效应在财政自给率较高的地区更加明显。财政自给率较低的地区，财政支出严重依赖上级政府转移支付，因而对税收分成激励的敏感度较低。对财政自给率更高的地区而言，其财政支出更多地依赖自有财力，因此对本地税源的建设更加重视，对税收分成激励也更加敏感，从而会更大程度地激励地方政府发展税基、涵养税源，促进地方财政可持续性。

（4）市场壁垒的异质性。为了赢得GDP晋升锦标赛，存在不同程度上地方保护主义倾向，地区间市场壁垒在我国仍然普遍存在，影响着要素的自由流动。税收竞争理论认为，地方政府降低实际税率是为了吸引流动要素，扩大税源，发展本地经济。前文分析认为，增值税分成改革主要通过激励地方参与税收竞争，吸引资本，进而扩大税基，促进地方财政可持续发展。因此，要素是否能在地区间自由流动，对政策能否发挥效用具有重要影响。我们以樊纲市场化指数（*Market*）作为市场壁垒的衡量指标，讨论市场壁垒异质性的影响。具体而言，地区市场化水平越高，市场壁垒越低，对要素自由流动的影响越小，则增值税分成改革对地方财政可持续性的促进效应就越明显。回归结果见表8.9第（4）列，交乘项系数显著为正，说明相较于市场化水平较低的地区，市场化水平较高、市场壁垒较低的地区增值税分成激励对地方财政可持续性的促进效应更大。这说明，市场壁垒越低的地区，越有利于发挥税收分成激励效应。

2. 进一步讨论：增值税分成改革的横向财力平衡效应

增值税作为共享税，规模非常大，其收入划分不仅仅是平衡政府间纵向财力的重要政策工具，同时还应发挥横向财力平衡功能，如果增值税收入分配没有考虑横向财力平衡，那么通过其他手段来实现财力平衡几乎是不可能的。由于我国增值税横向分配采用"生产地"原则，其分成比例提高可能加剧税收与税源背离的问题，不能很好地兼顾东部、中部、西部地区利益。为了考察增值税分成改革是否存在财政收入的"马太效应"，我们对东部、中部、西部地区这三类样本进行再回归。表8.10报告了分样本回归的结果，从中可以看出，东部、中部地区的回归系数均显著为正，可见增值税分成改革对东部、中部地区的财政收入具有显著促进效应。增值税分成改革对西部地区财政收入的影响没有通过显著性检验，且交互项系数为负，可以看出增值税分成改革对西部地区的财政收入存在负向效应。这表明增值税分成改革并没有很好地发挥其横向财力平衡效应。中央在推行增值税分成改革后，应充分考虑调节区域财力横向平衡的需要，适时推进相关配套改革。

表 8.10   进一步分析

变量	横向财力平衡		
	东部地区	中部地区	西部地区
Post × *Incentive*	0.8353 *** (0.2182)	0.7938 *** (0.2059)	− 0.3814 (0.3216)
控制变量	Y	Y	Y
城市固定效应	Y	Y	Y
年份固定效应	Y	Y	Y
省份 × 年度固定效应	Y	Y	Y
Observations	909	1 160	488
R^2	0.9927	0.9801	0.9891

8.2 税收分成、财政失衡与地方财政可持续性

在财政分权体制下，财政失衡现象在世界各国普遍存在：一是不同层级政府间的纵向财政失衡；二是同一层级政府间的横向财政失衡（张克中等，2021）。中国自1994年分税制改革后，财权上收中央，然而支出责任却没有随央地政府间收入分配关系的调整而调整。财政收入的中央集权和

扩张性支出责任的不匹配，一方面扩大了地方政府的财力缺口，导致财政纵向失衡长期保持在高位水平；另一方面还使得地方政府间因资源禀赋与经济发展水平差异而产生的财政横向失衡愈发突出（储德银等，2019）。过高的财政失衡会影响地方政府财政行为，造成横向失衡下的"标尺竞争"和纵向失衡下财政自主能力干涸的发展困境（付敏杰，2016）。党的十九大报告明确提出，要建立权责清晰、财力协调、区域均衡的新型央地政府间财政关系。中国地方财政失衡源于政府间财政收支的配置结果（李永友和张帆，2019），调整财权划分方式、提高地方政府的税收分享比例有助于缓解财政失衡（张克中等，2021；Fajgelbaum et al.，2019；Qian & Zhang，2018）。基于此，我国于2016年出台了致力于提高地方财政收入、推进中央与地方事权和支出责任划分改革的增值税"五五分成"政策。因此，增值税分成政策在多大程度上发挥了增加地方财政收入、缓解地方财政体制失衡的政策效应，值得我们作出合理客观的评估。

在"营改增"之前，营业税作为第一大地方税种，是地方政府的主要税收来源。在"营改增"之后，地方政府主体税种缺失，面临着财政收入减少的压力。若增值税继续按照央地间75∶25的分成比例，地方政府将面临75%的营业税损失。为了缓解地方财政困局，保障地方现有财力，2016年中央出台《全面推开营改增试点后调整中央与地方增值税收入划分过渡方案》，决定在保持既有财力不变的情况下，将增值税地方分成比例上调至50%。2019年国务院印发《关于印发实施更大规模减税降费后调整中央与地方收入划分改革推进方案的通知》，规定继续保持"五五分成"不变。"营改增"后，在地方主体税种缺失的情况下，增值税作为我国第一大共享税种，直接构成中央和地方的重要财力基础。其收入分配不仅是平衡不同层级政府间纵向财力的重要政策工具，同时还会重新分配同一层级政府间横向财力。如果增值税分配没有考虑横向财力平衡，那么通过其他手段来实现财力平衡几乎是不可能的（刘建民等，2023）。因此，从增值税纵向分配规则调整的角度分析地方财政体制问题具有重要意义。

8.2.1 实证模型

1. 基准实证模型

为了减少可能存在的内生性问题，更好地评估增值税分成改革对地方财政体制的影响，我们使用政策评估常用模型双重差分模型（DID）来进行实证分析。考虑到 2016 年增值税分成改革在全国范围内同步实施，所有的地级市都受到了政策的影响，传统的 DID 模型不再适用。针对此种情况，参考陈（Chen，2017）、李建军和吴懿（2021）的做法，构建强度双重差分模型作为基准实证模型：

$$FSI_{ct} = \partial_i + \beta_1 Post_t \times Shock_c + \gamma X + \mu_c + \mu_t + \epsilon_{ct} \tag{8.9}$$

$$Shock_c = \frac{VAT_{c2015} + BT_{c2015}}{Fisrev_{c2015}} \tag{8.10}$$

其中，被解释变量 $FSI_{c,t}$ 为地方财政体制失衡水平，下标 c 和 t 分别代表地级市和年份；$Post_t$ 表示改革前后的虚拟变量，2016 年之前为 0，2016 年及之后为 1；$Shock_c$ 由式（8.10）度量，测量的是 2015 年地方增值税收入（VAT）与营业税收入（BT）之和占地方财政收入（$Fisrev$）的比重，是衡量改革对地级市政府产生的政策冲击强度的处理变量；X 为一系列控制变量，降低遗漏变量带来的内生性问题；μ_c 为地级市固定效应；μ_t 为时间固定效应；ϵ_{ct} 为误差项。这里所有计量分析均在地级市—年度层面进行聚类，以减少异方差并得到稳健标准误。本部分研究感兴趣的参数是交互项 $Post_t \times Shock_c$ 的系数 β_1，其数值捕捉了地方财政体制失衡水平对政策冲击强度变化的反应。

2. 平行趋势模型

DID 模型有效性的重要前提是必须满足平行趋势。对于本部分研究而言，意味着如果国家未调整地方增值税分成比例，相对处理组与相对控制组的财政体制失衡水平具有相似的时间趋势。计量模型如下：

减税降费、财政体制与地方财政可持续性：以增值税分成体制为例

$$FSI_{ct} = \partial_i + \beta_n \sum_{n=-5}^{4} Post_n \times Shock_c + \gamma X + \mu_c + \mu_t + \epsilon_{ct} \quad (8.11)$$

其中，$Post_n$为第 n 年的虚拟变量，政策实施前（后）第 n 年取 1，否则为 0；n 为当前年份与政策实施年份之差，政策实施前 1 年取 -1，实施后 1 年取 1，以此类推。其余变量含义与基准回归式（8.9）相同。β_n 为本节主要关注的参数，其含义为，在第 n 年处理组与控制组中的财政体制失衡水平有无显著差异。若在政策实施前无显著差异，在政策实施后有显著差异，则通过平行趋势检验，基准回归式（8.9）的回归结果没有明显的选择性偏误。

3. 变量选取

（1）财政体制失衡指标。这里主要从横向财政失衡（HFI）和纵向财政失衡（VFI）两个维度衡量地方财政体制失衡水平。借鉴伯德和塔拉索夫（Bird & Tarasov，2004）、储德银等（2019）的做法，对地方财政横向失衡（HFI）和纵向失衡进行测度（VFI）。具体测度公式如表 8.11 所示。

表 8.11　　　　　　　　　财政横向失衡与纵向失衡测算公式

指标名称	测量公式	具体变量含义
财政纵向失衡（VFI）	$VFI_{ct} = 1 - \dfrac{FQR_{ct}}{FQS_{ct}} \times (1 - LBD_{ct})$ $FQR_{ct} = \dfrac{LGR_{ct}/LPOP_{ct}}{LGR_{ct}/LPOP_{ct} + CGR_t/POP_t}$ $FQS_{ct} = \dfrac{LGS_{ct}/LPOP_{ct}}{LGS_{ct}/LPOP_{ct} + CGS_t/POP_t}$ $LBD_{ct} = \dfrac{LGS_{ct} - LGR_{ct}}{LGS_{ct}}$	FQR：财政收入分权 FQS：财政支出分权 LBD：财政自给缺口率 LGR：地级市公共预算收入 LGS：地级市公共预算支出 CGR：中央公共预算收入 CGS：中央公共预算支出 $LPOP$：地级市总人口数 POP：全国总人口数
财政横向失衡（HFI）	$CV_{ct} = \dfrac{\sqrt{\sum_j (y_i - y_j)^2 \times \dfrac{(p_i + p_j)/2}{P}}}{y_w}$ $y_w = \sum_{j=1}^{n} y_j \dfrac{p_j}{P}, j = 1, 2, \cdots, n,\ n = 267$	y_i 和 y_j：第 i 和 j 个地级市人均实际财政收入 y_w：全国各地级市人均实际财政收入的加权平均值 p_i 和 p_j：第 i 和 j 个地级市的总人口数 P：全国总人口数

（2）政策冲击指标（*Shock*）。2016 年增值税分成改革在全国范围内同步实施，因此没有严格意义上的控制组。针对此种情况，参考陈（2017）、李建军和吴懿（2021）的做法，构建强度 DID 模型作为基准实证模型。我们采用改革前一年地级市增值税收入和营业税收入之和占地方财政收入的比重，作为划分相对处理组和相对控制组的处理强度变量。其内在逻辑为，虽然所有地级市同时受到了政策冲击，但是政策对每个地级市的影响力度不同。不同地区因产业结构、经济发展水平不同，增值税收入和营业税收入存在较大差异。增值税收入与营业税收入占比越高，意味着分成改革后政府能获得的税收分享越多，改革对地方政府的政策冲击也就越大。

（3）控制变量。本部分参考储德银等（2019）的做法，控制了反映地区特征的变量：地区发展水平（ln*gdp*）、人口规模（ln*pop*）、第二产业占比（*Sec_Ind*）、第三产业占比（*Thi_Ind*）、财政支出结构（*FisStr*）、城镇化率（*Urban*）和开放程度（*Open*）。具体指标构建及变量描述性统计见表 8.12。

表 8.12　　　　　　　　指标选取及变量描述性统计

变量	符号	指标	观测值	平均值	标准差	最小值	最大值
财政体制失衡	*VFI*	纵向财政失衡	2 935	0.720	0.080	0.460	1.110
	HFI	横向财政失衡	2 937	1.819	1.182	0.875	24.905
交互项	*Post* × *Shock*	时间项×强度处理组	2 937	0.140	0.160	0	0.520
地区发展水平	ln*gdp*	ln（地区 *gdp*），单位：万元	2 898	16.55	0.890	14.180	19.440
人口规模	ln*pop*	ln（年末总人口数），单位：万人	2 936	5.870	0.680	2.970	7.310
第二产业占比	*Sec_Ind*	第二产业增加值/地区 *gdp*	2 931	0.470	0.100	0.110	0.900
第三产业占比	*Thi_Ind*	第三产业增加值/地区 *gdp*	2 931	0.410	0.095	0.098	0.727
财政支出结构	*FisStr*	民生性支出/一般预算支出	2 934	0.190	0.040	0.050	0.460
城镇化率	*Urban*	城镇人口数/总人口数	2 907	0.550	0.150	0.180	1
开放程度	*Open*	外商直接投资水平/地区 *gdp*	2 821	0.020	0.020	0	0.100

4. 数据来源

选取 2010～2020 年我国 267 个地级市数据为研究样本，原始数据主要来自《中国城市统计年鉴》，部分数据来自各地级市年度预决算报告。此外，还删除了数据缺失严重的城市和直辖市样本。

8.2.2 实证结果

1. 基准回归结果

表 8.13 报告了增值税分成改革对地方财政体制失衡水平的影响。第（1）列至第（3）列为财政纵向失衡，其中，第（1）列和第（2）列只加入了部分控制变量，第（3）列加入了全部控制变量。第（3）列交互项系数为 −0.1247，通过了 1% 的显著性检验，说明增值税分成改革显著降低了地方财政纵向失衡水平。具体来讲，增值税与营业税收入占比每上调一个标准差（0.0827），地方财政纵向失衡水平将下降约 1.03（0.1247×0.0827）个百分点。第（4）列至第（6）列报告了横向财政失衡的实证结果。第（6）列交互项系数 0.4771 通过了 1% 的显著性检验，意味着增值税与营业税收入占比每增加 1 个标准差（0.0827），地方财政横向失衡水平将提升 3.95（0.4771×0.0827）个百分点。基准回归的结果初步验证了增值税分成改革将显著降低地方财政纵向失衡、增加地方财政横向失衡这一结论。

表 8.13　　基准回归

变量	（1）VFI	（2）VFI	（3）VFI	（4）HFI	（5）HFI	（6）HFI
Post×Shock	−0.2004*** (0.0342)	−0.1709*** (0.0143)	−0.1247*** (0.0140)	0.7271*** (0.1603)	0.2796*** (0.1016)	0.4771*** (0.1010)
lngdp		−0.0132* (0.0077)	−0.0210*** (0.0080)		0.1343* (0.0692)	0.1828*** (0.0456)
lnpop		0.0743*** (0.0152)	0.0795*** (0.0144)		−2.2464*** (0.7537)	−1.1222** (0.4836)

续表

变量	(1)	(2)	(3)	(4)	(5)	(6)
	VFI	VFI	VFI	HFI	HFI	HFI
Sec_Ind		−0.0850 **	−0.1105 ***		0.3550	−0.0079
		(0.0337)	(0.0343)		(0.3952)	(0.2918)
Thi_Ind		0.0139	−0.0597		0.2413	0.2366
		(0.0366)	(0.0383)		(0.3476)	(0.2954)
FisStr			−0.0190			−0.6065 *
			(0.0379)			(0.3386)
Urban			−0.0066			−0.1737
			(0.0192)			(0.1429)
Open			0.6033 ***			2.1030 ***
			(0.0797)			(0.5965)
Constant	0.7439 ***	0.5557 ***	0.6817 ***	1.7176 ***	12.4944 **	5.3795 *
	(0.0022)	(0.1669)	(0.1663)	(0.0232)	(5.2625)	(3.1797)
地级市固定效应	Y	Y	Y	Y	Y	Y
年份固定效应	Y	Y	Y	Y	Y	Y
Observations	2 935	2 895	2 768	2 937	2 896	2 768
R^2	0.8610	0.8681	0.8831	0.9002	0.9105	0.9243

2. 平行趋势检验及动态效应

使用 DID 模型进行回归的前提是必须满足平行趋势。为验证是否存在平行趋势，按照式（8.3）进行计量分析。我们主要选择第 1 期即 2010 年作为基期。图 8.3 和图 8.4 显示了平行趋势的检验结果。图 8.3 显示了纵向财政失衡的平行趋势检验结果，与基期相比，改革前地级市的财政纵向失衡水平走势在相对处理组与相对控制组之间并无显著差别。在改革当期及之后，相对处理组与相对控制组之间呈现出显著差异。相对处理组的财政纵向失衡水平相较于相对控制组大幅降低，平行趋势检验通过。图 8.4 则为横向财政失衡的结果，从中可以看出，平行趋势检验通过。并且，从

图 8.3 和图 8.4 可以看出，改革后 3~4 年，增值税改革对财政纵向失衡和财政横向失衡的政策效应仍然保持稳定。这表明增值税分成改革的政策效应具有较好的可持续性。

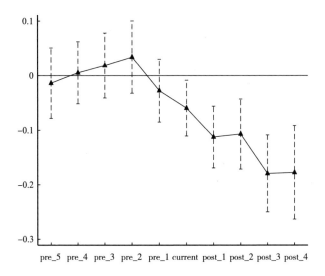

图 8.3 平行趋势检验（*VFI*）

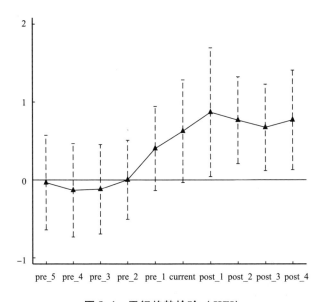

图 8.4 平行趋势检验（*HFI*）

3. 稳健性检验

（1）安慰剂检验。地方财政体制失衡水平的变化可能是由样本区间内其他政策变化驱动的，而非由增值税分成改革推动的。为排除这一可能性，我们采用随机分组安慰剂检验方法，将 *Post* 和 *Shock* 随机赋值给不同的地级市，生成虚拟交互项，并按照式（8.9）进行循环回归 1 000 次。图 8.5 和图 8.6 即为基于 1 000 次循环回归下虚拟交互项的系数值及 P 值绘制的拟合曲线。可以看到，虚拟交互项的系数值在 0 附近服从正态分布，且永远达不到真实交互项的系数值（－0. 1247，0. 4771）。这意味着增值税分成改革确实对地方财政纵向失衡起到了显著缓解作用，对财政横向失衡起到了显著加剧作用，安慰剂检验通过。

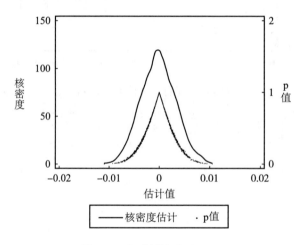

图 8.5　安慰剂检验（*VFI*）

（2）更换政策变量的识别方法。在基准回归中，我们主要以改革前 1 年增值税和营业税税收收入占地方财政收入的比重来衡量政策冲击的强度。为了降低单一指标选择所带来的估计偏误，本部分主要采取以下两种不同的方法来衡量政策冲击强度。首先，考虑到单纯使用某一年数据构建指标可能会影响实证结果的可靠性，本部分以改革前 6 年（即 2010～2015年）地方增值税和营业税收入占地方财政收入的比重作为衡量政策冲击强度的变量（*Shock*₁）。同时，参考祁毓等（2022）的做法，以改革前 1 年增

值税和营业税收入占地区 GDP 的比重构建强度变量（$Shock_2$）。表 8.14 报
告了更换解释变量衡量方法后的回归结果，$Post \times Shock$ 系数均通过了显著
性检验，并且系数符号与基准结果保持一致。由此可见，基准结论具有一
定的稳健性。

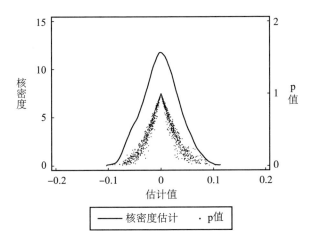

图 8.6　安慰剂检验（HFI）

表 8.14　　　　　　　　　稳健性检验：更换解释变量的衡量方法

变量	（1）	（2）	（3）	（4）
	VFI	HFI	VFI	HFI
$Post \times Shock1$	− 0.1611 *** （0.0162）	0.4068 ** （0.1578）		
$Post \times Shock2$			− 1.1166 *** （0.1046）	6.6480 *** （2.2976）
控制变量	Y	Y	Y	Y
地级市固定效应	Y	Y	Y	Y
年份固定效应	Y	Y	Y	Y
Observations	2 768	2 768	2 768	2 768
R^2	0.8836	0.9241	0.8855	0.9254

（3）传统 DID。参考陈思霞等（2017）的做法，本部分采取传统 DID
模型进行稳健性检验。具体来说，依据两税收入占比是否大于某特定值来
划分处理组和控制组。以两税占比在 50% 分位数以及均值为分组标准，大

于该值时划分为处理组（$Treat = 1$），小于该值时划分为控制组（$Treat = 0$），继而与时间虚拟变量 $Post$ 交乘。表 8.15 报告了传统 DID 的回归结果。第（1）列、第（3）列结果显示，$Post \times Treat$ 的回归系数显著为负，表明增值税分成改革对地方财政纵向失衡具有稳健的改善效果。而在第（2）列、第（4）列的结果中，$Post \times Treat$ 的回归系数均显著为正，这也就意味着，增值税分成改革对地方财政横向失衡的加剧效应也具有一定的稳健性。

表 8.15 　　　　　　　　　　　稳健性检验：传统 DID

变量	按照50%分位数划分		按照均值划分	
	（1）	（2）	（3）	（4）
	VFI	*HFI*	*VFI*	*HFI*
$Post \times Treat$	− 0. 0203 *** （0. 0022）	0. 0718 *** （0. 0164）	− 0. 0194 *** （0. 0022）	0. 0687 *** （0. 0161）
控制变量	Y	Y	Y	Y
地级市固定效应	Y	Y	Y	Y
年份固定效应	Y	Y	Y	Y
Observations	2 768	2 768	2 768	2 768
R^2	0. 8830	0. 9242	0. 8827	0. 9242

（4）PSM-DID。为了排除相对处理组和相对控制组的财政纵向失衡和财政横向失衡的变动趋势之间可能存在的系统性差异，本部分进一步采用 PSM 方法对相对处理组和相对控制组进行匹配。由于运用的是强度 DID 模型，因此无法直接对相对处理组进行匹配。参考上一节中对处理组和控制组的划分方法，将强度变量（$Shock$）按照是否大于均值划分为处理组，其余为控制组，然后对处理组进行匹配。具体来说，以处理组 $Treat$ 为被解释变量，对可能影响地级市被选为处理组的特征变量进行 Logit 回归，获得倾向匹配得分。选取的控制变量主要有：地区 GDP、人口规模、第二产业占比、第三产业占比、城镇化水平和财政自给率（一般公共预算财政收入／一般公共预算财政支出）；再基于 1∶1 近邻匹配对处理组进行匹配；最后，利用匹配后的样本重新回归，结果如表 8.16 所示。财政纵向失衡的

回归系数依然显著为负，而财政横向失衡的回归系数始终显著为正。研究的基准结论的稳健性得证。

表 8.16　　　　　　　　　　　稳健性检验：PSM – DID

变量	(1)	(2)	(3)	(4)
	VFI	*VFI*	*HFI*	*HFI*
Post × Treat	− 0.0174 ***	− 0.0098 ***	0.1003 ***	0.0679 ***
	(0.0030)	(0.0029)	(0.0335)	(0.0216)
控制变量	N	Y	N	Y
地级市固定效应	Y	Y	Y	Y
年份固定效应	Y	Y	Y	Y
Observations	1 968	1 919	1 968	1 919
R^2	0.8266	0.8481	0.8986	0.9154

（5）排除同期相关政策的影响。在本章研究区间内，存在与增值税相关的改革政策，可能会对我们的研究产生影响。本章主要考察"营改增"、2017 年增值税兼并税率以及此后的增值税税率下调对基准结果的影响。

"营改增"政策于 2012 年率先在上海进行试点，而后将试点范围扩大至 11 个省市。为了排除该政策可能导致的政策混杂效应，本部分删除了前期进行试点的地区，按照基准回归式（8.9）再次进行回归，结果如表 8.17 所示。表 8.17 第（1）列和第（2）列结果显示，*Post × Shock* 的系数依然与研究的基准结论保持一致，表明结论并不受同期"营改增"政策的影响。

表 8.17　　　　　　　　稳健性检验：排除同期相关政策的影响

变量	排除增值税兼并税率		排除"营改增"	
	(1)	(2)	(3)	(4)
	VFI	*HFI*	*VFI*	*HFI*
Post × Shock	− 0.0905 ***	0.4409 ***	− 0.0528 ***	0.3317 ***
	(0.0167)	(0.1671)	(0.0172)	(0.0981)
控制变量	Y	Y	Y	Y
地级市固定效应	Y	Y	Y	Y
年份固定效应	Y	Y	Y	Y
Observations	2 073	2 073	1 947	1 947
R^2	0.9039	0.9241	0.8134	0.9423

2017 年，《财政部 国家税务总局关于简并增值税税率有关政策的通知》规定，自 2017 年 7 月 1 日起，简并增值税税率结构，取消 13% 的增值税税率。在此之后，2018 年我国又推行了多项减税政策，并将增值税的基本税率从 17% 下调至 16%。这些与增值税有关的政策可能会对本研究产生影响。由于增值税税率兼并发生在下半年，参照常规做法，我们将该政策的实施年份设定为 2018 年。为了排除可能的干扰，确保结论的稳健性，我们删除了 2018 年及之后的样本，并按照基准回归式再次进行回归。结果见表 8.17 第（3）列和第（4）列，$Post \times Shock$ 的估计系数依然显著，且系数符号与前文保持一致，说明基准结论是可靠的。

4. 异质性分析：区域差异

我国幅员辽阔，区域自然条件和资源禀赋差异较大，不同区域的经济发展水平和产业分布存在明显差异。为考察不同区域对增值税分成改革的响应是否存在差异，我们将样本划分为东部、中部、西部地区三部分，并进行子样本回归，结果如表 8.18 所示。第（1）列、第（3）列、第（5）列报告了增值税分成改革对不同区域财政纵向失衡的影响，可见增值税分成改革显著降低了东部、中部地区的财政纵向失衡，但加剧了西部地区的财政纵向失衡。第（2）列、第（4）列、第（6）列报告了增值税分成改革对不同区域财政横向失衡的影响，东部、中部地区的交互项系数显著为正，而西部地区的交互项系数显著为负。这意味着增值税分成改革显著增加了东部、中部地区的人均财政收入，降低了西部地区的人均财政收入，导致东部、中部地区的横向财政失衡程度向上偏离，西部地区的横向财政失衡程度向下偏离。出现这一差异的原因可能与税源结构和增值税横向分配原则有关。一方面，在实施全面"营改增"之前，营业税收入全部归地方政府所有。在全面"营改增"后，原本全部归属地方的营业税收入变为了和中央的共享税。若增加分成比例后多分得的增值税收入无法覆盖因营业税变为共享税的税收损失，那么地方财力就会受到冲击。与东部、中部地区相比，西部地区税收结构较为单一，高度依赖营业税收入（王译和徐焕章，2019），这也就导致全面"营改增"后，即使中央将增值税的地方分成提升至50∶50，也难以覆盖营业税变为共享税的税收损失，导致西部地区财政纵向失衡加剧。另一方面，我国增值税的横向分配采用"生产地"原则，这就意味着，税收收入归属地与税源贡献地可能出现背离。东部、中部地区本就是制造业集聚地，生产的产品销往全国，但增值税收入却归于本地，这不可避免会造成税收归属地与税源贡献地的背离。增值税五五分成后，进一步加剧了这种背离（唐明，2018），导致西部地区税收流失，降低西部地区的人均财政收入，使得西部地区的横向财政失衡程度向下偏离。上述结果进一步说明了增值税分成改革会扩大区域间的财政收入差距，引起区域间财政纵向失衡。可见，在现行的增值税分配制度下，并不能很好地兼顾东部、中部、西部地区的利益，随着改革的持续推进，中央应适当出台相关配套措施，以调节区域财力平衡。

表 8.18 异质性分析：东部、中部、西部区域差异

变量	东部地区		中部地区		西部地区	
	（1）	（2）	（3）	（4）	（5）	（6）
	VFI	*HFI*	*VFI*	*HFI*	*VFI*	*HFI*
Post × Shock	− 0. 1992 ***	0. 9287 ***	− 0. 0701 ***	0. 4662 ***	0. 0705 **	− 0. 1727 **
	（0. 0206）	（0. 2235）	（0. 0199）	（0. 1167）	（0. 0311）	（0. 0721）
控制变量	Y	Y	Y	Y	Y	Y
地级市固定效应	Y	Y	Y	Y	Y	Y
年份固定效应	Y	Y	Y	Y	Y	Y
Observations	1 071	1 071	1 235	1 235	462	462
R^2	0. 9189	0. 9418	0. 7874	0. 9552	0. 8917	0. 9763

8.3 本章小结

税收分成体制作为调节政府间财力分配的重要手段，深刻影响着地方政府行为，不同制度安排会呈现不同的财政激励效果。自 2012 年"营改增"以来，地方财政承压明显。"营改增"扩围后，地方财政更是缺失主

体税种，在加剧地方财政失衡的同时，也给地方财政可持续性带来严峻挑战。面对当前地方财政收入与财政支出格局发生深刻变化、财政收支矛盾加剧的经济形势，如何缓解地方财政失衡，保障和提升地方财政可持续发展能力，是推进地方财政高质量发展的核心问题。基于此，本章以增值税分成改革作为财政激励的外生冲击，构建强度双重差分模型，分别考察了增值税分成改革对地方财政体制、地方财政可持续性的影响。

关于财政激励对地方财政可持续性的影响，研究发现，增值税分成改革不单纯是弥补营业税消失的收入调节措施，还是一种新的政府间收入划分制度安排，对地方财政可持续性产生了正向财政激励。机制分析表明，增值税分成激励主要通过推动地方政府扶持工业企业发展增加财政收入，开展税收竞争吸引资本发展经济促进地方财政可持续性。进一步研究表明，增值税分成激励对地方财政可持续性的促进效应，在工业化水平更高、资源禀赋更好、财政自给率更高或市场壁垒更低的地区更大。同时，由于我国增值税横向分配采用"生产地"原则，使得增值税分成改革在财政收入上存在一定的"马太效应"，加剧了地区间财力不均衡，未能很好地发挥共享税横向财力平衡的作用。

关于分成体制对地方财政体制的影响，研究发现，增值税五五分成改革虽然显著降低了地方财政纵向失衡，但加剧了地方财政横向失衡。分区域研究发现，增值税五五分成对东部、中部地区财政体制的影响与基准回归一致；但是，由于税源结构差异和增值税分配原则，增值税五五分成显著增加了西部地区的财政纵向失衡，并降低了西部地区的人均财政收入，导致西部地区向下的横向财政失衡，未能很好地兼顾西部地区的利益。

基于研究结论，我们认为，在地方主体税种缺失情况下中央出台的增值税五五分成改革，从改革初衷来看，是为了缓解地方财政承压局面而实施的纵向收入平衡举措，但作为一次财政体制的重大调整，其更为根本的影响不是简单的收入调整，而是对地方政府行为的影响。客观评价增值税五五分成改革效果，要认识到其对提升地方财政可持续能力所发挥的重要激励功能。

第 9 章

持久性减税影响地方财政可持续性的动态效应研究

9.1 引言

　　基于"拉动内需""科技创新""壮大市场主体""完善供给保障体系"等目标，我国持续优化减税降费政策，从"结构性减税""定向减税和普遍性降费"，逐步演变为"组合式""阶段性措施和制度性安排相结合""减税与退税并举"，积极财政政策不断加力提效，减税降费的规模日益扩大，2022 年新增减税降费超过 1 万亿元①。2023 年《政府工作报告》提到，近五年总体赤字率控制在 3% 以内。为了弥补财政赤字，2023 年发债规模进一步扩大，规划的整体政府债券限额总计 720 282.65 亿元，②偿还债务所需的利息支出成为财政重担之一。《2019 年减税降费政策效应评估报告》指出，基层财政困难的问题尤为突出，强调要处理好减税降费的短期效应与长期效应的关系，促进经济与财政可持续发展。由此可见，重视减税长短期动态效应、保障地方财政可持续性是当下我国经济发展与财

---

① 《中华人民共和国 2022 年国民经济和社会发展统计公报》。
② 根据《关于 2022 年中央和地方预算执行情况与 2023 年中央和地方预算草案的报告》整理得出。

政实践的焦点与重点。本章将重点分析减税降费对地方财政可持续性的短期效应与长期效应。

地方财政可持续性是政府治理能力现代化建设和经济平稳运行与发展的基本保障（刘建民等，2021），学界从多角度探讨了地方财政可持续性的内涵与衡量标准。一是围绕债务构建矩阵函数和约束条件。有学者最早提出财政可持续性的概念并将债务风险可控视为关键标准（Buiter et al.，1985）；部分学者通过地方政府公共部门资产负债表、跨期预算约束下的财政平衡理论探讨了地方政府债务可持续性（洪源和李礼，2006；McCallum，1984；张学诞和李娜，2019），在非线性财政反应函数基础上（李丹等，2017；邓晓兰等，2021；白积洋和刘成奎，2022），建立"有效财政空间"指标量化财政可持续性（杜彤伟等，2019）。二是计算各类财政收支债比率，通过财政赤字率、财政自给率、债务率和债务负担率等直观反映地方财政可持续性（Bird & Zolt，2005；李建军和王鑫，2018；吕冰洋和李钊，2020；王雍君和潘昊宇，2021），采取折衷算法测算长期累积的财政盈余（龚峰和余锦亮，2015）。三是基于多维因素构建综合指标体系，结合我国地方政府的财政现状和影响因素，熵权构建地方财政可持续性指标体系（刘建民等，2021；邓达等，2021），从动态视角构建并考察了广义财政可持续性指标体系（王岩，2020）。

减税降费、中长期税制优化和财政可持续性的关系是减税降费政策效应分析框架的核心内容（张斌，2019），已有文献研判减税对地方财政可持续性的影响效应结论不一。研究表明，减税总体上不利于地方财政可持续性（张学诞和李娜，2020），其主要基于"营改增"等结构性减税考察减税降费的各种效应（童锦治和苏灿国，2015；陈小亮，2018），认为结构性减税会带来财政赤字影响（郭庆旺，2019）。也有研究发现，"营改增"显著提升了地方财政可持续性（邓晓兰等，2021），认为减税对财政运行的影响在不同层级政府、不同产业关联、不同种类减税政策运用上存在异质性（周彬和杜两省，2016；范子英和彭飞，2017；徐宁和丁一兵，2020）；减税能通过增强企业议价能力、纳税遵从、带动消费与投资、提升全要素生产率等来促进地方财政可持续性（庞凤喜等，2016；白彦峰和陈姗姗，2017；刘磊和张永强，2019；李昊楠和郭彦男，2021），因此，可适度调整积极的财政政策，为财政可持续性留出空间（高培勇，2018；邓力平和陈丽，2021）。

虽然现有文献探讨了构建地方财政可持续性的各项指标，评估了"营改增"等某一特定减税政策的实施对财政可持续性的影响效应，但少有文献从更宽广的视野将系列减税政策作为一个有机连贯的整体政策体系与地方财政可持续性联系起来研究，而且未从短期与长期的角度量化分析减税政策对地方财政可持续性的动态影响。鉴于此，本章从财源结构、支出效益、治理目标和区域协调4个维度构建地方财政可持续性指标体系，考察持久性减税对地方财政可持续性的短期影响和长期影响；综合考虑区域差异化经济特征对减税冲击下财政能力的影响程度及其原因，以期为合理制定减税政策、保障地方财政可持续性发展提供政策性参考。

9.2 持久性减税对地方财政可持续性的影响分析

近十多年来，我国以"减税"为基本脉络，针对主要税种展开了一系列税制改革，形成了思路连贯、时间持续、涉及面广的减税政策体系，在时间和效应上体现出明显的长期持久性特征。2008年新企业所得税法降低法定税率至25%；2009年在全国范围内逐步推开增值税转型改革，2012年增值税扩围改革试点，2016年全面实施"营改增"，2018年降低增值税税率；2011年、2018年两次修正个人所得税法，逐次提高基本减除费用标准。[①] 这一阶段的持久性减税是一种长期的制度建设（郭庆旺，2019），对地方财政可持续性的政策影响存在短期与长期的差异性。地方财政可持续性是地方财政稳健运行、有效治理的前提和保障，与财源结构是否稳健合

---

① 《中华人民共和国个人所得税法》中提到的"每月收入额减除费用"，2007年第五次修正为"二千元"；2011年第六次修正为"三千五百元"；2018年第七次修正为"五千元"。

理、财政支出是否实际有效、财政治理的目标方向是否明确、纵横向区域协调发展是否良性等密切相关。

财源结构的稳定性是夯实地方财政可持续性的蓄能基础。我国减税政策主要针对增值税和所得税等税源较大的税种，必然对地方税收增长形成直接冲击。同时，以增值税为计税基础的附加税费也相应减少。2016年全面"营改增"使得地方政府主体税种断档缺失，增值税央地五五分成而划分给地方的增量部分直到2018年底才勉强补平营业税缺口（段龙龙和叶子荣，2021），导致地方政府依赖非税收入进行增收。随着2018年《政府工作报告》正式提出"减税降费"、2019年"实施更大规模减税"，到2022年"减税降费力度只增不减"等制度安排，财政收入结构包括税收内部结构进一步发生变化，维持地方财源结构稳定仍具挑战。

财政支出的有效性是兜牢地方财政可持续性发展的底线。2023年《政府工作报告》提到"各级政府严控一般性支出""持续增加民生投入"。2022年全国一般公共预算支出突破26万亿元，其中民生性支出占比最大。① 然而，刚性支出占比增大将制约地方减税施策空间，减税的短期重压将迫使财力保障低的地方政府另辟蹊径增收补缺，加剧地方政府汲取财力的脆弱性和盲目性，冲减减税政策红利。由此可见，只有财政支出提效才能助推减税政策的连续性与持久性，只有长期合理施策才能逐步减轻市场主体的税收负担，增大企业价值和研发投资空间，在抵消短期内阶段性减税政策负面效应的同时，进一步拉动经济增长。

风险治理的精细化是推进地方财政可持续性的坚实后盾。《关于2022年中央和地方预算执行情况与2023年中央和地方预算草案的报告》强调：保障财政更加持续，牢牢守住不发生系统性风险底线。关于主要的增值税减税，从供给端口减税到需求端口增效这一链条漫长复杂，可能存在减税的经济效应不达预期的困境；加之城投债问题陈旧复杂，土地财政依赖度减弱，短期内地方政府财政压力较大。当前政策以"稳"字当先，上级将通过增加转移支付、完善税收返还、优化地方营商环境等手段保障减税政

---

① 根据《中华人民共和国2022年财政收支情况》整理得出。

策持久实施。地方政府更加重视财政风险治理，动态控制收支债等平稳运行，以短期化解与长期协调相配合的税制模式来推进体系完善与制度改革（吕炜和周佳音，2021）。

纵横向区域间的协调性是实现地方财政可持续性的现实需求。从早期的财政包干制度到当前不完全的分税制，央地政府间的财政收支关系处于逐步调整中，其事权和支出责任划分改革逐步规范精准，为地方政府夯实财政基础提供了更为自主的施策机会。财政部围绕2022年度财政收支情况提出2023年将均衡区域间财力水平，推动财力下沉，完善地区间支出成本差异体系。财力下沉的预期调动了地方政府的积极性，同时政府间收入分享公平性更受关注。当前，数字经济发展迅速、经济高质量发展需求及公共服务供给创新将会影响区域间税源的合理分布，对地方政府深化体制改革、提高地方政府的治理能力提出了新要求。根据对制度背景的梳理与影响分析，本章基于财源结构、支出效益、治理目标及区域协调4个维度，选取11个二级指标构建地方财政可持续性的指标体系（见表9.1）。基于指标体系设计的科学客观性、数据测算的有效可得性，通过熵值法评估我国251个地级市的地方财政可持续性，以更客观有效地减少由主观因素引起的估算误差。

表 9.1　　　　　　　　　　地方财政可持续性指标体系

一级指标	二级指标	指标定义/解释	指标特征
财源结构	财政收入结构	非税收入/财政收入	−
	财政收支水平	（财政收入 − 财政支出）/GDP	+
支出效益	财政支出结构	（教育 + 医疗 + 就业与社会保障支出）/一般公共预算支出	+
	财政支出有效性	GDP/一般公共预算支出	+
风险治理	财政治理注意力	财政治理词频/政府工作报告总词数	+
	地方债务水平	城投债余额/国内生产总值	−
	财政运行风险	$\ln[$（一般公共预算支出 − 一般公共预算收入 + 城投债余额）/地区GDP$]$	−
区域协调	财政分权	地级市人均财政支出/（地级市人均财政支出 + 省级人均财政支出 + 中央人均财政支出）	−

续表

一级指标	二级指标	指标定义/解释	指标特征
区域协调	地方政府竞争	(除本地级市外该省地级市最高人均 GDP/本地级市人均 GDP) × (全国地级市最高人均 GDP/本地级市人均 GDP)	–
	税收税源背离度	|某地级市当年地方税收/全国地方税收 – 该地级市当年 GDP/全国 GDP| (唐明和凌惠馨,2022)	–
	地区财政收入差距	基尼系数测算 (Dagum,1997)	–

9.3 研究设计

9.3.1 模型设定

1. 熵值法

通过熵值法构建地方财政可持续性（$Sustain$）（张卫民等,2003）。首先,依据指标对地方财政可持续性的意义,将指标分为正向指标和负向指标（见表 9.1）,分别进行数据标准化处理；其次,计算指标贡献度和信息熵,从而测算出指标权重；最后,计算地方财政可持续性（$Sustain_{i,t}$）综合得分。

$$Sustain_{i,t} = \sum_{j=1}^{n} w_j x'_{ij} \qquad (9.1)$$

其中,i 和 t 分别为地区和年份,j 为指标个数,w_j 为指标权重,x'_{ij} 为标准化处理后的指标值。为了后续测算方便与数据形式统一,将 $x'_{ij} = 0$ 的样本赋值为 0.00001。

2. 双向固定效应模型

建立控制时间效应和地区效应的双固定效应模型作为基准模型,以验证持久性减税对地方财政可持续性的短期影响。

$$Sustain_{i,t} = \eta_0 + \alpha_1 Js_{i,t} + \beta_1 X_{i,t} + \gamma_i + \delta_t + \varepsilon_{i,t} \qquad (9.2)$$

其中，i 和 t 分别为地区和年份，$Sustain_{i,t}$ 为地级市的地方财政可持续性，$Js_{i,t}$ 为减税观测指标，$X_{i,t}$ 为其他控制变量，γ_i 为地区固定效应，δ_t 为时间固定效应，$\varepsilon_{i,t}$ 为随机误差项，α_1 和 β_1 为待估系数，η_0 为截距项。

3. PVAR 模型

减税是财政运行中实施的积极政策，地方财政可持续性需要减税等政策保驾护航，两者处于动态影响的系统中，可能存在较强的内生性。因此，将持久性减税和地方财政可持续性视为内生变量，根据历史数据实证分析减税指标（Js）、地方财政可持续性（$Sustain$）及各变量滞后期之间的动态特征，构建 PVAR 模型如下：

$$Sustain_{i,t} = \lambda_0 + \sum_{j=1}^{p} \alpha_j Sustain_{i,t-1} + \sum_{j=1}^{p} \beta_j Js_{i,t-1} + \theta_i + \varphi_t + \nu_{i,t} \quad (9.3)$$

其中，$Sustain_{i,t}$ 为地方财政可持续性，$Sustain_{i,t-1}$ 为地方财政可持续性滞后一期，i、t 分别为地区和年份，p 为滞后阶数，$Js_{i,t-1}$ 为各地级市减税指标滞后一期，λ_0 为截距项，α_j 和 β_j 为待估参数，θ_i 为个体固定效应，φ_t 为时间固定效应，$\nu_{i,t}$ 为白噪声扰动项。

9.3.2 变量选取

1. 被解释变量

基于地方财政可持续性指标体系（见表 9.1），通过熵值法构建 $Sustain_{i,t}$。另取两个指标进行稳健性检验，其中，$Sustain2_{i,t}$ 由主成分分析法（PCA）测算得出；$Sustain3_{i,t}$ 由财政反应函数测算得出，借鉴相关研究（Bohn，1998；Ghosh et al.，2013；李丹等，2017；杜彤伟等，2019；刘建民等，2023），非线性财政反应函数设定如下：

$$Fs_{i,t} = \alpha_0 Fs_{i,t-1} + \tau debt_{i,t-1} + \sigma debt_{i,t-1}^2 + \omega debt_{i,t-1}^3 + \beta X_{i,t} + \mu_{i,t} \quad (9.4)$$

地方政府需满足跨期预算约束如下：

$$debt_{i,t} - debt_{i,t-1} = (r_t - g_t) debt_{i,t-1} - Fs_{i,t} \quad (9.5)$$

当债务率达到上限时，式（9.5）＝0。求出较大值作为债务率上限 $debt_i^*$，其与债务率实际值之差即为财政空间。纳入财政支出效率影响因素，地方财政可持续性指标公式为：

$$Sustain3_{i,t} = \frac{(debt_i^* - debt_{i,t})}{\dfrac{1}{Fee_{i,t}}} \qquad (9.6)$$

式（9.4）至式（9.6）中，i 和 t 分别为地区和年份；$Fs_{i,t}$ 为基本财政盈余率，即财政盈余与 GDP 的比值；$Fs_{i,t-1}$ 为基本财政盈余率滞后一期；$debt_{i,t}$ 为地方政府债务率；$debt_{i,t-1}$ 为地方政府债务率滞后一期；r_t 为实际利率；g_t 为实际经济增长率；α_0、τ、σ、ω 和 β 为待估参数；$\mu_{i,t}$ 为随机扰动项；$X_{i,t}$ 为控制变量，包括产出缺口（产出缺口与产出 HP 滤波潜在值的比值）、财政支出缺口（支出缺口与支出 HP 滤波潜在值的比值）、贸易开放度（进出口总额与 GDP 比值）和固定资产投资额；$Fee_{i,t}$ 为财政支出效率，是以人均财政支出为投入变量、人均 GDP 为产出变量，通过超效率数据包络分析（DEA）测算得出的。

2. 核心解释变量

以实际税负的下降趋势代表减税幅度（尹李峰等，2021；管治华和李英豪，2023）。实际税负是各税种税收收入与实际 GDP 的比值，反映地级市减税变化趋势及经济效应；实际税负的实际减小反映减税幅度的增大，若式（9.2）中 α_1 和式（9.3）中 β_j 为正，则持久性减税对地方财政可持续性具有负向影响。$Js_{i,t}$ 是增值税实际税负，[①] 因为增值税是我国第一大税种，大规模减税主要是围绕间接税特别是增值税的减税，所以，用增值税的实际税负来反映税收实际税负能够剔除减税的复杂因素，更为直观地反映持久性减税对地方财政可持续性的长短期动态影响。将地级市增值税与所得税之和的实际税负 $Js2_{i,t}$ 作为替代解释变量，纳入所得税这一影响因素，进一步稳健检验整体税收的减税效应。

---

① 2010～2016 年的增值税收入包括营业税收入。

3. 控制变量

地方财政可持续性还可能受到其他因素影响。产业结构升级、人力资本强度增加将提升产业技术与劳动力技能，并通过增长劳动价值来增加地方政府税收；合理增加国民储蓄、固定资产投资将拉动地方政府投资出口与企业自我增值，壮大地方财政支出实力；人口密集地区投资消费活动更多，提升地方经济发展水平，促使地方财政更加可持续。借鉴相关研究（干春晖等，2011；杜彤伟等，2019；刘建民等，2023；温丽琴等，2023），选择如下控制变量：人均实际 GDP（$Argdp$）、产业结构（Ind）、固定资产投资额（Fai）、人力资本（Hum）、居民储蓄率（$Savings$）和人口密度（Pop）。变量描述性统计如表9.2所示。

表 9.2   **变量描述性统计分析**

变量	符号	指标含义	观察值	均值	标准差	最小值	最大值
地方财政可持续性	$Sustain$	见表9.1	2 510	0.32	0.11	0.07	0.76
减税指标	Js	增值税税收/实际 GDP，Js 的实际下降为减税幅度	2 510	0.04	0.05	0.01	0.47
人均实际 GDP	$Argdp$	ln（实际 GDP/地级市总人口）	2 510	10.54	0.87	7.80	13.20
产业结构	Ind	第三产业增加值/第二产业增加值	2 510	0.94	0.49	0.11	5.17
固定资产投资额	Fai	地级市固定资产投资额	2 510	0.82	0.51	0.09	7.65
人力资本	Hum	普通本专科及以上人口数/市常住人口数	2 510	1.78	2.05	0.01	12.76
居民储蓄率	$Savings$	年末城乡居民储蓄余额/名义 GDP	2 510	0.80	0.46	0.08	7.09
人口密度	Pop	ln（地级市总人口/行政区域面积）	2 510	7.97	0.70	5.73	9.62

9.3.3　数据来源

聚焦全国 251 个地级市,[①] 进行动态影响研究。考虑到 2008 年全球金融危机、2019 年底新冠疫情对我国经济和财政可持续性具有较大冲击,且冲击可能滞后,将样本区间确定为 2010 ~ 2019 年。使用财政反应函数计算 *Sustain*2 时,纳入了滞后项,所以该部分数据样本区间为 2009 ~ 2019 年。原始数据通过《中国税务年鉴》(2010 ~ 2020 年)、《中国统计年鉴》(2010 ~ 2020 年)、《中国工业经济统计年鉴》(2010 ~ 2020 年)、《中国城市年鉴》(2010 ~ 2020 年)、各地级市预决算报告以及各省市统计局官方网站等整理得出,地级市政府负债率的原始数据为地级市城投债余额数据(毛捷和徐军伟,2019)。由于 PVAR 模型要求采用平衡面板,所以,少量缺失数据采用线性插值法补齐。

9.4　实证结果分析

9.4.1　地方财政可持续性指标测度

由表 9.3 可知,各城市地方财政可持续性指标数值在 0.3 左右,数值最大的出现在 2015 年的广州市,为 0.6330;数值最小的出现在 2010 年的重庆市,为 0.1323。广州市 2015 年政府债务结构优化,债务化解成效明显,存量债务余额下降 42%;[②] 重庆市早年经济高速增长但底子薄,无偿划拨土地进行大规模公租房建设,增加了重庆市的资金需求与财政压力。由此可见,地方财政可持续性受到的冲击客观存在,保障地方财政可持续性任重道远。观察区域均值可知,2010 ~ 2019 年地方财政可持续性东部

[①]　样本未包括香港特别行政区、澳门特别行政区和台湾地区。

[②]　广州市财政局 2015 年工作情况及 2016 年工作计划 [EB/OL]. 广州市人民政府网,2016 - 10 - 10.

均值 > 全国均值 > 中西部均值，呈现出"东强西弱"的空间分布特征，与我国东部、中部、西部地区的经济发展趋势一致。

表 9.3　　　　各省会城市、直辖市地方财政可持续性指标数值

项目	2010 年	2011 年	2012 年	2013 年	2014 年	2015 年	2016 年	2017 年	2018 年	2019 年
全国均值	0.2367	0.3059	0.3527	0.3345	0.2207	0.4238	0.4035	0.3800	0.2915	0.2015
北京市	0.2599	0.3305	0.3709	0.3430	0.2612	0.4530	0.4499	0.4537	0.3147	0.1761
福州市	0.2856	0.3799	0.4764	0.3838	0.2515	0.4856	0.4714	0.4556	0.3482	0.2465
广州市	0.3156	0.3938	0.4666	0.4396	0.2965	0.6330	0.6050	0.5847	0.4046	0.2412
杭州市	0.3042	0.3925	0.4795	0.4061	0.2699	0.5178	0.4998	0.5087	0.3542	0.2277
济南市	0.2941	0.3894	0.4668	0.4313	0.2810	0.5709	0.5471	0.5178	0.3436	0.2156
南京市	0.3078	0.3825	0.4572	0.3867	0.2812	0.5577	0.5182	0.5257	0.3639	0.2231
上海市	0.3117	0.3741	0.4371	0.3971	0.3123	0.5389	0.5404	0.5176	0.3832	0.2062
石家庄市	0.2828	0.3631	0.4416	0.3911	0.2383	0.4891	0.5003	0.3731	0.3202	0.2152
沈阳市	0.2752	0.3773	0.4434	0.3821	0.2441	0.5299	0.4868	0.4799	0.3508	0.2283
天津市	0.2598	0.3160	0.3413	0.3166	0.2240	0.4259	0.3917	0.4582	0.3343	0.1659
东部均值	0.2732	0.3553	0.4169	0.3799	0.2539	0.4852	0.4676	0.4602	0.3413	0.2236
长春市	0.2487	0.2882	0.3785	0.3456	0.2072	0.4157	0.4234	0.4176	0.3041	0.2019
成都市	0.2312	0.3059	0.3720	0.3635	0.2247	0.4704	0.4580	0.4164	0.3450	0.2014
重庆市	0.1323	0.1825	0.1732	0.2251	0.1555	0.2646	0.3164	0.3035	0.2030	0.1710
长沙市	0.2380	0.3155	0.3831	0.3561	0.2217	0.4613	0.4312	0.3456	0.2962	0.1824
贵阳市	0.1721	0.2367	0.2592	0.2826	0.1908	0.3585	0.3221	0.3692	0.2895	0.1840
哈尔滨市	0.2374	0.3136	0.3672	0.3451	0.2048	0.4118	0.4162	0.4061	0.2967	0.1784
合肥市	0.2224	0.2977	0.3332	0.3176	0.2219	0.4393	0.4255	0.3901	0.3273	0.2112
呼和浩特市	0.2159	0.2835	0.3601	0.3572	0.2295	0.4874	0.4466	0.4174	0.3356	0.1944
昆明市	0.1991	0.2785	0.3196	0.3147	0.2113	0.4133	0.3772	0.3897	0.3042	0.2070
兰州市	0.2310	0.3097	0.3629	0.3295	0.2102	0.4033	0.3695	0.4346	0.3040	0.1995
南昌市	0.2421	0.3320	0.4078	0.3509	0.2307	0.4547	0.4104	0.3963	0.3006	0.1817
南宁市	0.1973	0.2674	0.3139	0.3072	0.1889	0.3944	0.3866	0.3908	0.2802	0.2075
太原市	0.2638	0.3505	0.4070	0.3590	0.2466	0.4788	0.4726	0.4634	0.3168	0.1890
武汉市	0.2408	0.3276	0.4003	0.3253	0.2175	0.4591	0.4472	0.4543	0.3125	0.1988
乌鲁木齐市	0.2170	0.3020	0.3323	0.2942	0.2003	0.3702	0.3740	0.3865	0.2205	0.1719
西安市	0.2741	0.3424	0.4056	0.3495	0.2391	0.4654	0.4501	0.4912	0.3558	0.2149
银川市	0.2532	0.3149	0.3492	0.3355	0.2221	0.4323	0.4009	0.3891	0.2808	0.1855
郑州市	0.3089	0.3866	0.4447	0.3855	0.2480	0.4886	0.4336	0.4332	0.2815	0.1703
中西部均值	0.2148	0.2763	0.3142	0.3073	0.2008	0.3870	0.3651	0.3321	0.2616	0.1882

注：由于篇幅有限，本表仅展示全国均值、东部均值、中西部均值以及全国 28 个省会城市（包括直辖市）测度结果。其中，因青海省西宁市数据缺失，未列入其中。展示的指标数值结果以东部、中西部划分区域，并按各省会城市名称的首字母排序。

2008～2019 年，地方财政可持续性整体处于中下水平并出现几次波动（见图 9.1）。自 2008 年起，一系列减税政策陆续出台，地方财政抗压应变能力较弱，地方财政可持续性水平减弱；随着陆续实施减税政策"放水养鱼"，2010～2012 年地方财政可持续性回升；2012 年以来，我国经济发展进入新常态，处在财政蓄力、维稳转型的阶段，地方财政可持续性有所下降；2015 年，进入新一轮财税体制改革阶段，地方财政可持续性开始迅速回升；2016 年全面推行"营改增"试点，地方财政可持续性有轻微波动；2018 年"实施大幅减税降费"，2019 年"实施更大规模的减税"以及"普惠性减税与结构性减税并举"，新增减税降费超过 2 万亿元，[①] 地方财政可持续性明显减弱。其中，2014 年地方财政可持续性最低，经济增速缓慢拖累税收增长，扩大"营改增"试点范围等政策造成财政减收，加之房贷新政抑制了地方土地财政扩张，作为地方财政重要财源的土地出让金同比增速由 2013 年的 41.9% 大幅降至 2014 年的 3.2%。[②]

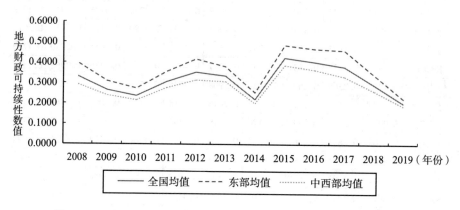

图 9.1　2008～2019 年全国分区域地级市财政可持续性数值均值趋势

9.4.2　持久性减税对地方财政可持续性的短期影响

运用双向固定效应模型评估持久性减税对地方财政可持续性的短期影

---

① 2020 年《政府工作报告》。

② 渤海证券. 2014 年财政数据点评：财收步入低增长新常态，财政支出有望后期发力［EB/OL］. https：//stock. stockstar. com/JC2015021200007444. shtml，2015 - 02 - 02.

响，回归结果如表 9.4 所示。其中，第（1）列未加入控制变量；第（2）列、第（3）列逐步加入控制变量；第（4）列加入了全部控制变量，其核心解释变量的系数均为正，在 1% 水平上显著，说明短期内持久性减税对地方财政可持续性起到显著的负向影响。由第（4）列可见，Js 的回归系数为0.2016，即有效税率实际下降 1%，地方财政可持续性将减弱 0.2016 个百分点，这意味着短期内地级市在持久性减税时减税幅度每上升 1 个百分点，地方财政可持续性将减弱 0.2016%。基准回归结果表明，持久性减税短期内将显著阻碍地方财政可持续性。

表 9.4 基准回归结果

变量	Sustain			
	（1）	（2）	（3）	（4）
Js	0.1551 *** (6.66)	0.3352 *** (12.50)	0.2109 *** (7.41)	0.2016 *** (6.88)
Argdp		0.0300 *** (14.53)	0.0225 *** (10.61)	0.0211 *** (9.82)
Ind		−0.0161 *** （−3.87）	−0.0269 *** （−5.75）	−0.0202 *** （−4.27）
Fai			−0.0356 *** （−12.68）	−0.0208 *** （−5.78）
Hum			0.0045 *** (7.33)	0.0041 *** (6.79)
Savings				−0.0270 *** （−5.60）
Pop				0.0055 *** (2.94)
Constant	0.3092 *** (208.08)	0.0016 (0.07)	0.1161 *** (4.89)	0.0918 *** (3.34)
时间固定效应	是	是	是	是
地区固定效应	是	是	是	是
Observations	2 510	2 510	2 510	2 510
R^2	0.6941	0.7342	0.7599	0.7648

注：***、** 和 * 分别表示在 1%、5% 和 10% 的水平上显著，括号内为 t 检验值。下同。

9.4.3 持久性减税对地方财政可持续性的长期影响

基准回归分析结果反映出政府实施减税政策在短期内不利于提升地方财政可持续性，直接减税导致地方财政减收。但是，从长远来看，因减税谋得红利的企业与消费者可以刺激市场活力并促进经济增长。在长期动态演变过程中，直接减少税收与间接反哺财政所带来的经济效应或有抵消，总体上对地方财政可持续性产生的长期影响有待检验。因此，本部分运用 PVAR 模型评估持久性减税对地方财政可持续性的长期影响。

1. 数据检验与滞后期选择

为避免伪回归，利用针对同质面板假设的 LLC 方法、针对异质面板假设的 IPS 方法在模型回归前检验两者的平稳性（见表 9.5）。各地级市减税程度（Js）和地方财政可持续性（$Sustain$）差分后的数据是平稳的，表明可以构建 dJs 与 $dSustain$ 的 PVAR 模型。

表 9.5 　　　　　　　　　　面板数据单位根检验

变量	LLC	IPS
$Sustain$	− 6.7042 ***	− 9.6663 ***
Js	− 12.5748 ***	− 0.4758
$dSustain$	− 20.2415 ***	− 15.9468 ***
dJs	− 24.7777 ***	− 13.3641 ***

注：LLC 列的数值为调整后的 t 检验值，IPS 列的数值为统计量 Z-t-tilde-bar 的检验值。

面板数据通过了最严格的 Kao 检验，p 值均小于 0.05，证明存在协整关系，不存在伪回归（见表 9.6）。最优滞后期为 1，此时的 PVAR 模型为最优模型表达式（见表 9.7）。

表 9.6 　　　　　　　　　　面板数据协整检验结果

统计量	统计值	p 值
改进型迪基 – 福勒检验 t 值 （Modified Dickey-Fuller t）	− 17.3209	0.0000

续表

统计量	统计值	p 值
迪基 - 福勒检验 t 值 （Dickey-Fuller t）	- 34. 6239	0. 0000
增广迪基 - 福勒检验 t 值 （Augmented Dickey-Fuller t）	- 16. 4152	0. 0000
未调整的改进型迪基 - 福勒检验 t 值 （Unadjusted modified Dickey-Fuller t）	- 29. 0368	0. 0000
未调整的迪基 - 福勒检验 t 值 （Unadjusted Dickey-Fuller t）	- 38. 3360	0. 0000

表 9. 7 模型的最优滞后阶数

滞后期	AIC	BIC	HQIC
1	- 7. 7147 *	- 6. 1390 *	- 7. 1324 *
2	- 7. 4209	- 5. 6202	- 6. 7502
3	- 6. 9860	- 4. 8829	- 6. 1955
4	- 7. 2958	- 4. 7616	- 6. 3328

注：＊表示在该准则下的最优滞后阶数。

2. 广义矩估计与格兰杰因果关系检验

格兰杰因果关系检验结果显示（见表 9.8），dJs 与 $dSustain$ 互为格兰杰因果关系。结合 GMM 结果可知（见表 9.9），减税指标能够有效地预测地方财政可持续性的变化，dJs 的系数为 - 0.8667，这意味着在 1% 的概率下，从长期来看持久性减税正向影响地方财政可持续性，持久性减税幅度每增大 1%，地方财政可持续性将提高 0.8667%。滞后 1 期的地方财政可持续性对减税具有微弱的正向影响，系数为 - 0.0048，说明地方财政可持续性每增强 1%，减税幅度将有 0.0048% 的增加，这意味着财政可持续性越强的地级市更有财政实力稳步实施减税政策，说明各地级市减税将会"放水养鱼"、扩大居民消费内需和促进企业科技创新，从而促使经济活力回升，弥补部分地方财政收支缺口，更快恢复财政健康运行。从动态效应上来看，持久性减税对地方财政可持续性具有显著促进作用。

表9.8 格兰杰因果检验结果

原假设	检验结果	检验结论
dJs 不是 $dSustain$ 的格兰杰原因	6. 8928 ***	拒绝
$dSustain$ 不是 dJs 的格兰杰原因	9. 1226 ***	拒绝

表9.9 PVAR 模型 GMM 估计结果

解释变量	被解释变量	
	$h\_dSustain$	h_dJs
L. $h\_dSustain$	− 0. 2038 *** (− 6. 82)	− 0. 0048 *** (− 3. 02)
L. h_dJs	− 0. 8667 *** (− 2. 63)	0. 0539 (0. 56)

注：括号内为 z 检验值。

3. 脉冲响应分析

采用蒙特卡罗方法模拟得到滞后 6 期的脉冲响应图（见图 9.2）。脉冲响应结果显示：第一，地方财政可持续性面对自身一个标准差的冲击时，表现出先正向后负向影响，表明地方财政可持续性有相对的经济惯性。这种经济惯性作用至滞后 2 期左右，地方财政可持续性不再受自身的冲击。第二，当地方财政可持续性面对减税 1 个标准差的冲击时，持久性减税对地方财政可持续性冲击的长期影响是呈倒 "U" 形的正向影响，符合拉弗曲线原理。整体来看，响应程度较为明显，且持续受影响时间较长，结合地方财政可持续性对自身具有经济惯性的现象，进一步体现出地方财政可持续性受减税冲击较大的特征。滞后 1 期时，长期效应达到正向影响的峰值，滞后 1 期后，脉冲响应幅度逐渐减小；但有效税率不能无限下降，直至第 2 期出现了拐点，持续降低有效税率将对地方财政可持续性产生微弱的负向影响；最终长期动态效应于第 4 期趋于 0，进入平稳状态。从减税政策的长期趋势考察，减税对财政可持续性的冲击影响将逐步消退，所以要及时更新调整减税政策的适应范围与作用对象。第三，当减税面对地方财政可持续性 1 个标准差的冲击时，呈现微弱的正向影响。说明地方财政更可持续，将更能保障减税政策实施到位；财税部门落实减税政策的精准性及征管行为的规范到位，将更好地保证减税政策的实施效果。对比减税与地方财政可持续性两者相互的脉冲响应结果，在达到冲击峰值（滞后1期）时，持久性减税面对地方财政可持续性的脉冲响应绝对值约为0.001，而地方财政可持续性面对持久性减税的脉冲响应绝对值接近0.007，进一步说明地方财政可持续性受到持久性减税的冲击更为明显。因此，持久性减税对地方财政可持续性起到长期促进效应。

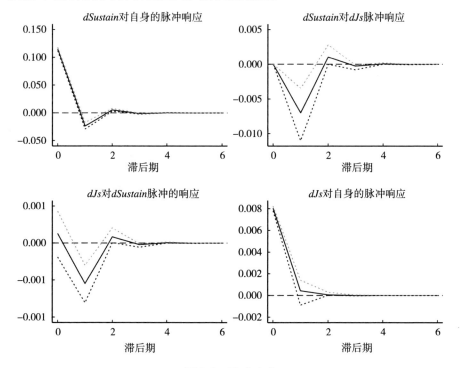

图9.2　脉冲响应

注：蒙特卡罗法产生的每侧误差为5%，重复200次。中间实线为脉冲响应曲线，上下两条虚线分别为95%置信区间的上线和下线。

9.4.4　稳健性检验

1. 更换模型

Sustain 是连续数值型变量，适合 OLS、GLS 等常见的线性回归模型。OLS 计算思路简洁有效，估计得到的系数方差较小，直观地反映本质关联；

对于地级市层面数据的研究，GLS 能减少因区域"组间同期相关"等异方差而产生的不良影响。因此，使用 OLS、GLS 模型以及单独控制时间和地区的固定效应模型，对持久性减税与地方财政可持续性的短期关系进行重新检验。如表 9.10 所示，有效实际税负对地方财政可持续性的影响系数为正，说明持久性减税在短期内是不利于地方财政可持续性的，持久性减税幅度的影响趋势及显著性与双向固定效应模型保持一致，进一步说明了基准估计的结果是可靠的。

表 9.10   更换模型的稳健性检验

变量	(1) OLS	(2) GLS	(3) 只控制地区 *FE*	(4) 只控制时间 *FE*
Js	0.3491 *** (7.48)	0.3491 *** (6.76)	0.2702 *** (4.74)	0.2766 *** (8.51)
Argdp	0.0346 *** (13.19)	0.0346 *** (11.55)	0.0278 *** (9.06)	0.0264 *** (11.63)
Ind	−0.0316 *** (−6.61)	−0.0316 *** (−6.43)	−0.0326 *** (−5.84)	−0.0250 *** (−6.89)
Fai	−0.0162 *** (−3.12)	−0.0162 *** (−3.49)	0.0022 (0.44)	−0.0370 *** (−9.04)
Hum	0.0038 *** (3.38)	0.0038 *** (3.34)	0.0048 *** (4.14)	0.0038 *** (6.12)
Savings	−0.0118 * (−1.92)	−0.0118 * (−1.91)	−0.0154 ** (−2.48)	−0.0243 *** (−4.35)
Pop	−0.0064 ** (−2.20)	−0.0064 ** (−2.31)	0.0047 (1.61)	−0.0057 *** (−3.08)
Constant	0.0331 (0.87)	0.0331 (0.83)	0.0065 (0.16)	0.1385 *** (4.50)
时间固定效应				是
地区固定效应			是	
Observations	2 510	2 510	2 510	2 510
R^2	0.1268	0.1292	0.2875	0.6106

2. 更换变量的测度方式

选取 *Sustain2*、*Sustain3* 替代被解释变量。基于表 9.1 指标体系数据，使用 PCA 重新测算指标数值，从综合测算角度进一步检验稳健性。通过非线性财政反应函数测算地方财政空间，并在地方财政空间上考虑财政支出效率因素，测算出地方财政可持续性，排除了构建综合指标可能存在误差这一因素，具有合理性。回归结果显示（见表 9.11），Js 的回归系数均显著为正，与使用熵权数值回归的结果趋势一致，实证结果具有良好的稳健性。

表 9.11　　　　　　　　　　　更换变量的稳健性检验

变量	(1) Sustain2	(2) Sustain3	(3) Sustain
Js	0.2816 *** (6.69)	3.0974 *** (12.47)	
$Js2$			0.1328 *** (6.61)
$Argdp$	0.0572 *** (11.67)	0.2875 *** (15.80)	0.0207 *** (9.75)
Ind	− 0.0612 *** (− 8.61)	− 0.3803 *** (− 8.84)	− 0.0204 *** (− 4.30)
Fai	− 0.0644 *** (− 9.76)	− 0.3395 *** (− 10.62)	− 0.0207 *** (− 5.75)
Hum	0.0042 *** (4.00)	0.0964 *** (17.47)	0.0042 *** (6.91)
$Savings$	− 0.0105 (− 1.41)	− 0.4008 *** (− 8.60)	− 0.0271 *** (− 5.63)
Pop	0.0131 *** (4.10)	0.0468 *** (3.29)	0.0054 *** (2.90)
$Constant$	− 0.3940 *** (− 5.90)	2.8376 *** (12.72)	0.0980 *** (3.62)
时间固定效应	是	是	是
地区固定效应	是	是	是
Observations	2 510	2 510	2 510
R^2	0.4645	0.7812	0.7647

　　选取 $Js2$ 替代核心解释变量。2022 年国内增值税 48 717 亿元，企业所得税 43 690 亿元，个人所得税 14 923 亿元，是中国长期以来税源较大的税种。[①]

---

　　① 根据《中华人民共和国 2022 年财政收支情况》整理得出。

因此，考虑所得税减税对地方财政可持续性的影响，将 *Js2* 作为核心解释变量纳入方程重新进行实证分析，结果如表9.11所示，*Js* 的回归系数依然显著为正。这说明各类税种组合式减税对地方财政可持续性的影响趋势一致，基准回归结论是稳健的。

9.4.5　异质性分析

我国不同地区在社会经济、产业结构、财政运行等方面存在较大差异，因此，持久性减税对地方财政可持续性的影响可能具有异质性。以下主要关注三个方面的异质性，即经济发展水平差异、财政自给率差异和产业结构差异。

1. 经济发展水平的差异

经济发展水平采取名义 GDP 的对数进行衡量，将变量数值位于前1/4分位数的划分为低经济发展水平，其余的为中高发展水平。回归结果显示（见表9.12），相较于低经济发展水平城市，在经济发展水平较高的中东部地区先进制造业百强市更多，[①] 制造业受增值税减税影响较大，所以，重点围绕增值税改革的减税政策对大中城市财政可持续性的影响更为显著。而经济发展水平低的城市财政收入结构中非税收入占比较大，短期内受持久性减税的影响不大且滞后迟缓。

表9.12　　　　　　　　　　　　异质性分析

变量	(1) 经济发展水平		(2) 财政自给率		(3) 产业高级化	
	低	中高	低	高	低	高
Js	0.3428 (1.41)	0.2136 *** (7.27)	− 0.2388 (− 0.84)	0.1695 *** (4.47)	− 0.2880 (− 1.18)	0.1194 *** (2.82)
Argdp	0.0129 *** (2.98)	0.0267 *** (10.07)	− 0.0037 (− 0.91)	0.0297 *** (6.15)	− 0.0079 * (− 1.68)	0.0178 *** (3.00)

---

① 赛迪顾问. 先进制造业百强市（2022）[EB/OL]. https：//docs. qq. com/pdf/DVXRtek1Ce-WNtQkZx?，2022 – 11 – 30.

续表

变量	（1）经济发展水平		（2）财政自给率		（3）产业高级化	
	低	中高	低	高	低	高
Ind	− 0. 0173 *** （− 2. 71）	− 0. 0229 *** （− 4. 23）	− 0. 0066 （− 0. 97）	− 0. 0347 *** （− 3. 93）	− 0. 0378 *** （− 4. 13）	− 0. 0171 ** （− 2. 51）
Fai	− 0. 0087 ** （− 2. 14）	− 0. 0383 *** （− 6. 00）	0. 0040 （0. 78）	− 0. 0692 *** （− 5. 50）	− 0. 0114 * （− 1. 69）	− 0. 0540 *** （− 5. 61）
Hum	− 0. 0024 （− 0. 80）	0. 0024 *** （3. 58）	0. 0017 （0. 48）	0. 0008 （0. 60）	0. 0039 （1. 28）	− 0. 0004 （− 0. 44）
Savings	− 0. 0250 *** （− 3. 85）	− 0. 0222 *** （− 3. 08）	− 0. 0596 *** （− 8. 70）	0. 0418 *** （2. 87）	− 0. 0352 *** （− 2. 98）	− 0. 0318 *** （− 3. 06）
Pop	− 0. 0043 （− 1. 23）	0. 0078 *** （3. 47）	− 0. 0044 （− 1. 25）	− 0. 0068 （− 1. 50）	0. 0036 （0. 98）	− 0. 0009 （− 0. 17）
Constant	0. 2001 *** （3. 05）	0. 0432 （1. 27）	0. 3949 *** （6. 80）	0. 1409 ** （2. 03）	0. 3972 *** （5. 92）	0. 2457 *** （2. 88）
时间固定效应	是	是	是	是	是	是
地区固定效应	是	是	是	是	是	是
Observations	628	1 882	627	627	626	627
R^2	0. 6204	0. 7903	0. 6898	0. 8625	0. 6842	0. 8338

2. 财政自给率的差异

财政自给率是当地一般公共预算收入与一般公共预算支出的比值，将变量数值位于前 1/4 分位数的划分为低财政自给率，位于后 1/4 分位数的划分为高财政自给率。当地区的财政自给率较高时，说明该地区主要依赖自有财力来满足财政支出需求。财政自给率较高的地区对持久性减税的变动更为敏感，如表 9. 12 所示，相较于低财政自给率地区，财政自给率较高地区的核心解释变量更为显著。反观低财政自给率地区，一般预算支出的需求更依赖上级的转移支付，所以，减税政策短期内不能显著改变当地的财政可持续性。

3. 产业结构的差异

借鉴相关研究（付凌晖，2010），利用我国 2010 ~ 2019 年三次产业结构比重数据，测算产业高级化数值，用以衡量产业结构高级化水平，反映出当地产业结构与经济发展的适配度和关联度。在基准回归中考虑产业高级化的异质性，将变量数值位于前 1/4 分位数的定义为产业结构不够高级化，位于后 1/4 分位数的定义为产业结构更为高级化。如表 9.12 所示，Js 的系数显著为正，相较于产业高级化指数低的地区，持久性减税对产业高级化指数高的地方财政可持续性更为显著。这说明在产业结构更高级的地区，整体资源配置更优化，为地方经济提供的税收贡献更大，所以，短期内实际税负的变动更容易影响当地政府的财政可持续性。

9.5 主要结论

本章基于 2010～2019 年 251 个地级市面板数据，通过熵值法构建地方财政可持续性指标体系，采用双向固定效应模型和 PVAR 模型，实证检验持久性减税对地方财政可持续性的动态效应，得到以下研究结论：（1）实施减税政策短期内将造成直接减收的财政压力，扩大财政收支缺口，将对地方财政可持续性造成困阻；（2）实施持久性减税政策将刺激经济增长并带来有效税基的扩张，其经济效应能够很好地解决缺口波动，对地方财政可持续性具有较长时期的促进效应；（3）在没有外部干预的情况下，地方财政可持续性对自身具有一定的经济惯性，并在空间分布上呈现出"东强西弱"的异质性特征；（4）持久性减税对地方财政可持续性的短期影响，在经济发展水平更高、财政自给能力更强或产业结构更高级的区域更为明显，但只限于短期内具有一定程度的波动及差异，在长期减税政策更有利于该类地区释放经济潜力从而促进财政可持续性。

9.6 本章小结

持久性减税可能对地方财政造成动态冲击，合理施策有利于保障地方财政可持续性。本章选取我国 2010～2019 年 251 个地级市数据，使用熵值法，从财源结构、支出效益、治理目标和区域协调四个方面构建地方财政可持续性指标，系统考察持久性减税对地方财政可持续性的短期与长期动态效应。研究发现：持久性减税短期内不利于地方财政可持续性，但从长期来看，将对地方财政可持续性产生显著的促进作用；异质性分析表明，对于经济发展水平更高、财政自给率更高及产业结构高级化更强的地级市，短期内减税对地方财政可持续性的负向影响更为明显，因此要更加注意施策力度。

第 10 章

减税降费背景下提升地方财政可持续发展能力的对策研究

本书着眼于减税降费政策对地方财政可持续性的影响，从理论和实证角度展开深入分析。减税降费政策作为深化供给侧结构性改革的重要举措，对国家治理现代化以及地方财政可持续发展具有重要意义。第一，通过对全国的财政可持续发展水平进行量化分析，提出了一个由多项指标构成的评估体系，涵盖财政收入稳定性、支出合理性和风险可控性。该体系不仅对财政可持续性进行了深入剖析，还为理解地方财政运行环境及其变化趋势提供了科学依据。第二，减税降费对地方经济发展的动态效应是研究的重点之一。研究发现，减税降费政策在低市场化和非高科技城市对地方经济发展的影响更为显著，主要通过增加人均消费支出对经济产生促进作用。第三，在地方财政压力方面，研究立足"十四五"期间继续实施减税政策和防范化解重大风险的现实需要，检验了"营改增"对地方财政压力的影响，发现其导致地方债务压力增加，而非收支缺口的变化。对大城市而言，这种压力更为显著；中小城市则较为稳定。第四，关于地方财力结构，研究分析了减税降费对其的影响。有效落实减税降费促使地方财力增长，并在一些省份推动了财力下沉。然而，地方政府对政府性基金收入的依赖度始终较高，且经济欠发达地区对中央二次分配的依赖性更大。实证分析显示，减税降费对地方财力结构的影响需要优化。第五，本书还考察了增值税率下调对县级财力均等化的影响，发现其降低了县级自有财力均等化水平，但对支出均等化无显著影响。增值税率下调扩大了县级产业结构差异和财政转移支付依赖度差异，进一步加剧了县级自有财力差距。此外，政策对经济欠发达地区和西部、东北地区的负面影响尤为显著。第六，税收分成改革作为财政激励，对地方财政可持续性产生了显著的促进作用，但也出现了"马太效应"。尽管改革对东部、中部地区影响较好，但未能兼顾西部地区利益，显著增加了西部地区的财政纵向失衡。第七，实证检验了持久性减税对地方财政可持续性的动态效应，研究发现，从短期来看，实施减税政策将造成直接减收的财政压力，拉大财政收支缺口，将对地方财政可持续性造成困阻；从长期来看，实施持久性减税政策，将刺激经济增长并带来有效税基的扩张，其经济效应能够很好地解决缺口波动，对地方财政可持续性具有促进效应。本章基于各章节的研究结论，提出减税降费背景下提升地方财政可持续性发展能力的对策，从财力可持续性、区域间财力均衡性和央地财政体制改革等角度给出政策建议。

10.1 "五个着力" 加快推进地方财政可持续发展能力建设

基于统筹发展和安全的目标，结合我国地方财政现实困境与发展要求，应从提升财力增长韧性、财政政策效能、债务风险防控能力、区域财力均衡度等"五点发力"，全面深入推进地方财政可持续能力建设。

1. 着力提升地方财力增长韧性是地方财政可持续能力建设的根本基础

不断壮大地方财力是增强财政保障能力、政府治理效能和经济续航能力的基础前提和必然要求，也是地方政府扎实做好"六稳""六保"工作的财力保障。遵循"经济—财源—财力"思路，要求地方政府培植地方优质财源，着力推进经济总量跨越、质量提升和动能转换，全面提升地方财政收入质量。一是全面发挥体制机制优势，加速畅通经济内循环。基于营造良好经济发展环境的需要，应将完善产权制度和要素市场化配置机制作为基本发力点，一方面要加快完善统一的产权保护制度，尤其是补齐数据产权制度短板；另一方面要有序推进要素市场化配置综合改革，为建设全国统一大市场、打破地方保护和市场分割提供体制机制保障。二是落实落细组合式减税降费政策，高效激发市场主体活力。围绕政策的落实落地以及市场主体实质性减负的需要，建立常态化财政资金直达机制，畅通政策执行"最后一公里"；利用税收大数据建立税收优惠政策的监控分析机制，动态优化调整政策的制定与实施，切实发挥减税降费政策的减负担、添活力、强信心功能，由此充分放大由税基增长带来的财政增收效应。三是有效盘活闲置国有资产，提高国有资产使用效益。全面清查国有资产、资源和资金，积极分类推进闲置低效资产、资源的清查建档和处置工作，依照"能用则用、不用则售、不售则租"的原则，加快闲置资产资源盘活利用聚合资源要素，大力盘活存量资金和闲置资产，拓宽地方政府服务经济发展的自有财力渠道。以"规范化、制度化、常态化"为原则，开展全国行政事业单位银行账户检查、开展单位与财政往来款核查清理工作，加强财政资金专户和账户管理，继续开展财政存量资金清理盘活工作，统筹保障民生等重点领域。提升闲置国有资产利用效益。全面细致地对国有企业闲置资产进行全面清查建档，提升闲置资产开发利用的统筹性、合理性、针对性、有效性，防止国有资产流失。同时，采取各种手段、各种途径加大引资招商，对规模大、闲置资产丰富的资产，整体进行包装，跨地区、跨行业、跨部门进行出售。激活农村"沉睡"资产潜力。加快实施农村集体经营性建设用地入市，维护农村集体经济组织和农民利益，盘活农村土地资产，降低企业用地成本，更好地促进实体经济发展。扶持壮大村级集体经济，持续提高经营性收入和财产性收入。

2. 着力促进地方财政支出提质增效是地方财政可持续能力建设的基本要求

地方财政支出提质增效表现为政策效能和资金效益的提升，是缓解地方财政收支矛盾的重大举措，也是加快建立现代财政制度的主要抓手，更是充分发挥财政在国家治理中的基础和重要支柱作用的根本要求。全面实现地方财政支出提质增效目标，一是要合理统筹安排财政保障顺序，优化地方财政支出结构。保障财政资金重点投向基础性、惠民性、兜底性民生建设项目；支出安排应落实新发展理念，聚焦创新能力建设、绿色低碳发展等领域；要严格执行各项经费开支标准，从严从紧控制一般性支出与非刚性支出。二是要加快预算执行进度。对年初预算已经确定的项目，要加快资金支付进度。对年初代编预算，要分科目、分项目予以全面清理，及时做好资金分配方案的细化和指标下达工作。清理、压缩财政结余结转资金。对预计当年能够执行完毕的结余结转项目，要督促加快预算执行进度；加强对结转或结余资金的监督管理，建立统筹调剂制度，对执行进度缓慢、预计年底可能继续形成较多结转或结余资金的项目，要在预算制度的框架内及时作出合理的调整安排；对确实属于已无法支出或因各种原因已不需要支出的项目，要将资金收回财政的大盘子，保障财政资金使用的高效与安全。三是要全面深化预算绩效管理，助推财政资金聚力增效。凡预算支出必须做到事前评估、事中监控、事后评价。事前评估要树立地方财政可持续意识，且充分考虑地方财政可承受能力；事中监控要充分发挥大数据动态监控、预警、纠偏、规范的作用；事后评价要求加快构建绩效指标体系，建立全面可靠的地方财政信息数据库，更好地反映与监控地方财政运行状态。预算绩效管理改革是建立地方财政更可持续的基本路径和重要保障，要探索预算体系既保持"四本预算"相对独立但又呈现相互合理协调的实现途径与方式；通过部分地区先行先试，建立与"瞻前顾后、统筹协调、综合平衡"理念相适应的预算编制方式，提升公共资源配置效率。四是要做好财政支出中长期规划，确保财政政策精准可持续。梳理规划期内重大改革和政策，明确工作任务和时间节点，科学预测评估未来财政支出规模与重心。同时，建立中长期财政支出框架，为应对新的风险挑战留出政策空间。

3. 着力加强地方政府债务管理是地方财政可持续能力建设的关键环节

正确认识并妥善化解地方政府债务风险对于确保地方财政可持续具有

重要意义。"十四五"时期中国地方政府显性债务风险总体安全可控，但隐性债务规模持续增加。国际货币基金组织（IMF）估算，2022年我国地方政府隐性债务规模达71.3万亿元。2022年底召开的中央经济工作会议强调防范化解地方政府债务风险，坚决遏制增量、化解存量。防范地方债务风险，一要健全债务风险监测预警系统，精准识别地方政府债务风险。要牢固树立底线思维和风险意识，根据地区实际设置债务警戒线和管控线，完善地方债务风险指标监测台账，动态监测、跟踪分析债务信息，定期动态发布债务风险评估报告，充分发挥系统识别、预警、防范与控制功能。二要健全举债责任追究机制，压实用债主体责任。为控制地方政府债务过度膨胀，防止过度透支未来财税空间，要建立举债终身问责和债务问题倒查机制，做到终身问责、倒查责任，杜绝隐债化解不实和隐债新增现象。三要加速融资平台公司整合转型，强化地方隐性债务管控。地方融资平台是当前政府隐性债务的重要组成部分，平台公司大多面临量多分散、业务单一和融资不畅等问题。因此，要科学规划融资平台发展模式，积极开展上下级平台联合，整合区域综合性平台集团。同时，鼓励和推动平台公司市场化投融资，拓宽投融资渠道；主动撤销空壳公司，推动平台公司规范"借、用、还"程序。

4. 着力构建区域财力协调机制是地方财政可持续能力建设的重要保障

党的二十大报告将促进区域协调发展作为重要目标。当前，摆在我们面前的一个突出问题就是地方财力不均衡，这不仅成为区域协调发展的重要制约因素，也影响到地方财政的可持续性。因此，构建区域财力协调机制成为当前财政改革与发展中的一个新任务新课题。基于我国区域财力不均衡的特点及成因，一是要关注数字经济下税收转移新问题，调整税基管辖权配置。中国的电子商务产业园主要分布在浙江、广东、江苏和山东等地，2022年四地的电子商务产业园占比超过40%。现行税制下利税多集中于电商企业注册地，广大市场地受到"税基侵蚀"，税收归属问题在地区间存有分歧。数字经济及电子商务的蓬勃发展日益影响财政利益在各地之间的公平分配。为纠正税基归属偏差引致的财政横向失衡，除了关注产业建设、税源培植、税收征管，更需调整税基管辖权配置，可以考虑增值税和消费税采纳消费地规则配置，企业所得税则采纳利润贡献地配置。二是要构建权责对等的地方财政体制，完善财税利益区域共享机制。面对省及省以下区域财力存在的现实差距，各级政府需要树立区域财政协同理念，围绕财政支出责任划分以及转移支付机制改革，调整各个地区之间的财政分配关系。一方面，以公共物品受益范围及管理信息复杂程度为依据优化权责配置，着力构建事权、支出责任和财力相适应的制度；另一方面，在应急式的区域财政互助基础上，确立适度、合理、规范且稳定的横向转移支付制度。此外，基于省以下财力差距较大的实际，为全面调动各级地方政府在促进经济高质量发展方面的积极性和主动性，有必要针对省对下转移支付资金的管理与使用，建立一套激励与约束相容的考评机制，引导地方政府合理规划转移支付资金，使上级政府转移支付财政资金的使用与地方基本公共服务提供高度统一起来，有效解决地方政府基本公共服务能力受自身财力制约的现实问题。基于此，首先，可以借鉴参考山东等部分省市的成功经验，制定激励性转移支付办法，将上一年度的考评结果作为下一年度确定转移支付额度的重要参考。其次，借鉴安徽、陕西、广东等省份的做法，建立最低保障机制，有效缩小地区财政发展的非均衡性。省级财政可以每年从一般性转移支付中拿出一部分资金，根据各市综合考评得分情况，分别给予不同比例的奖励补助。为保障财政困难县保运转保民生的基本支出需要，建立与省级财力情况和当地实际情况相吻合的最低保障机制，满足基层财政基本财力需要。在减税降费背景下，财政政策的实施，既要在短期内从平稳运行的角度防范短期风险，还要从长远的角度，以调结构、转方式、促改革为抓手，通过高质量发展防范可能存在的长期可持续能力不足的风险。一方面，要兼顾好制度建设和有效监管，从"建立制度、强化监管、纠正问题"入手，多措并举，常抓不懈，切实防控地方财政风险；另一方面，要强化改革协同，兼顾当前和长远，正确处理好基本保障、风险防范和促进发展的关系。

5. 着力构建地方财政可持续发展能力动态评估监控体系是地方财政可持续能力建设不可或缺的内容

地方财政可持续是对地方财政存续状态和能力的基本判断。面临当前国内外社会经济形势错综复杂的时局，财政收支矛盾进一步显化、地方政府债务问题突出，地方财政可持续已经受到我国学术界与实务界的广泛关注，精准描述与适时动态监控我国地方财政运行状态，提前预判地方财政可持续性发展能力，有效防范与化解地方财政风险，指导、监督与约束政府行为，并为中长期财政规划及财政调整提供决策依据，迫切需要构建一套科学的地方财政可持续性评估体系，根据评测结果，定期、动态发布地方财政可持续发展能力报告，充分发挥识别、预警、防范与控制的作用。第一，建立全面可靠的信息数据库。统一信息采集标准，开发信息录入平台，加强对数据信息的管理，增强数据信息的可靠性、完整性和全面性。第二，构建合理完整的指标体系。在指标筛选上，要注重科学性和实际可操作性，要考虑到经济、社会、政治等综合环境因素，多一些定量指标，少一些定性指标。在系统中嵌入科学有效的测算方法，根据预设的指标权重、计量模型自动计算与生成反映财政可持续发展能力及其变化的单项指数与总体指数计算，并强调可视化效果。第三，发挥系统的监测与预警功能。针对各个指数设置相应的阈值，当实际财政运行偏离指数参考值范围时，即触发预警系统并发出警示信息，以实现预防与纠偏功能。四是定期发布财政可持续发展分析报告。围绕税制及税收收入可持续性、土地财政可持续性、政府债务可持续性、社会保障可持续性、公共危机应急体系可持续性、开放视角下财政可持续性等问题，在开展财政内部监督和审计监督的基础上，深入剖析影响地方财政可持续发展的主要原因与因素，形成促进地方财政可持续发展的指导性意见和具体措施，并以分析报告的形式予以定期发布。

10.2 锚定激发地方经济活力目标精准高效实施结构性减税降费

1. 减税降费要聚焦特定行业和领域

减税降费政策是国家财政政策的重要工具之一。要使其真正发挥作用，推动经济高质量发展，必须强调政策的结构性和精准性。以下从政策设计、执行与评估等方面论证如何实现这一目标。首先，明确政策目标和导向。制定减税降费政策前，必须明确政策的目标和导向，以确保政策的结构性和精准性。一是需要明确哪些行业、领域和群体是政策的重点支持对象。减税降费应有助于国家战略目标的实现，如创新驱动发展、乡村振兴等。二是需要确定政策的时间范围和效果预期，以便更好地控制政策的实施过程。其次，细化政策措施。一是根据行业特性和发展需要制定差异化的税费减免措施。例如，对于科技创新型企业，可以设立专项的税收减免政策，鼓励企业加大研发投入。二是根据地区发展水平制定不同的税费优惠政策。经济欠发达地区的企业可能需要更大的扶持力度，而经济发达地区则可以侧重支持高新技术企业或战略性新兴产业。再次，加强政策执行。一是需要加强政策的宣传和指导，让受益者了解政策的细节和申请流程，以便充分利用政策红利。二是需要建立透明的政策执行机制，确保政策的实施过程公开、公正。政府可以建立专门的执行机构，负责政策的执行和监督，确保政策的实施符合初衷。最后，动态调整政策。减税降费政策应该具备动态调整的能力，以适应经济环境和目标的变化。一是需要建立政策效果评估机制，定期评估政策的实施效果，根据实际情况调整政策方向和力度。二是需要关注政策实施过程中的问题和挑战，例如，政策可能导致一些地区或行业受益不均衡，需要及时调整政策以应对这种情况。

2. 减税降费政策的目标应注重多元化

在制定减税降费政策时，目标多元化的重要性不容忽视。多元化的政策目标有助于推动经济的可持续增长，同时实现其他关键的社会和经济目标。一是确保经济稳定性。减税降费政策不仅应促进经济增长，还应确保经济的稳定性。在经济波动或全球不确定性增加的情况下，减税降费政策可以起到稳定经济的作用。通过提供适度的财政支持，企业和个人可以在经济低迷时期保持稳定的消费和投资，从而减轻经济下滑的影响。二是支持产业结构优化和升级。随着全球经济和技术的变化，产业结构不断演变。减税降费政策应当支持产业结构的优化和升级，引导资源从低生产性产业转向高生产性产业。通过提供有针对性的税收优惠，政策可以鼓励企业投资新兴产业，提高整体经济效率。同时，通过引导资源流向更具潜力的领域，减税降费政策还能提升国家和地区的创新能力。三是促进地方金融的健康发展。健康的金融环境对经济发展至关重要。减税降费政策可以通过对金融行业提供特定税收优惠，刺激创新金融产品和服务的发展，为企业提供融资支持，并为消费者提供更好的金融产品和服务。通过促进金融行业的发展，减税降费政策可以间接支持实体经济的发展，提高经济的整体活力。四是引导资源配置。减税降费政策应当具有引导资源配置的功能。通过针对不同产业和领域的税收优惠，政策可以引导资源从低效益领域转移到高效益领域，提高资源利用效率。此外，通过支持关键领域和产业，政策可以增强国家和地区的竞争力，推动经济向高质量发展。五是实现社会效益。减税降费政策的多元化目标还包括实现社会效益。例如，通过对低收入群体和中小企业提供税收优惠，政策可以缓解社会不平等，促进社会公平。同时，通过鼓励企业的社会责任行为，政策可以促进可持续发展，实现经济与社会的双赢。

3. 通过减税降费鼓励培育新质生产力

新质生产力是经济增长和社会进步的重要驱动力。通过减税降费政策来培育新质生产力，既可以支持创新驱动的发展战略，又能够提高国家和地区的竞争力。以下论证了减税降费如何在鼓励和培育新质生产力方面发挥关键作用。一是减轻创新型企业的负担。减税降费可以有效减轻创新型企业的税负和运营成本。创新型企业通常在研发阶段需要投入大量资金，盈利能力可能较弱。通过减税降费政策，可以为这些企业提供财务支持，降低其运营成本，鼓励其投入更多资源用于研发创新。此外，减税降费还可以吸引更多投资者和创业者进入创新领域，从而增加新质生产力的供给。二是支持高新技术产业发展。新质生产力通常与高新技术产业密切相关。高新技术产业的发展需要大量资金和技术投入。通过对高新技术产业实施结构性减税政策，可以激励企业加大在技术研发和人才培养方面的投入，推动产业创新发展。同时，减税降费政策还可以引导更多资源流向高附加值、高技术含量的产业，从而提高经济的整体生产力。三是鼓励企业创新。减税降费政策可以激励企业进行创新。通过对研发活动提供税收优惠或研发费用扣除政策，可以降低企业进行创新活动的成本，提高企业创新的积极性。同时，减税降费政策还可以鼓励企业引入新技术、新工艺，提高生产效率和产品质量，进而提升企业的竞争力和市场地位。四是促进知识型经济发展。新质生产力通常与知识型经济相伴而生。通过对知识型产业实施减税降费政策，可以促进知识型经济的发展。例如，对软件、信息技术服务等知识密集型产业提供税收优惠，可以鼓励这些产业的发展，为经济提供新的增长点。同时，通过减税降费，可以激发人们学习和应用新知识的动力，提高劳动力的知识水平和技能水平，进而推动知识型经济的发展。五是推动可持续发展。新质生产力通常有助于实现可持续发展。通过对绿色科技、清洁能源等领域提供减税降费政策，可以鼓励企业投资这些领域，推动绿色技术的发展和应用。这样不仅可以提高生产效率，还可以减少环境污染，实现经济与环境的协调发展。此外，减税降费还可以支持循环经济的发展，提高资源利用效率，进一步促进可持续发展。

4. 通过精准减税降费支持中小企业发展

中小企业在地方经济中扮演着至关重要的角色。它们通常被视为经济增长的引擎、创新的驱动者和就业机会的重要提供者。然而，中小企业在经营过程中常常面临着高税负、资金短缺和市场竞争激烈等挑战。通过精准减税降费政策，可以有效地支持中小企业的发展，进一步促进地方经济的繁荣。一是缓解财务压力。精准减税降费政策可以直接降低中小企业的税负和运营成本。中小企业通常规模较小，财务资源有限，税负和各类费用常常成为其财务压力的重要来源。通过实施针对性的减税降费政策，可以有效减轻中小企业的财务负担，让企业有更多的资源投入到业务扩张、技术研发和产品创新中，从而增强其竞争力。二是激励创新。中小企业在创新方面具有优势，因为它们通常具有更大的灵活性和适应能力。通过对中小企业实施减税降费政策，可以激励其进行创新活动。针对研发和创新投入提供税收优惠，可以降低中小企业的创新成本，激发其创新动力。同时，通过支持创新型中小企业，可以提高整个地方经济的创新水平，推动经济转型升级。三是促进就业。中小企业是就业的重要提供者。通过减税降费政策，可以提高中小企业的盈利能力，使其有更多的资源用于扩大业务和雇用员工。这样不仅有助于缓解地方就业压力，还可以提高居民收入水平，增强居民消费能力，进而促进地方经济的良性循环。四是增强市场竞争力。精准减税降费政策可以提高中小企业的市场竞争力。通过降低中小企业的税负和成本，可以增强其在市场中的价格竞争力和产品创新能力，从而使其在与大型企业的竞争中保持优势。此外，减税降费政策还可以帮助中小企业应对市场变化，增强其抗风险能力，提高其长期发展的潜力。五是优化营商环境。精准减税降费政策还可以优化中小企业的营商环境。通过简化税收和费用程序、提供税收优惠和费用减免等措施，可以提高中小企业的经营便利性。优化的营商环境不仅有助于现有中小企业的发展，还可以吸引更多的创业者和投资者进入市场，进一步促进地方经济的繁荣。

5. 加强减税降费政策效应的动态评估

着眼于长期效应，将充分发挥减税降费政策效果与规范优化税制纳入统一考量框架。从长远来看，减税降费政策实施的目标，不仅是以减税降费为导向的"正向激励制度框架"建构过程，也是基于增强税收调控功能的"税制规范与优化"过程。要达到长期内提高地方财政可持续性，一个重要的动能基础就是要稳定市场主体预期、充分释放市场主体活力，这就需要形成一个稳定、可预见的税制环境，强化税制的激励功能。因此，需要从增强地方财政可持续能力出发，梳理已实施的各类减税政策并研判施策效应，动态评估短期减税降费与长期施策的动态效应，区分临时实施的阶段性减税和适合法定的制度性减税，将效果良好的税收优惠政策，依据税收法定原则，尽快以制度形式固化下来，实现税负的稳定、税制的规范与优化。

6. 因地施策确保减税降费红利释放

注重持久性减税降费对地方财政可持续性的异质性影响，围绕地区间经济发展基础、产业结构等角度着手构建地方财力调节机制，依据不同区域经济发展基础的不同以及地方财政可持续性的差异而精准施策。从分析结论中可以发现，不同地区不仅财政可持续性水平不同，而且地方财政可持续能力建设基础也存在差异，总体上看，尽管经济发展基础好的区域会受到减税降费政策较明显的短期冲击，但长期上其具有更强的适应能力与自我调节能力。因此，应更加重视减税降费政策对激活西部省份长期发展潜力的作用，并强化减税降费政策落实和企业税收管理，持续提升服务精细化水平，通过因地制宜的减税降费政策安排扶持"老少边穷"地区的特色产业发展，确保产业链条末端更大程度吸收减税降费红利。

7. 强化精准减税降费与其他政策的协同

减税降费政策是政府通过降低税收和费用以支持经济增长的重要工具。然而，单一政策可能难以应对复杂的经济和社会环境。为了实现最佳效果，减税降费政策需要与其他经济政策协同推进，以达到最大化政策效应的目的。一是与财政政策的协同。减税降费政策和财政政策的协调是至关重要的。通过削减税收和费用，政府的财政收入可能减少，需要通过调整其他财政政策来弥补。例如，政府可以减少不必要的开支，提高财政效率，或者利用其他形式的收入来源来平衡预算。通过与财政政策的协同，减税降费政策可以保持财政的稳定性和可持续性。二是与产业政策的协同。减税降费政策可以与产业政策相互协作，以支持特定产业的发展。通过对战略性新兴产业或高科技产业提供税收优惠，政府可以鼓励产业创新和技术升级。同时，产业政策可以引导资金和资源流向这些领域，为减税降费政策提供支持。通过与产业政策的协同，减税降费政策可以更好地支持产业结构优化和经济转型升级。三是与区域政策的协同。通过与区域政策的协同，减税降费政策可以因地制宜，支持各地区的经济发展。例如，针对经济欠发达地区，可以提供更大的税收优惠，促进其经济增长；而对于经济发达地区，可以侧重支持其高附加值产业的发展。通过与区域政策的协同，减税降费政策可以实现区域经济的均衡发展。四是避免政策冲突。不同政策之间可能存在相互抵触的情况。例如，减税政策可能与某些产业的补贴政策相冲突，导致资源配置的效率降低。通过协调各项政策，可以避免这种冲突，提高政策的整体效率。同时，政策协同还可以避免重复政策和不必要的政策，减少资源浪费。

10.3 基于提升财政稳定性目标有效增强区域间的财力均衡性

1. 重视减税政策对区域间财力格局的影响

在继续实施减税政策的过程中，应该高度重视其对区域间财力格局的影响。这不仅关乎地区经济发展的平衡，也关系到社会稳定和公共服务的均等化。减税政策可能对不同地区产生不同的影响，这种影响往往会加剧区域间的财力不均衡。经济发达地区可能从减税政策中受益较多，而经济欠发达地区可能面临更大的财政压力。因此，在实施减税政策时，应该适当考虑区域间财力再分配的效应，以确保政策的公平性和有效性。通过对区域间的财力状况进行评估和调整，可以确保减税政策对不同地区产生积极的影响。一要建立县级财政能力和财力均等化评估体系。为了更好地理解和应对减税政策对区域间财力格局的影响，可以积极探索建立县级财政能力和财力均等化水平的评估体系。这样的体系可以帮助政府准确评估各县的财政能力和均等化水平，并为制定更具针对性的政策提供数据支持。通过定期评估，可以及时发现区域间财力格局的变化，为政策调整提供依据。二要强化对地方财力的准确评估和考察。评估和考察地方财力是制定有效政策的基础。应该密切关注各区域特别是经济欠发达区域、我国西部和东北地区的县级财力均等化水平的变化。通过准确评估这些地区的财力，可以更精准地把握地方财力格局的变动现状，及时发现问题并采取相应措施。对自有财力薄弱的辖区给予更多关注和扶持，可以帮助这些地区应对财政压力，提升其经济发展能力。三要缓解地方财政压力。对于财政承压能力较弱的地区，减税政策可能带来更大的财政压力。因此，政府应及时采取措施，缓解这些地区的财政压力。例如，可以通过增加转移支付、提供专项补助或制定其他支持政策，帮助这些地区渡过难关。通过这种方式，可以确保减税政策不会导致部分地区的财政困境，有助于区域间的财力协调。四要促进区域间财力协调和基本公共服务均等化。重视减税政策对区域间财力格局的影响，有助于促进区域间的财力协调和基本公共服务的均等化。区域间财力的不均衡可能导致公共服务的差距，从而影响社会公平和稳定。通过调整和协调区域间的财力格局，可以确保不同地区的居民享有相对均等的公共服务，提升社会整体的和谐与幸福感。

2. 调整增值税横向分配的原则

在共享税时代，增值税"一家独大"。若增值税的分配原则不能发挥横向财力平衡的作用，通过其他手段实现横向财力均衡几乎是不可能的。由于我国增值税的横向分配主要采取生产地原则，不可避免地会面临税收与税源背离的问题。"营改增"后，增值税分成比例的调整进一步加剧了这种背离，增值税收入由西部欠发达地区向东部、中部较为发达的区域逆向流动，导致本就落后的西部地区利益受损。未来可以将增值税的生产地原则转换为消费地原则，或者在横向分配原则中考虑消费因素，以避免税收与税源的背离，防止增值税收入在地区间的逆向流动。

一方面，进一步完善税制，充分发挥税制的财力初次分配作用。逐步将增值税收入归属的确定规则由生产地原则过渡到消费地原则，或者在增值税的收入划分中加入消费额和人口因素的考量，减轻生产地原则征收引发的税源背离，增强各区域的财政能力，弱化财力薄弱区域对转移支付的高度依赖。另一方面，持续推进产业结构升级尤其是财力薄弱、经济落后区域的产业结构升级，以区域间产业和经济结构的协调发展促进地方财政的均衡和可持续，西部地区和东北地区产业结构水平、城镇化水平相对较低，要通过继续实施"西部大开发""东北振兴老工业基地"战略，进一步扩大对内对外开放，积极参与国内国际双循环，实现产业结构跨越式升级。此外，要进一步完善省以下财政体制，适当上调县级收入的分享比例，拓宽县级税源。进一步推进省管县改革，对"强县"和"弱县"实行差异化管理，通过扶持政策强化财力相对薄弱县区的"造血能力"。针对经济欠发达、产业结构单一、财力相对薄弱县区建立激励性分税机制，适当扩大分享的税种范围，适当提高地方财政的税收分享比例，充分调动财力薄弱县区发展经济和强化财政收入行为的积极性，逐步改变财力薄弱区域对转移支付的路径依赖，切实提高地方财政能力和自主性。

3. 进一步发挥转移支付的财力均等化效应

转移支付制度是国家调节区域间财力差距、确保公共服务均等化的重要手段。为了充分发挥转移支付在财力均等化方面的效应，需要从长期和短期两个方面进行综合考虑，并优化相关制度和机制。一是从长期战略来看，需要增强地方财政"造血"能力。解决县级财力均等化问题的根本在于缩小区域间的产业结构差距，提高财力薄弱地区的财政"造血"能力，包括扶持当地的产业发展，促进地方经济多元化，使其具备更强的自我发展和财政独立能力。通过增强地方财政的"造血"能力，可以减少其对转移支付的长期依赖，实现财力均等化的可持续发展。二是从短期策略来看，需要完善转移支付制度。在短期内，转移支付制度是调节县级财力均等化的重要工具。完善我国的转移支付制度，需要确保其能够有效调节区域间的财力差距。一方面，应该优化转移支付结构，提高一般性转移支付的比例，使地方政府有更大的自主权来安排资金；另一方面，应该强化对转移支付资金的绩效考核，确保资金的有效使用，避免浪费和不当使用。三是优化转移支付结构。优化转移支付结构意味着调整各类转移支付的比例和用途，提高一般性转移支付的占比。一般性转移支付可以给地方政府更大的自主权，允许其根据实际需要来安排资金。而专项转移支付则应该针对特定用途和目标，以确保资金用于特定的政策领域。通过优化结构，可以提高转移支付的灵活性和针对性。

4. 建立完善区域间横向财力均衡的调节机制

因区域间资源禀赋、经济发展基础、产业结构与税源结构等差异，财政体制改革所带来的激励强度存在不同，在一定程度上会扩大地方财政可持续发展能力的差距，再加上增值税收入分配的生产地原则，可能会加剧地区间横向财力不均衡，从分析结果来看，这种不均衡在东部、中部与西部地区间将更为突出。因此，财政体制改革进程中，在发挥改革的激励功能的同时，必须配套建立横向财力均衡的调节机制。一方面，进一步优化转移支付制度，提高一般转移支付比重，突出发挥转移支付制度在公共服务能力均等化与财力均等化上的功能作用；另一方面，调整商品与劳务税收入的分配原则，逐步从生产地原则向消费地原则转变，优化区域间税收分配及其税收激励。

10.4 从强化地方财政治理能力出发持续推进央地财政体制改革

1. 进一步优化和调整央地税收收入划分，避免"以非税补税"现象发生

"营改增"是全面落实减税降费政策的重要举措，增值税五五分成是继全面"营改增"后提出的重要财税体制调整。从某种意义上看，两者其实都是减税降费大背景下的产物。减税降费的目标在于不断降低市场主体在税收与非税两方面的成本，并不希望在大规模减税时出现"以非税补税"的现象。研究发现，"营改增"后财政压力上升的地级市会扩张非税收入，从而导致其非税收入比重上升。另外，我们所使用的非税收入口径是偏小的，实际上地级市政府的非税收入范围更广。为避免

财税改革背景下可能出现的"以非税补税"现象，本章的研究结果不应被忽视。全面"营改增"后，虽然增值税央地两级的分享比例调整了，且地方的分享比例增加了25%，但并没有有效改善所有地级市政府的财力状况，进而导致有的地级市政府寻求非税收入以补充财力，从而出现了"以非税补税"现象。为切实保障减税降费政策落实落地，可考虑从体制优化层面建立科学、稳定、可持续的央地税收收入分成办法和比例，进而引导地方政府规范政府收入行为。一方面，可以考虑调整中央与地方之间的增值税收入划分比例，如果考虑到地方经济发展动力与地方税收分配不均衡问题，也可以考虑调整增值税地区间收入分享比例；另一方面，可以通过深化其他税种（如消费税）的税制改革和收入分享改革，实现央地税收收入划分格局的重新调整，使地方政府有更稳定的税收收入来源，从而降低改革过程中地方政府对非税收入的依赖程度，促进改革提质增效。

2. 深化省级以下地方财税分配关系的制度化建设

我国区域间资源禀赋差异巨大，因而各个地级市政府在改革背景下遇到的问题也迥然不同，无法通过统一的方案或者措施给予有效的解决。从实证结果可以看到，在财权上收的大背景下，地级市政府遇到的最大问题是财力与事权的错配，许多地级市特别是中部、西部地区的地级市面临更大的财政压力。在这样的背景下，对于法定的税收而言，地级市没有任何调配的空间，自然便转向可"自由裁量"的非税领域，进而提高地级市政府的非税收入比重。研究发现，在全面"营改增"后，省级财政收支缺口的扩大会进一步加剧地级市政府财政压力，导致地级市非税收入进一步扩张。目前，我国的财政体制改革只涉及中央与地方（省级）两级政府，对于省以下的财政分配关系，各省往往是根据自身实际，设计其税收划分比例。所以，当省级财力遇到压力时，无论是从"理性人"角度，还是从其本身的政治、经济等目标考虑，省级政府首先会从满足省本级财政需求出发进行财政分配调整，进而影响地级市及以下层级政府的财政收入状况。同时，《政府非税收入管理办法》鼓励各地区探索和建立符合本地实际的非税收入管理制度，这虽然为非税收入提供了制度性条件，但相比税收的法定性，非税收入的不确定性可能会影响当地经济发展的稳定性。长远来看，非税收入扩张将损害地级市政府的财政自给能力，影响地级市政府的财政可持续性。故下一步的财税改革应该尝试探索省级以下地方政府间的财税分配制度，进而规范省级以下地方政府收入行为。

3. 协调推进地方税体系与省以下分税制改革

虽然提高地方共享税分成比例有利于地方财政可持续性，但是共享税并不能替代地方税对地方政府的激励作用。因此，应加快完善地方税体系，逐步开征房产税，推动消费税征收环节后移并下划地方，使房产税、消费税成为地方税主体税种，巩固地方财政可持续发展的基础。与此同时，还必须推进省以下分税制改革的步伐。相对于央地政府间而言，省以下政府间的税收划分一直处于不规范和不稳定状态，严重削弱了财政体制的激励功能，省级以下政府的积极性受到严重影响，导致政府级次越低，财政可持续性越弱。在省以下分税制改革中，基于提升各级政府财政可持续能力的需要，重点要科学合理地划分税收收入，既要考虑税种属性和收入的均衡，更要在划分比例与划分方式选择上充分考虑其调整所产生的财政激励，全面充分调动市县级政府的积极性。

4. 加快建立健全地方税体系

健全的地方税体系是保证地方政府财力的重要基础，也是稳步推进改革的重要推动力。"营改增"的全面实施意味着地方政府失去了主体税种，对地方政府的影响无疑是巨大的。现代财税体制改革的目的之一，就是不断保证政府税收收入的稳定性。当税收改革没有带来预期的、稳定的税收收入时，作为构成地方政府重要财力的非税收入，无疑会成为地方政府摆脱短期困境的工具之一，进而导致非税收入比重提高，正如我们的实证结果一样。要避免"营改增"后地级市政府非税收入相对规模的扩张，有必要健全地方税体系，以缓解地方政府因财政压力而对非税收入产生的依赖。《中华人民共和国国民经济和社会发展第十四个五年规划和2035年远景目标纲要》在"完善现代税收制度"部分也指出，要推进房地产税立法，健全地方税体系，逐步扩大地方税政管理权。加快建立健全地方税体系，是缓解"营改增"和大规模减税降费政策实施后地方政府财政压力的重要策略选择，也是确保中央政策落地以及政策效果的配套措施。完善的地方税体系不仅有利于增加并稳定地方政府税收收入，还可以有效降低地方政府对非税收入的依赖。健全地方税体系，自然离不开地方税主体税种的确立以及税收征管能力的提升。一方面，在地方税主体税种建设上，可以借鉴发达国家的经验，根据税种性质的不同及其未来收入的成长性，分别确立省级地方税种与省以下地方税种；另一方面，应该加大地级市政府对税收征管的协助，提高税务机关的税收征管能力，减少信息不对称，避免税收流失，从而增强地方政府财力。

统筹推进减税政策实施与地方税体系建设，缓解因减税给地方财政带来的冲击与财力波动。短期实施减税政策会直接减少地方财政收入，对于财政可持续能力相对较弱的地区，这种冲击会直接影响到地方财政运行的稳定性。减税政策长期效应的发挥需要一定时间，因此在减税政策实施的同时，要加速完善地方税体系，在一定程度上弥补地方财政收支缺口，增强地方财政应对减税的能力。一方面，尽快落实消费税后移征税环节与收入划分的改革具体方案。消费税总额较大，短期内可以壮大地方税税源，有助于化解地方财政风险；长期逐步改革，均衡区域消费税收入分配，推动地方财政长期可持续。另一方面，加快推进财产税体系的建设。通过房产税等税制改革拓展地方收入来源，实现财源结构的合理化，不仅有利于充分调动地方培育涵养财源的积极性，而且可以降低地方政府通过非税手段谋求财力自我平衡的冲动，优化地方财政可持续发展的制度环境。

5. 未来财税改革需更加强调与重视发挥制度的激励功能

面对地方财力增速减缓、支出压力加剧的复杂经济形势，防范财政风险、保障财政的稳定运行是当前财政工作的重中之重，因此在当前及今后很长一段时期内，提升地方可持续能力将成为财税改革的重要目标。

基于这一认识，无论是财税制度的改革，还是财税体制的调整，应充分发挥正确引导和有效激励地方政府行为的制度效能。面对经济运行不确定性的增加以及财政运行可能遇到的风险，充分调动各级政府的积极性日益成为提升财政可持续能力、实现财政高质量发展的基础与前提，未来财税改革的重心就是要通过财政激励调动地方政府发展经济和培植税源的积极性。

参 考 文 献

［1］白积洋，刘成奎. 中国地方政府债务可持续、财政空间与经济增长［J］. 经济理论与经济管理，2022，42（8）：61-72.

［2］白彦锋，陈珊珊. "营改增"的减税效应——基于 DSGE 模型的分析［J］. 南京审计大学学报，2017，14（5）：1-9.

［3］白彦锋，姜哲. 我国财政动态平衡问题研究［J］. 中央财经大学学报，2019（1）：15-22.

［4］曹婧，毛捷，薛熠. 城投债为何持续增长：基于新口径的实证分析［J］. 财贸经济，2019，40（5）：5-22.

［5］曹越，陈文瑞. 固定资产加速折旧的政策效应：来自财税［2014］75 号的经验证据［J］. 中央财经大学学报，2017（11）：58-74.

［6］曹越，彭可人，郭天枭. 增值税税率调整对企业创新的影响研究［J］. 中国软科学，2023，386（2）：214-224.

［7］陈宝东，邓晓兰. 中国地方债务扩张对地方财政可持续性的影响分析［J］. 经济学家，2018（10）：47-55.

［8］陈建东，蒲冰怡，程树磊. 财政转移支付均等化效应分析——基于基尼系数分解的视角［J］. 财政研究，2014，380（10）：28-33.

［9］陈建奇，刘雪燕. 中国财政可持续性研究：理论与实证［J］. 经济研究参考，2012（2）：34-51.

［10］陈丽，邓微达，王智烜. 财政可持续性与地方政府教育努力程度［J］. 经济理论与经济管理，2022，42（2）：54-66.

［11］陈强远，林思彤，张醒. 中国技术创新激励政策：激励了数量还是质量［J］. 中国工业经济，2020（4）：79-96.

［12］陈思霞，许文立，张领祎. 财政压力与地方经济增长——来自中

国所得税分享改革的政策实验 [J]. 财贸经济, 2017, 38 (4): 37 - 53.

[13] 陈小亮. 中国减税降费政策的效果评估与定位研判 [J]. 财经问题研究, 2018 (9): 90 - 98.

[14] 陈晓光. 财政压力、税收征管与地区不平等 [J]. 中国社会科学, 2016 (4): 53 - 70, 206.

[15] 陈晓光. 增值税有效税率差异与效率损失——兼议对"营改增"的启示 [J]. 中国社会科学, 2013 (8): 67 - 84, 205 - 206.

[16] 陈远燕. 加计扣除政策对企业研发投入的影响——基于某市企业面板数据的实证分析 [J]. 税务研究, 2015 (11): 88 - 93.

[17] 陈钊, 王旸. "营改增"是否促进了分工: 来自中国上市公司的证据 [J]. 管理世界, 2016 (3): 36 - 45, 59.

[18] 陈志勇, 陈莉莉. 财税体制变迁、"土地财政"与经济增长 [J]. 财贸经济, 2011 (12): 24 - 29, 134.

[19] 陈志勇. 从"减税降费"看财税改革与财政政策运用 [J]. 财政监督, 2019 (10): 19 - 22.

[20] 程瑶, 闫慧慧. 税收优惠对企业研发投入的政策效应研究 [J]. 数量经济技术经济研究, 2018, 35 (2): 116 - 130.

[21] 储德银, 费冒盛. 财政纵向失衡、税收努力与地方经济增长 [J]. 当代财经, 2021 (10): 30 - 42.

[22] 储德银, 邵娇, 迟淑娴. 财政体制失衡抑制了地方政府税收努力吗? [J]. 经济研究, 2019, 54 (10): 41 - 56.

[23] 春晖, 郑若谷, 余典范. 中国产业结构变迁对经济增长和波动的影响 [J]. 经济研究, 2011, 46 (5): 4 - 16, 31.

[24] 崔惠玉, 吕炜, 徐颖. 减税降费与地方债务风险: 基于城投债的证据 [J]. 经济学家, 2023 (3): 58 - 67.

[25] 崔也光, 王京. 基于我国三大经济区的所得税研发费用加计扣除政策实施效果研究 [J]. 税务研究, 2020 (2): 92 - 98.

[26] 邓达, 潘光曦, 林晓乐. 我国数字经济发展对地方财政可持续性的影响 [J]. 当代财经, 2021, 442 (9): 38 - 52.

[27] 邓金钱，张娜．中国财政体制改革的历史方位、逻辑主线与"十四五"取向 [J]．经济体制改革，2021（3）：128-134.

[28] 邓力平，陈丽．论减税降费中的财政政策有效性和可持续性 [J]．税务研究，2021，438（7）：30-38.

[29] 邓力平．可持续公共财政研究 [J]．财政研究，2008（7）：6-10.

[30] 邓晓兰，许晏君，刘若鸿．结构性减税与地方财政可持续性——基于"营改增"的实证研究 [J]．中央财经大学学报，2021，410（10）：15-29.

[31] 董根泰．"营改增"降低了大中型企业税收负担吗？——基于浙江省上市公司数据的分析 [J]．经济社会体制比较，2016（3）：94-104.

[32] 杜鹏程，徐舒，张冰．社会保险缴费基数改革的经济效应 [J]．经济研究，2021，56（6）：142-158.

[33] 杜彤伟，张屹山，李天宇．财政竞争、预算软约束与地方财政可持续性 [J]．财经研究，2020，46（11）：93-107.

[34] 杜彤伟，张屹山，杨成荣．财政纵向失衡、转移支付与地方财政可持续性 [J]．财贸经济，2019，40（11）：5-19.

[35] 杜威，姚健．地方政府债务风险——基于可持续性研究 [J]．东北财经大学学报，2007（5）：43-46.

[36] 段龙龙，叶子荣．"减税降费"与地方财政解困：基于国家治理效能视角分析 [J]．经济体制改革，2021，226（1）：122-128.

[37] 范子英，彭飞．"营改增"的减税效应和分工效应：基于产业互联的视角 [J]．经济研究，2017，52（2）：82-95.

[38] 范子英，田彬彬．税收竞争、税收执法与企业避税 [J]．经济研究，2013，48（9）：99-111.

[39] 方红生，张军．中国地方政府竞争、预算软约束与扩张偏向的财政行为 [J]．经济研究，2009，44（12）：4-16.

[40] 冯俊诚．减税与减负——来自所得税优惠政策的经验证据 [J]．经济学（季刊），2022，22（1）：67-86.

[41] 冯俏彬. 中国财政可持续之道：基于政府收入体系视角的研究 [J]. 地方财政研究，2019（3）：4-10，23.

[42] 冯泽，陈凯华，戴小勇. 研发费用加计扣除是否提升了企业创新能力？——创新链全视角 [J]. 科研管理，2019，40（10）：73-86.

[43] 付敏杰. 分税制二十年：演进脉络与改革方向 [J]. 社会学研究，2016，31（5）：215-240，245-246.

[44] 傅娟，叶芸，谯曼君. 减税降费中的企业非税负担定量研究 [J]. 税务研究，2019（7）：19-22.

[45] 傅勇，张晏. 中国式分权与财政支出结构偏向：为增长而竞争的代价 [J]. 管理世界，2007（3）：4-12，22.

[46] 甘小武，曹国庆. 研发费用加计扣除政策对高新技术企业研发投入的影响分析 [J]. 税务研究，2020（10）：100-106.

[47] 甘行琼，雷正. 减税降费对地方财政收入的影响研究——基于2008—2019年中国省际面板数据的分析 [J]. 财政科学，2022（8）：76-93.

[48] 高培勇. 聚焦高质量发展语境下的减税降费 [J]. 中国财政，2019（12）：1.

[49] 高培勇. 中国财税改革40年：基本轨迹、基本经验和基本规律 [J]. 经济研究，2018，35（3）：4-20.

[50] 龚锋，余锦亮. 人口老龄化、税收负担与财政可持续性 [J]. 经济研究，2015，50（8）：16-30.

[51] 谷成，潘小雨. 减税与财政收入结构——基于非税收入变动趋势的考察 [J]. 财政研究，2020（6）：19-34.

[52] 谷成，王巍. 增值税减税、企业议价能力与创新投入 [J]. 财贸经济，2021，42（9）：35-49.

[53] 谷成，谢佳. 基于财政可持续发展的税收政策选择 [J]. 地方财政研究，2021（5）：16-21.

[54] 管治华，李英豪. 减税降费、财政压力与地方政府债务风险：作用路径及影响效应 [J]. 安徽大学学报（哲学社会科学版），2023，47（1）：144-156.

[55] 郭代模，杨涛．论可持续发展财政 [J]．财政研究，1999 (10)：24－27.

[56] 郭均英，刘慕岚．"营改增"对企业经济后果影响研究——以上海市首批实行"营改增"上市公司为例 [J]．财政研究，2015 (4)：92－95.

[57] 郭玲，姜晓妮，钟亚琼．我国地方政府间财力差异的多维分析 [J]．郑州大学学报（哲学社会科学版），2019，52 (1)：50－58.

[58] 郭庆旺．减税降费的潜在财政影响与风险防范 [J]．管理世界，2019，35 (6)：1－10，194.

[59] 郭玉清．逾期债务、风险状况与中国财政安全——兼论中国财政风险预警与控制理论框架的构建 [J]．经济研究，2011，46 (8)：38－50.

[60] 郭月梅，欧阳洁．地方政府财政透明、预算软约束与非税收入增长 [J]．财政研究，2017 (7)：73－88.

[61] 韩仁月，马海涛．税收优惠方式与企业研发投入——基于双重差分模型的实证检验 [J]．中央财经大学学报，2019 (3)：3－10.

[62] 何代欣，张枫炎．中国减税降费的作用与关键环节 [J]．经济纵横，2019 (2)：49－55.

[63] 何代欣．"十四五"确保财政可持续运行的三大着力点 [J]．中国发展观察，2020 (Z8)：37－39.

[64] 何代欣．如何推动减税降费全面起效 [J]．金融博览，2019 (5)：32－33.

[65] 洪源，李礼．我国地方政府债务可持续性的一个综合分析框架 [J]．财经科学，2006 (4)：96－103.

[66] 胡春，丁卯，叶子荣．增值税"扩围"改革对银行业税负影响研究——基于投入产出表和损益表的模拟测算 [J]．地方财政研究，2013 (5)：22－27，32.

[67] 胡海生，王克强，刘红梅．增值税税率降低和加计抵减政策的经济效应评估——基于动态可计算一般均衡模型的研究 [J]．财经研究，2021，47 (1)：4－17.

[68] 胡晓东，艾梦雅．基本公共服务均等化、财力均衡与增值税共

享制度重构［J］.财政研究，2019（6）：94－101.

［69］胡怡建，田志伟.营改增宏观经济效应的实证研究［J］.税务研究，2016（11）：7－12.

［70］黄寿峰，董一军，胡乐轩.税收竞争、财政透明度和非税收入——来自我国市级层面的证据［J］.吉林大学社会科学学报，2020，60（4）：117－127，237－238.

［71］贾康.提振市场信心，改善民营企业的预期［J］.经济导刊，2022（12）：10－13.

［72］金成晓，李梦嘉.金融周期对我国财政可持续性影响研究［J］.财政研究，2019（3）：93－103，129.

［73］金春雨，王薇.我国金融市场独立性及对实体经济的非对称效应研究［J］.西安交通大学学报（社会科学版），2020，40（4）：71－79.

［74］孔军，原靖换."减税降费"下上市企业税负对创新产出的影响研究［J］.中国软科学，2021（S1）：268－276.

［75］匡小平.论地方财政可持续性的分析方法［J］.财经理论与实践，2004（6）：77－80.

［76］李成，张玉霞.中国"营改增"改革的政策效应：基于双重差分模型的检验［J］.财政研究，2015（2）：44－49.

［77］李成威，杜崇珊.公共风险、公共债务与财政健康度［J］.现代经济探讨，2021（3）：43－49.

［78］李丹，庞晓波，方红生.财政空间与中国政府债务可持续性［J］.金融研究，2017，448（10）：1－17.

［79］李昊楠，郭彦男.小微企业减税、纳税遵从与财政可持续发展［J］.世界经济，2021，44（10）：103－129.

［80］李昊洋，程小可，高升好.税收激励影响企业研发投入吗？——基于固定资产加速折旧政策的检验［J］.科学学研究，2017，35（11）：1680－1690.

［81］李辉文.中国公共债务与财政可持续性分析——基于结构突变BP法的实证结果［J］.经济问题，2013（11）：86－89.

[82] 李建军，王鑫. 地方财政可持续性评估——兼论税收分权能否提升地方财政可持续性 [J]. 当代财经，2018，409（12）：37-47.

[83] 李建军，吴懿. 税收分成、财政激励与制造业企业活力——来自"增值税分成"改革的证据 [J]. 财贸经济，2021，42（9）：5-19.

[84] 李建强，赵西亮. 固定资产加速折旧政策与企业资本劳动比 [J]. 财贸经济，2021，42（4）：67-82.

[85] 李经路，刘笛，詹亮. 中国减税降费：演进轨迹与未来取向 [J]. 华东经济管理，2021，35（10）：1-18.

[86] 李晶，王春. 全面营改增时代税收增长研究 [J]. 宏观经济研究，2017（12）：22-32.

[87] 李美琦，张巍，韩冰. 空间异质性下非税收入规模合理化的影响机制——基于 341 个地级市空间面板模型实证 [J]. 财经科学，2021（7）：120-132.

[88] 李慭劼. "减税降费"推动我国制造业企业高质量发展 [J]. 财务与会计，2019（8）：41-44.

[89] 李文星. 关于地方政府财政能力几个基本理论问题 [J]. 南亚研究季刊，2000（4）：73-76.

[90] 李香菊，赵娜. 税收竞争如何影响环境污染——基于污染物外溢性属性的分析 [J]. 财贸经济，2017，38（11）：131-146.

[91] 李一花，韩芳. 地方政府间税收竞争、财政压力与非税收入研究 [J]. 公共财政研究，2018（4）：56-72.

[92] 李宜航，许英杰，郭晓，董鑫鑫. 研发费用加计扣除政策对制造业企业研发投入的影响分析 [J]. 税务研究，2022（4）：121-129.

[93] 李永友，沈坤荣. 辖区间竞争、策略性财政政策与 FDI 增长绩效的区域特征 [J]. 经济研究，2008（5）：58-69.

[94] 李永友，严岑. 服务业"营改增"能带动制造业升级吗？[J]. 经济研究，2018，53（4）：18-31.

[95] 李永友，张帆. 垂直财政不平衡的形成机制与激励效应 [J]. 管理世界，2019，35（7）：43-59.

[96] 梁季，吕慧，郭宝棋．减税降费促进创业了吗？——基于营商环境的有调节中介模型 [J]．财政研究，2022（12）：57-74.

[97] 梁俊娇，贾昱晞．企业所得税税收优惠对企业创新的影响——基于上市公司面板数据的实证分析 [J]．中央财经大学学报，2019（9）：13-23.

[98] 林志帆，刘诗源．税收激励如何影响企业创新？——来自固定资产加速折旧政策的经验证据 [J]．统计研究，2022，39（1）：91-105.

[99] 刘波，洪兴建．中国产业数字化程度的测算与分析 [J]．统计研究，2022，39（10）：3-18.

[100] 刘建国，苏文杰．金融错配对地方财政可持续性的影响——基于金融发展的调节效应和门槛效应 [J]．金融经济学研究，2022，37（2）：3-19.

[101] 刘建民，刘晓函，吴金光．税收分成、财政激励与地方财政可持续性——基于增值税五五分成的准自然实验 [J]．中国软科学，2023，388（4）：162-176.

[102] 刘建民，秦玉奇，洪源．财政效率对区域全要素生产率的影响机制和效应：基于综合财政效率视角 [J]．财政研究，2021（3）：41-55.

[103] 刘建民，薛妍，刘嘉意．数字经济对地方财政可持续性的影响研究：基于"本地—邻地"视角 [J]．湖南大学学报（社会科学版），2021，35（6）：46-56.

[104] 刘金科，谢鋆．生活服务业营改增的经济效应研究 [J]．税务研究，2017（7）：34-39.

[105] 刘磊，张永强．增值税减税政策对宏观经济的影响——基于可计算一般均衡模型的分析 [J]．财政研究，2019（8）：99-110.

[106] 刘苓玲，慕欣芸．企业社会保险缴费的劳动力就业挤出效应研究——基于中国制造业上市公司数据的实证分析 [J]．保险研究，2015（10）：107-118.

[107] 刘啟仁，赵灿，黄建忠．税收优惠、供给侧改革与企业投资 [J]．管理世界，2019，35（1）：78-96，114.

［108］刘穷志. 税收竞争、资本外流与投资环境改善——经济增长与收入公平分配并行路径研究［J］. 经济研究，2017，52（3）：61－75.

［109］刘蓉. 全球性减税浪潮下我国减税降费的政府努力与市场活力［J］. 国际税收，2019（9）：15－19.

［110］刘尚希，赵福昌，孙维. 中国财政体制：探索与展望［J］. 经济研究，2022，57（7）：12－25.

［111］刘尚希. 风险社会与财政转型［J］. 财政科学，2021（9）：5－10.

［112］刘尚希. 管理公共风险、财政政策的新思路［N］. 环球时报，2019－12－20.

［113］刘尚希. 加强财政知识传播助力中国财政理论创新发展［J］. 财政科学，2022（10）：5－8.

［114］刘书明，李文康，师宇. 中国地方财力差异的区域结构特征、变化趋势与影响因素——基于2007—2017年省级数据的实证分析［J］. 宏观经济研究，2019（11）：47－62.

［115］刘行，叶康涛，陆正飞. 加速折旧政策与企业投资——基于"准自然实验"的经验证据［J］. 经济学（季刊），2019，18（1）：213－234.

［116］刘行，叶康涛. 增值税税率对企业价值的影响：来自股票市场反应的证据［J］. 管理世界，2018，34（11）：12－24，35，195.

［117］刘怡，耿纯. 金融业"营改增"对制造业企业影响估算［J］. 税务研究，2015（11）：29－36.

［118］刘怡，周凌云，张宁川. 房地产依赖、产业布局与财政平衡——基于海南微观数据的分析［J］. 财政科学，2021（10）：9－31.

［119］卢洪友，王蓉，余锦亮. "营改增"改革、地方政府行为与区域环境质量——基于财政压力的视角［J］. 财经问题研究，2019（11）：74－81.

［120］卢洪友，王蓉，余锦亮. "营改增"改革、地方政府行为与区域环境质量——基于财政压力的视角［J］. 财经问题研究，2019，41（11）：74－81.

[121] 卢洪友，王云霄，祁毓. "营改增" 的财政体制影响效应研究 [J]. 经济社会体制比较，2016（3）：71-83.

[122] 鲁建坤，李永友. 超越财税问题：从国家治理的角度看中国财政体制垂直不平衡 [J]. 社会学研究，2018，33（2）：62-87，243-244.

[123] 鲁於，冀云阳，杨翠迎. 企业社会保险为何存在缴费不实——基于财政分权视角的解释 [J]. 财贸经济，2019，40（9）：146-161.

[124] 吕冰洋，李钊. 疫情冲击下财政可持续性与财政应对研究 [J]. 财贸经济，2020，41（6）：5-18.

[125] 吕冰洋，马光荣，毛捷. 分税与税率：从政府到企业 [J]. 经济研究，2016，51（7）：13-28.

[126] 吕炜，周佳音. 中国税制改革的逻辑——兼论新一轮税制改革方向设计 [J]. 经济社会体制比较，2021，217（5）：20-28.

[127] 马海涛，朱梦珂. 助力我国经济高质量发展的减税降费政策：演变路径、成因特点与未来走向 [J]. 国际税收，2022（5）：3-11.

[128] 马克卫. 增值税减税、经济产出与收入分配——基于投入产出与国民收入流量衔接模型的分析 [J]. 山西财经大学学报，2021，43（6）：29-39.

[129] 马拴友. 中国公共部门债务和赤字的可持续性分析——兼评积极财政政策的不可持续性及其冲击 [J]. 经济研究，2001（8）：15-24.

[130] 马双，孟宪芮，甘犁. 养老保险企业缴费对员工工资、就业的影响分析 [J]. 经济学（季刊），2014，13（3）：969-1000.

[131] 毛捷，徐军伟. 中国地方政府债务问题研究的现实基础——制度变迁、统计方法与重要事实 [J]. 财政研究，2019，431（1）：3-23.

[132] 孟天广，苏政. "同侪效应" 与 "邻居效应"：地级市非税收入规模膨胀的政治逻辑 [J]. 经济社会体制比较，2015（2）：165-176.

[133] 缪小林，张蓉，于洋航. 基本公共服务均等化治理：从 "缩小地区间财力差距" 到 "提升人民群众获得感" [J]. 中国行政管理，2020（2）：67-71.

[134] 莫龙炯，葛立宇，冯沚贻. 结构性减税推动了地方经济高质量发

展吗?——基于"营改增"的研究 [J]. 财政科学, 2023 (3): 25-38.

[135] 倪红福, 龚六堂, 王茜萌. "营改增"的价格效应和收入分配效应 [J]. 中国工业经济, 2016 (12): 23-39.

[136] 倪红日. 全面减税降费背景下的税收经济增长 [J]. 国际税收, 2019 (9): 5-10.

[137] 潘孝珍, 张心怡. 提升企业"获得感"的减税降费政策研究 [J]. 财会研究, 2019 (4): 13-18.

[138] 庞凤喜, 刘畅, 米冰. 减税与减负: 企业负担的类型与成因 [J]. 税务研究, 2016, 383 (12): 65-70.

[139] 庞凤喜, 牛力. 持续推进减税降费的经济社会效应分析 [J]. 中国财政, 2019 (12): 16-18.

[140] 彭飞, 许文立, 吕鹏, 等. 未预期的非税负担冲击: 基于"营改增"的研究 [J]. 经济研究, 2020, 55 (11): 67-83.

[141] 彭浩然, 岳经纶, 李晨烽. 中国地方政府养老保险征缴是否存在逐底竞争? [J]. 管理世界, 2018, 34 (2): 103-111.

[142] 祁毓, 付永婷, 余锦亮. 财政冲击、制度环境与地方政府融资多样化——来自增值税"五五分成"改革的证据 [J]. 财经研究, 2022, 48 (11): 94-108.

[143] 钱金保, 才国伟. 地方政府的税收竞争和标杆竞争——基于地市级数据的实证研究 [J]. 经济学 (季刊), 2017, 16 (3): 1097-1118.

[144] 钱雪松, 方胜.《物权法》出台、融资约束与民营企业投资效率——基于双重差分法的经验分析 [J]. 经济学 (季刊), 2021, 21 (2): 713-732.

[145] 钱雪亚, 蒋卓余, 胡琼. 社会保险缴费对企业雇佣工资和规模的影响研究 [J]. 统计研究, 2018, 35 (12): 68-79.

[146] 乔俊峰, 张春雷. "营改增"、税收征管行为和企业流转税税负——来自中国上市公司的证据 [J]. 财政研究, 2019 (7): 77-89.

[147] 邱国庆, 杨志安. 人口老龄化、扭曲效应与财政可持续性 [J]. 当代经济科学, 2022, 44 (4): 19-30.

[148] 任超然，曾益. 转移支付纵向分配结构的财力均等化效应研究：基于省内县际差异的视角 [J]. 中央财经大学学报，2016，348 (8)：15-24.

[149] 任超然. 阶段性降低养老保险缴费率增加了企业投资吗？——来自 A 股上市公司的证据 [J]. 保险研究，2021 (4)：106-120.

[150] 任胜钢，郑晶晶，刘东华，等. 排污权交易机制是否提高了企业全要素生产率——来自中国上市公司的证据 [J]. 中国工业经济，2019 (5)：5-23.

[151] 申广军，陈斌开. 中国制造业企业的全要素生产率：新数据、新方法与新发现 [J]. 经济学（季刊），2024，24 (4)：1048-1065.

[152] 沈永建，梁方志，蒋德权，王亮亮. 社会保险征缴机构转换改革、企业养老支出与企业价值 [J]. 中国工业经济，2020 (2)：155-173，1-3.

[153] 盛明泉，吴少敏，盛安琪. "营改增" 对生产性服务业企业全要素生产率的影响研究 [J]. 经济经纬，2020，37 (2)：150-158.

[154] 石绍宾，李敏. 研发费用加计扣除政策调整对企业创新的影响——基于 2013—2019 年上市公司数据 [J]. 公共财政研究，2021 (3)：4-28.

[155] 石绍宾，姚淼. 加速折旧如何影响企业创新？——基于 A 股上市公司数据的实证分析 [J]. 经济问题，2020 (8)：78-85.

[156] 史静远. 省以下政府间财政关系优化研究 [D]. 北京：中国财政科学研究院，2017.

[157] 宋弘，封进，杨婉彧. 社保缴费率下降对企业社保缴费与劳动力雇佣的影响 [J]. 经济研究，2021，56 (1)：90-104.

[158] 孙正，陈旭东，苏晓燕. 地方竞争、产能过剩与财政可持续性 [J]. 产业经济研究，2019 (1)：75-86.

[159] 孙正，陈旭东. "营改增" 是否提升了服务业资本配置效率？[J]. 中国软科学，2018 (11)：17-30.

[160] 孙正，张志超. 基于 "营改增" 视角流转税改革的动态效率分

析 [J]. 中南财经政法大学学报, 2015 (2): 40 - 47.

[161] 孙正. 流转税改革促进了产业结构演进升级吗?——基于"营改增"视角的 PVAR 模型分析 [J]. 财经研究, 2017, 43 (2): 70 - 84.

[162] 孙正. 中国人口结构变迁与财政可持续性研究 [J]. 大连理工大学学报 (社会科学版), 2020, 41 (3): 51 - 62.

[163] 唐飞鹏. 地方税收竞争、企业利润与门槛效应 [J]. 中国工业经济, 2017 (7): 99 - 117.

[164] 唐明, 凌惠馨. 消费税征税环节后移品目的选择研究——基于数值模拟分析 [J]. 财贸研究, 2022, 33 (1): 53 - 71.

[165] 唐明. 全面"营改增"后增值税收入地区间横向分配机制研究 [J]. 中南财经政法大学学报, 2018 (2): 61 - 69, 159.

[166] 唐文进, 苏帆, 彭元文. 财政疲劳、储备渠道与中国政府债务上限的测算 [J]. 财经研究, 2014, 40 (10): 18 - 31.

[167] 唐祥来, 孔娇娇. 地方财政可持续性实证检验: 江苏 1995—2010 [J]. 经济与管理评论, 2014, 30 (1): 72 - 77.

[168] 田志伟, 胡怡建, 朱王林. 个人所得税、企业所得税、个人社保支出与收入分配 [J]. 财经论丛, 2014 (11): 18 - 24.

[169] 田志伟, 胡怡建. "营改增"对财政经济的动态影响: 基于 CGE 模型的分析 [J]. 财经研究, 2014, 40 (2): 4 - 18.

[170] 童锦治, 冷志鹏, 黄浚铭, 苏国灿. 固定资产加速折旧政策对企业融资约束的影响 [J]. 财政研究, 2020 (6): 48 - 61, 76.

[171] 童锦治, 李星, 王佳杰. 财政分权、多级政府竞争与地方政府非税收入——基于省级空间动态面板模型的估计 [J]. 吉林大学社会科学学报, 2013, 53 (6): 33 - 42.

[172] 童锦治, 苏国灿, 魏志华. "营改增"、企业议价能力与企业实际流转税税负——基于中国上市公司的实证研究 [J]. 财贸经济, 2015 (11): 14 - 26.

[173] 汪昊. "营改增"减税的收入分配效应 [J]. 财政研究, 2016 (10): 85 - 100.

[174] 王春元.税收优惠刺激了企业 R&D 投资吗?［J］.科学学研究,2017,35(2):255-263.

[175] 王凤荣,苗妙.税收竞争、区域环境与资本跨区流动——基于企业异地并购视角的实证研究［J］.经济研究,2015,50(2):16-30.

[176] 王佳杰,童锦治,李星.税收竞争、财政支出压力与地方非税收入增长［J］.财贸经济,2014(5):27-38.

[177] 王江璐,伍红.新一轮税制改革应如何规避"黄宗羲定律"［J］.当代财经,2016(4):20-28.

[178] 王宁.中国财政赤字率和政府债务规模警戒线初探［J］.财政研究,2005(5):2-3.

[179] 王岩.中国财政可持续性:欧债危机教训与异质情境判别［J］.财经问题研究,2020,443(10):74-82.

[180] 王译,徐焕章.增值税分享比例调整对西部地区税收收入影响效应及优化路径［J］.地方财政研究,2019(9):80-86.

[181] 王雍君,潘昊宇.财政赤字可持续性条件研究［J］.地方财政研究,2021,199(5):12-15,42.

[182] 王雍君.预算绩效评价:评价财政承受能力［J］.财政监督,2021(5):50.

[183] 王玉兰,李雅坤."营改增"对交通运输业税负及盈利水平影响研究——以沪市上市公司为例［J］.财政研究,2014(5):41-45.

[184] 王志刚,龚六堂.财政分权和地方政府非税收入:基于省级财政数据［J］.世界经济文汇,2009(5):17-38.

[185] 王智烜,邓力平,吴心妮.减税降费的就业促进效应——基于异质性企业框架视角［J］.税务研究,2020(10):16-20.

[186] 王智烜,邓秋云,陈丽.减税降费与促进高质量就业——基于PVAR 模型的研究［J］.税务研究,2018(6):102-108.

[187] 魏后凯.东北经济的新困境及重振战略思路［J］.社会科学辑刊,2017(1):26-32,2.

[188] 魏瑾瑞,夏宁潞,陈子昂.老龄化、延迟退休与财政可持续性

[J]. 统计研究, 2018, 35 (10): 81 – 88.

[189] 魏志华, 夏太彪. 社会保险缴费负担、财务压力与企业避税 [J]. 中国工业经济, 2020 (7): 136 – 154.

[190] 温丽琴, 石凌江, 周璇. 双向 FDI 协调发展、绿色创新与环境规制——基于绿色创新中介效应研究 [J]. 经济问题, 2023, 521 (1): 44 – 51.

[191] 吴金光, 毛军. 财政分权、区域竞争与地方政府非税收入 [J]. 湖南财政经济学院学报, 2016, 32 (4): 5 – 11.

[192] 吴琼, 王如松, 李宏卿, 等. 生态城市指标体系与评价方法 [J]. 生态学报, 2005 (8): 2090 – 2095.

[193] 伍红, 郑家兴, 王乔. 固定资产加速折旧、厂商特征与企业创新投入——基于高端制造业 A 股上市公司的实证研究 [J]. 税务研究, 2019 (11): 34 – 40.

[194] 习近平. 坚定不移走中国特色社会主义法治道路为全面建设社会主义现代化国家提供有力法治保障 [J]. 奋斗, 2021 (5): 4 – 15.

[195] 席鹏辉. 财政激励、环境偏好与垂直式环境管理——纳税大户议价能力的视角 [J]. 中国工业经济, 2017 (11): 100 – 117.

[196] 谢申祥, 王晖. 固定资产加速折旧政策的就业效应 [J]. 经济学动态, 2021 (10): 100 – 115.

[197] 谢贞发, 严瑾, 李培. 中国式"压力型"财政激励的财源增长效应——基于取消农业税改革的实证研究 [J]. 管理世界, 2017 (12): 46 – 60, 187 – 188.

[198] 谢贞发, 朱恺容, 李培. 税收分成、财政激励与城市土地配置 [J]. 经济研究, 2019, 54 (10): 57 – 73.

[199] 徐超, 庞雨蒙, 刘迪. 地方财政压力与政府支出效率——基于所得税分享改革的准自然实验分析 [J]. 经济研究, 2020, 55 (6): 138 – 154.

[200] 徐宁, 丁一兵. 我国不同种减税政策的宏观调控效应测度: 基于 DSGE 模型的对比研究 [J]. 暨南学报 (哲学社会科学版), 2020, 42 (1): 19 – 30.

[201] 许红梅，李春涛．劳动保护、社保压力与企业违约风险——基于《社会保险法》实施的研究 [J]．金融研究，2020（3）：115 –133.

[202] 许生．高度重视减税降费中地方财政的可持续性问题 [J]．财政科学，2019（4）：102 –106.

[203] 薛菁．新一轮减税降费、创新促进与制造业高质量发展 [J]．财经论丛，2022（6）：15 –28.

[204] 闫坤．构建推进质量强国战略的财税政策体系 [J]．中国财政，2019（15）：27 –30.

[205] 杨灿明．减税降费：成效、问题与路径选择 [J]．财贸经济，2017，38（9）：5 –17.

[206] 杨国超，刘静，廉鹏，芮萌．减税激励、研发操纵与研发绩效 [J]．经济研究，2017，52（8）：110 –124.

[207] 杨良松，余莎．地方上级政府对转移支付的截留研究——基于省级与地级数据的实证分析 [J]．公共管理学报，2018，15（2）：14 –27，154.

[208] 杨默如．营业税改征增值税后的收入归属方案选择 [J]．税务研究，2010（5）：75.

[209] 杨晓妹，唐金萍，王有兴．消费税改革与地方财力均衡——基于后移征收环节与调整收入划分的双重视角分析 [J]．财政研究，2020（10）：89 –101.

[210] 杨宇．中央与地方财政体制研究 [D]．北京：财政部财政科学研究所，2015.

[211] 杨志勇．关于积极财政政策的转型与可持续性问题的思考 [J]．财政科学，2021（3）：15 –20，26.

[212] 杨志勇．积极财政政策宜加力提效 [J]．经济研究参考，2019（2）：113 –114.

[213] 杨志勇．省直管县财政体制改革研究——从财政的省直管县到重建政府间财政关系 [J]．财贸经济，2009（11）：36 –41，136.

[214] 姚东旻，王东平，陈珏宇．中国财政可持续性研究——基于财政缺口的视角 [J]．中央财经大学学报，2013（5）：6 –13.

[215] 叶青, 陈铭. 论减税降费背景下的地方财政对策 [J]. 税务研究, 2019 (7): 8-11.

[216] 殷剑峰, 韩爽. 财政稳经济、货币稳债务——高政府债务背景下的财政与货币政策配合 [J]. 经济社会体制比较, 2021 (5): 41-53.

[217] 尹恒, 迟炜栋. 增值税减税的效应: 异质企业环境下的政策模拟 [J]. 中国工业经济, 2022 (2): 80-98.

[218] 尹恒, 张子尧, 曹斯蔚. 社会保险降费的就业促进效应——基于服务业的政策模拟 [J]. 中国工业经济, 2021 (5): 57-75.

[219] 尹李峰, 李淼, 缪小林. 减税降费是否带来地方债风险?——基于高质量税源的中介效应分析 [J]. 财政研究, 2021, 457 (3): 56-69.

[220] 袁从帅, 刘晔, 王治华, 等. "营改增"对企业投资、研发及劳动雇佣的影响——基于中国上市公司双重差分模型的分析 [J]. 中国经济问题, 2015 (4): 3-13.

[221] 袁从帅, 罗杰, 秦愿. 税制优化与中国经济结构调整——基于营改增的实证研究 [J]. 税务研究, 2019 (9): 34-41.

[222] 张斌. 减税降费、资源统筹与增强财政可持续性 [J]. 国际税收, 2022 (6): 3-9.

[223] 张斌. 减税降费与中长期税制优化 [J]. 国际税收, 2019, 75 (9): 11-14.

[224] 张德钢, 郭皓皓, 陆远权, 等. 财政透明度对基本公共服务均等化的影响研究 [J]. 宏观经济研究, 2021, 276 (11): 5-16, 111.

[225] 张光. 财政转移支付对省内县际财政均等化的影响 [J]. 地方财政研究, 2013 (1): 4-5, 7-9, 22.

[226] 张克中, 何凡, 黄永颖, 崔小勇. 税收优惠、租金分享与公司内部收入不平等 [J]. 经济研究, 2021, 56 (6): 110-126.

[227] 张克中, 张文涛, 万欣. 税收分享与财政失衡: 中国增值税分享制度的重构 [J]. 财贸经济, 2021, 42 (3): 44-58.

[228] 张牧扬, 潘妍, 范莹莹. 减税政策与地方政府债务——来自增值税税率下调的证据 [J]. 经济研究, 2022, 57 (3): 118-135.

[229] 张卫民，安景文，韩朝．熵值法在城市可持续发展评价问题中的应用 [J]．数量经济技术经济研究，2003 (6)：115 - 118.

[230] 张翕．人口流动下的地方财政教育支出：转移支付与自有财力的作用 [J]．教育与经济，2022，38 (6)：66 - 76.

[231] 张新平．我国财政可持续发展评估指标体系的构建 [J]．生态经济，2000 (11)：4 - 7.

[232] 张旭涛．基于 FTPL 的中国财政可持续性研究 [J]．中南财经政法大学学报，2011 (5)：85 - 89.

[233] 张学诞，李娜．减税、经济增长与财政可持续性——来自地方债务水平的证据 [J]．财贸研究，2020，31 (10)：41 - 51.

[234] 张学诞，刘昶．减税降费与财政可持续性——从预算恒等式说起 [J]．财政科学，2019 (4)：113 - 116.

[235] 张兆国，张旭．所得税政策与企业研发创新——来自中国上市公司的经验数据 [J]．工业技术经济，2019，38 (4)：3 - 12.

[236] 赵灿，刘啟仁．税收激励政策与企业国际化行为——基于 2014 年固定资产加速折旧政策的准自然实验 [J]．国际贸易问题，2021 (3)：62 - 77.

[237] 赵连伟．营改增的企业成长效应研究 [J]．中央财经大学学报，2015 (7)：20 - 27.

[238] 赵仁杰，范子英．"租费替代"、地方财政压力与企业非税负担 [J]．财政研究，2021 (6)：70 - 84.

[239] 赵仁杰，范子英．养老金统筹改革、征管激励与企业缴费率 [J]．中国工业经济，2020 (9)：61 - 79.

[240] 中国财政科学研究院课题组．"三去一降一补"之"降成本"：政策效果及实体经济成本现状 [J]．经济研究参考，2017 (43)：3.

[241] 中国人民银行广州分行国库处课题组，徐宏练．经济新常态下地方财政体制问题的财力结构视角研究：演变趋势、负面影响及成因分析——以广东省为例 [J]．西南金融，2019 (9)：21 - 32.

[242] 周彬，杜两省．营改增对财政收入的影响及财税体制改革应对

[J]. 当代财经, 2016, 379 (6): 25 – 33.

[243] 周黎安. 中国地方官员的晋升锦标赛模式研究 [J]. 经济研究, 2007 (7): 36 – 50.

[244] 周茂, 陆毅, 杜艳, 等. 开发区设立与地区制造业升级 [J]. 中国工业经济, 2018 (3): 62 – 79.

[245] 周茂荣, 骆传朋. 我国财政可持续性的实证研究——基于 1952—2006 年数据的时间序列分析 [J]. 数量经济技术经济研究, 2007 (11): 47 – 55.

[246] 朱文涛, 顾乃华, 刘胜. 高速铁路与制造业集聚的空间异质性 [J]. 财贸经济, 2022, 43 (3): 143 – 160.

[247] Almeida, R., Carneiro, P.. Enforcement of labor regulation and informality [J]. American Economic Journal: Applied Economics, 2012, 4 (3): 64 – 89.

[248] Anderson, P. M. Meyer, B. D.. The effect of the unemployment insurance payroll tax on wages, employment, claims and denials [J]. Journal of Public Economics, 2000, 78: 81 – 106.

[249] Bailey, C., Turner, J.. Strategies to reduce contribution evasion in social security financing [J]. World Development, 2001, 29 (2): 385 – 393.

[250] Bajo-Rubio O., Díaz-Roldán C., Esteve V.. On the sustainability of government deficits: Some long-term evidence for Spain, 1850 – 2000 [J]. Journal of Applied Economics, 2010, 13 (2): 263 – 281.

[251] Benzarti, Y., Harju, J.. Using payroll tax variation to unpack the black box of firm-level production [J]. Journal of the European Economic Association, 2021, 19 (5): 2737 – 2764.

[252] Bird Richard M, Zolt Eric M.. The Limited Role of the Personal Income Tax in Developing Countries [J]. Journal of Asian Economics, 2005 (6): 928 – 946.

[253] Bird, R. M.. Fiscal flows, fiscal balance, and fiscal sustainability [J]. World Bank, 2003.

［254］Bird, R. M. , Tarasov, A. V.. Closing the gap: Fiscal imbalances and intergovernmental transfers in developed federations ［J］. Environment and Planning C: Government and Policy, 2004, 22 (1): 77 – 102.

［255］Blanchard, O. J. , Diamond, P.. The cyclical behavior of the gross flows of U. S. workers ［J］. Brookings Papers on Economic Activity, 1990 (2): 85 – 143, 154 – 155.

［256］Bohn H.. The behavior of US public debt and deficits ［J］. The Quarterly Journal of Economics, 1998 (3): 949 – 963.

［257］Buiter W. H. , Persson T. , Minford P.. A guide to public sector debt and deficits ［J］. Economic Policy, 1985, 1 (1): 13 – 61.

［258］Chen S. X.. The effect of a fiscal squeeze on tax enforcement: Evidence from a natural experiment in China ［J］. Journal of Public Economics, 2017, 147: 62 – 76.

［259］Chirinko, R. S. , Fazzari, S. M. , Meyer, A. P.. How responsive is business capital formation to its user cost?: An exploration with micro data ［J］. Journal of Public Economics, 1999, 74 (1): 53 – 80.

［260］Condon T. , Corbo V. , De Melo J.. Exchange rate-based disinflation, wage rigidity, and capital inflows: Tradeoffs for Chile 1977 – 1981 ［J］. Journal of Development Economics, 1990, 32 (1): 113 – 131.

［261］Czarnitzki, D. , Hanel, P. , Rosa, J. M.. Evaluating the impact of R&D tax credits on innovation: A microeconometric study on Canadian firms ［J］. Research Policy, 2011, 40 (2): 217 – 229.

［262］Dagum, C.. A new approach to the decomposition of the Gini income inequality ratio ［J］. Empirical Economics, 1997 (4): 515 – 531.

［263］Davies, R. B. , Vadlamannati, K. C.. A race to the bottom in labor standards? An empirical investigation ［J］. Journal of Development Economics, 2013, 103: 1 – 14.

［264］Djankov, S. , Ganser, T. , McLiesh, C. , Ramalho, R. , Shleifer, A.. The effect of corporate taxes on investment and entrepreneurship ［J］.

American Economic Journal: Macroeconomics, 2010, 2 (3): 31 – 64.

[265] Domar E. D.. The "burden of the debt" and the national income [J]. The American Economic Review, 1944, 34 (4): 798 – 827.

[266] Eliana, L. F., Alberto, C., Suzanne, D.. Soap operas and fertility: Evidence from Brazil [J]. American Economic Journal: Applied Economics, 2012 (4): 1 – 31.

[267] Fajgelbaum, P. D., Morales, E., Suárez Serrato, J. C., & Zidar, O.. State taxes and spatial misallocation [J]. The Review of Economic Studies, 2019, 86 (1): 333 – 376.

[268] Garrett, D. G., Ohrn, E., Suárez Serrato, J. C.. Tax policy and local labor market behavior [J]. American Economic Review: Insights, 2020, 2 (1): 83 – 100.

[269] Ghosh A. R., Kim J. I., Mendoza E. G., et al.. Fiscal fatigue, fiscal space and debt sustainability in advanced economies [J]. The Economic Journal, 2013 (566): 4 – 30.

[270] Giammarioli, N., Nickel, C., Rother, P., Vidal, J. P.. Assessing Fiscal Soundness-Theory and Practice [J]. European Central Bank, Occasional Paper Series, 2007 (56).

[271] Goolsbee, A.. Investment tax incentives, prices, and the supply of capital goods [J]. The Quarterly Journal of Economics, 1998, 113 (1): 121 – 148.

[272] Greiner A., Kauermann G.. Sustainability of US public debt: Estimating smoothing spline regressions [J]. Economic Modelling, 2007, 24 (2): 350 – 364.

[273] Gruber, J., Krueger, A. B.. The incidence of mandated employer-provided insurance: Lessons from workers' compensation insurance [J]. Tax Policy and The Economy, 1991, 5: 111 – 143.

[274] Hall, B. H., Lotti, F., Mairesse, J.. Evidence on the impact of R&D and ICT investments on innovation and productivity in Italian firms [J].

Economics of Innovation and New Technology, 2013, 22 (3): 300 – 328.

[275] Hall, R. E. , Jorgenson, D. W. . Tax policy and investment behavior [J]. The American Economic Review, 1967, 57 (3): 391 – 414.

[276] Hamaaki, J. , Iwamoto, Y. . A reappraisal of the incidence of employer contributions to social security in Japan [J]. The Japanese Economic Review, 2010, 61 (3): 427 – 441.

[277] Hamilton J. D. , Flavin M. . On the limitations of government borrowing: A framework for empirical testing [J]. 1985.

[278] Hayashi, F. . Tobin's marginal q and average q: A neoclassical interpretation [J]. Journal of the Econometric Society, 1982, 213 – 224.

[279] House, C. L. , Shapiro, M. D. . Temporary investment tax incentives: Theory with evidence from bonus depreciation [J]. American Economic Review, 2008, 98 (3): 737 – 768.

[280] Keynes, J. M. . A tract on monetary reform [J]. Cosimo Classics, 1923.

[281] Kim, J. , Kim, S. , Koh, K. . Labor market institutions and the incidence of payroll taxation [J]. Journal of Public Economics, 2022, 209: 104646.

[282] Kodama, N. , Yokoyama, I. . The labour market effects of increases in social insurance premium: Evidence from Japan [J]. Oxford Bulletin of Economics and Statistics, 2018, 80 (5): 992 – 1019.

[283] Kugler, A. , Kugler, M. . Labor market effects of payroll taxes in developing countries: Evidence from Colombia [J]. Economic Development and Cultural Change, 2009, 57 (2): 335 – 358.

[284] Maffini, G. , Xing, J. , Devereux, M. P. . The impact of investment incentives: Evidence from UK corporation tax returns [J]. Am. Econ. J. : Econ. Policy, 2019, 11 (3): 361 – 389.

[285] Makin A. J. . Public debt sustainability and its macroeconomic implications in ASEAN – 4 [J]. ASEAN Economic Bulletin, 2005, 22 (3): 284 – 296.

[286] Mansfield, E.. Academic research underlying industrial innovations: sources, characteristics, and financing [J]. The review of Economics and Statistics, 1995, 77 (1): 55 – 65.

[287] McCallum, B. T.. Are bond-financed deficits inflationary? A ricardian analysis [J]. Journal of Political Economy, 1984 (1): 123 – 135.

[288] Melguizo, A., González-Páramo, J. M.. Who bears labour taxes and social contributions? A meta-analysis approach [J]. SERIEs, 2013, 4 (3): 247 – 271.

[289] Mendoza E. G., Oviedo P.. Fiscal policy and macroeconomic uncertainty in developing countries: The tale of the tormented insurer [J]. 2006.

[290] Murphy, K. J.. The Impact of Unemployment Insurance Taxes on Wages [J]. Labour Economics, 2007, 14 (3): 457 – 484.

[291] Nielsen, I., Smyth, E.. Who bears the burden of employer compliance with social security contributions? Evidence from Chinese firm level data [J]. China Economic Review, 2008, 19 (2): 230 – 244.

[292] Nyland, C., Smyth, R., Zhu, C. J.. What determines the extent to which employers will comply with their social security obligations? Evidence from Chinese firm-level data [J]. Social Policy & Administration, 2006, 40 (2): 196 – 214.

[293] Nyland, C., Thomson, S. B., Zhu, C. J.. Employer attitudes towards social insurance compliance in Shanghai, China [J]. International Social Security Review, 2011, 64 (4): 73 – 98.

[294] Ohrn, E.. The effect of tax incentives on US manufacturing: Evidence from state accelerated depreciation policies [J]. Journal of Public Economics, 2019, 180: 104084.

[295] Ohrn, E.. The effect of corporate taxation on investment and financial policy: Evidence from the DPAD [J]. American Economic Journal: Economic Policy, 2018, 10 (2): 272 – 301.

[296] Olney, W. W.. A race to the bottom? Employment protection and

foreign direct investment [J]. Journal of International Economics, 2013, 91 (2): 191 –203.

[297] Ooghe, E. , Schokkaert, E. , Flechet, J.. The incidence of social security contributions: An empirical analysis [J]. Empirica, 2003, 30: 81 –106.

[298] Pombo, C. , Galindo, A. J.. Corporate taxation, investment and productivity: A firm level estimation [J]. Social Science Electronic Publishing, 2011.

[299] Qi, K. , Hu, Y. , Cheng, C. et al.. Transferability of economy estimation based on DMSP/OLS night-time light [J]. Remote Sensing, 2017, 9 (8): 786.

[300] Qian, T. , Zhang, Q.. Intra-provincial revenue sharing and the subnational government's fiscal capacity in China: The case of Zhejiang Province [J]. China & World Economy, 2018, 26 (4): 24 –40.

[301] Quintos C. E.. Sustainability of the deficit process with structural shifts [J]. Journal of Business & Economic Statistics, 1995, 13 (4): 409 –417.

[302] Rubio O. B. , Roldán M. C. D. , Esteve V.. On the sustainability of government deficits: Some long-term evidence for Spain [J]. Papeles de trabajo del Instituto de Estudios Fiscales. Serie economía, 2009 (19): 3 –24.

[303] Saez, E. , Schoefer, B. , Seim, D.. Payroll taxes, firm behavior, and rent sharing: Evidence from a young workers' tax cut in Sweden [J]. American Economic Review, 2019, 109 (5): 1717 –1763.

[304] Schick A.. Sustainable budget policy: Concepts and approaches [J]. OECD Journal on Budgeting, 2005, 5 (1): 107 –126.

[305] Shi, K. , Yang, Q. , Fang, G. et al.. Evaluating spatiotemporal patterns of urban electricity consumption within different spatial boundaries: A case study of Chongqing, China [J]. Energy, 2019, 167 (1): 641 –653.

[306] Small, C. , Pozzi, F. , Elvidge, C. D.. Spatial analysis of global urban extent from DMSP/OLS night lights [J]. Remote Sensing of Environ-

ment, 2005, 96 (3-4): 277-291.

[307] Teraoui, H., Kaddour, A., Chichti, J., Rejeb, J. B.. Impacts of tax incentives on corporate financial performance: The case of the mechanical and electrical industries sector in Tunisia [J]. International Journal of Economics and Finance, 2011, 3 (6): 117-127.

[308] Townsend, A. C., Bruce, D. A.. The use of night-time lights satellite imagery as a measure of Australia's regional electricity consumption and population distribution [J]. International Journal of Remote Sensing, 2010, 31 (16): 4459-4480.

[309] Trehan B., Walsh C. E.. Testing intertemporal budget constraints: Theory and applications to US federal budget and current account deficits [J]. Journal of Money, Credit and Banking, 1991, 23 (2): 206-223.

[310] Wielhouwer, J. L., Wiersma, E.. Investment decisions and depreciation choices under a discretionary tax depreciation rule [J]. European Accounting Review, 2017, 26 (3): 603-627.

[311] Wu, J., Wang, Z., Li, W. et al.. Exploring factors affecting the relationship between light consumption and GDP based on DMSP/OLS nighttime satellite imagery [J]. Remote Sensing of Environment, 2013, 134 (7): 111-119.

[312] Xie, Y., Weng, Q.. Detecting urban-scale dynamics of electricity consumption at Chinese cities using time-series DMSP/OLS (Defense Meteorological Satellite Program-Operational Linescan System) nighttime light imageries [J]. Energy, 2016, 100 (4): 177-189.

[313] Yu, B., Lian, T., Huang, Y. et al.. Integration of nighttime light remote sensing images and taxi GPS tracking data for population surface enhancement [J]. International Journal of Geographical Information Science, 2019, 33 (4): 687-706.

[314] Yu, S., Zhang, Z., Liu, F.. Monitoring population evolution in China using time-series DMSP/OLS nightlight imagery [J]. Remote Sensing, 2018, 10 (2): 194.

[315] Zhao, M., Cheng, W., Zhou, C. et al.. Assessing spatiotemporal characteristics of urbanization dynamics in southeast Asia using time series of DMSP/OLS nighttime light data [J]. Remote Sensing, 2018, 10 (1): 47.

[316] Zwick, E., Mahon, J.. Tax policy and heterogeneous investment behavior [J]. American Economic Review, 2017, 107 (1): 217 –248.

后 记

　　本书是在国家社会科学基金重点项目《减税降费背景下地方财政可持续发展研究》（20AJY024）最终研究成果基础上整理而成的。自2020年8月课题立项以来，课题组成员在系统梳理本课题相关文献资料的基础上，展开了较深入的调查和研究，圆满完成了课题研究任务并最终形成了本书稿。本书的部分内容已在《中国软科学》《财政研究》《税务研究》《光明日报》《中国社会科学报》《中国经济时报》等期刊公开发表，其中，所撰写的两份研究报告得到了湖南省委、省政府、省政协等省部级领导的肯定性批示。我指导的博士研究生围绕该课题方向开展了博士论文写作，部分内容在他们的博士毕业论文中有所体现。吴金光教授作为本课题组的核心成员，全程参与了课题的研究以及书稿的写作与整理工作，本书由我们共同完成。我的博士及硕士研究生唐畅、秦玉奇、刘晓函、胡小梅、陈霞、薛妍、赵桁、凌惠馨、罗双、张晓彤、谭弈霖、刘嘉意、梁合昌等参与了本课题的调研、资料收集以及撰写工作。

　　本书在撰写过程中借鉴和参考了国内外许多专家、学者的研究成果，并尽可能在书中作出注释，在此对有关专家、学者一并表示感谢。

　　最后，还要感谢经济科学出版社的支持，使本书最终得以付梓。

　　书无尽言，言无尽意。因水平与时间所限，有些问题在本书中仍未得到细致研究，还需作进一步深入探索。书中存在的疏漏之处，由作者承担全部责任，并恳请各位专家、读者不吝赐教，批评指正。

刘建民

2024 年 11 月

图书在版编目（CIP）数据

减税降费背景下地方财政可持续发展研究／刘建民
等著. -- 北京：经济科学出版社，2025. 3. -- ISBN
978 - 7 - 5218 - 6755 - 8

Ⅰ. F812.7

中国国家版本馆 CIP 数据核字第 20250BL088 号

责任编辑：初少磊
责任校对：李　建
责任印制：范　艳

减税降费背景下地方财政可持续发展研究

JIANSHUI JIANGFEI BEIJINGXIA DIFANG CAIZHENG KECHIXU FAZHAN YANJIU

刘建民　吴金光　等著

经济科学出版社出版、发行　新华书店经销

社址：北京市海淀区阜成路甲 28 号　邮编：100142

总编部电话：010 - 88191217　发行部电话：010 - 88191522

网址：www. esp. com. cn

电子邮箱：esp@ esp. com. cn

天猫网店：经济科学出版社旗舰店

网址：http://jjkxcbs. tmall. com

北京季蜂印刷有限公司印装

710×1000　16 开　17.5 印张　240000 字

2025 年 3 月第 1 版　2025 年 3 月第 1 次印刷

ISBN 978 - 7 - 5218 - 6755 - 8　定价：65.00 元

（图书出现印装问题，本社负责调换。电话：010 - 88191545）

（版权所有　侵权必究　打击盗版　举报热线：010 - 88191661

QQ：2242791300　营销中心电话：010 - 88191537

电子邮箱：dbts@ esp. com. cn）